历史现象学
研究丛书

——

丛书主编
倪梁康　卓立

本书的翻译出版受到西南政法大学哲学学科经费资助

海德格尔、狄尔泰与历史主义的危机

查尔斯·巴姆巴赫 著
Charles R. Bambach

李果 译　卓立 译校

Heidegger, Dilthey, and the Crisis of Historicism

江苏人民出版社

图书在版编目（CIP）数据

海德格尔、狄尔泰与历史主义危机 /（美）查尔斯·巴姆巴赫著；李果译 卓立译校. -- 南京：江苏人民出版社，2021.11
（历史现象学研究丛书 / 倪梁康 卓立主编）
ISBN 978-7-214-26556-2

Ⅰ.①海… Ⅱ.①查… ②李… Ⅲ.①历史主义—研究—德国—19世–20世纪 Ⅳ.①K03

中国版本图书馆 CIP 数据核字（2021）第 178501 号

Heidegger, Dilthey, and the Crisis of Historicism by Charles R. Bambach, originally published by Cornell University Press.
Copyright 1995 by Cornell University Press.
This edition is a translation authorized by the original publisher, via CA-LINK International.
Simplified Chinese edition copyright 2021 by Jiangsu People's Publishing House. All rights reserved.

江苏省版权局著作权合同登记号：图字 10-2018-576 号

书　　　名	海德格尔、狄尔泰与历史主义的危机
著　　　著	（美）查尔斯·巴姆巴赫
译　　　者	李　果
译　　　校	卓　立
责 任 编 辑	汪意云
责 任 监 制	陈晓明
装 帧 设 计	刘　俊
出 版 发 行	江苏人民出版社
地　　　址	南京市湖南路 1 号 A 楼，邮编：210009
照　　　排	南京私书坊文化传播有限公司
印　　　刷	苏州市越洋印刷有限公司
开　　　本	718 毫米 ×1000 毫米　1/16
印　　　张	17.5
字　　　数	250 千字
版　　　次	2021 年 11 月第 1 版
印　　　次	2021 年 11 月第 1 次印刷
标 准 书 号	978-7-214-26556-2
定　　　价	78.00 元

（江苏人民出版社图书凡印装错误可向承印厂调换）

目 录

致谢

导论：现代性与危机 | 001

第一章

科学主义与历史主义夹缝中的德国哲学

第一节　后黑格尔哲学中的合法性危机　| 023
第二节　现代哲学的笛卡尔式焦虑　| 032
第三节　德国精英文化的危机　| 038
第四节　危机意识与笛卡尔式的科学　| 047

第二章

文德尔班的科学分类学

第一节　新康德主义对历史方法问题的关注　| 057
第二节　文德尔班关于哲学作为价值科学的定位　| 062
第三节　校长就职演讲："历史与自然科学"　| 065

第四节 欧洲的科学分类（从柏拉图到密尔） | 068
第五节 文德尔班的困惑：方法的逻辑问题和自由的形而上学问题 | 076

第三章

海因里希·李凯尔特的历史科学知识论

第一节 李凯尔特对当代哲学危机的回应 | 081
第二节 哲学作为与世界观对抗的科学 | 084
第三节 李凯尔特与康德先验观念论的关系 | 087
第四节 自然科学方法与历史方法 | 093
　一、自然科学概念和历史概念之构成原理 | 093
　二、个案化和通则化的科学 | 094
　三、历史方法的价值问题 | 097
第五节 文化科学与自然科学 | 099
第六节 历史科学的价值和客观性 | 101
第七节 因果关系和价值观：李凯尔特的先验哲学和梅尼克的历史主义 | 105
第八节 李凯尔特对历史主义问题的回应 | 108
第九节 李凯尔特的历史哲学 | 114

第四章

威廉·狄尔泰的"历史理性批判"

第一节　狄尔泰的计划　　　　　　　　　　　　　　　| 123
第二节　《精神科学引论》(1883)的统一性　　　　　　| 128
第三节　狄尔泰与实证主义、观念论和历史学派的关系　| 131
第四节　康德的提问方式和狄尔泰的"历史理性批判"　| 137
第五节　狄尔泰与危机哲学　　　　　　　　　　　　　| 142
第六节　狄尔泰的"体验"概念及其与精神科学的关系　| 146
第七节　历史性和诠释学　　　　　　　　　　　　　　| 154
第八节　历史相对主义的危机　　　　　　　　　　　　| 163
第九节　自我矛盾的"历史"理性：真理的历史性和人对科学
　　　　方法的诉求　　　　　　　　　　　　　　　　| 170

第五章

"时间的断裂"：青年海德格尔对历史主义的解构

第一节　神学的革命性话语：卡尔·巴特的《罗马书》| 181
第二节　信仰危机　　　　　　　　　　　　　　　　　| 186
第三节　学院哲学的状况　　　　　　　　　　　　　　| 197

第四节　海德格尔的解构实践　|　204

第五节　海德格尔的危机和西方思想的危机　|　208

第六节　海德格尔与新康德主义者的分歧　|　216

第七节　希腊的存在论和基督教的契机：海德格尔对存在的形而上学的解构　|　224

第八节　狄尔泰的提问方式和海德格尔对历史意义的追问　|　231

第九节　《存在与时间》中的历史性和历史　|　236

第十节　历史性、危机和抉择：海德格尔对尼采的复兴　|　242

第十一节　"时代召唤"思考的危险　|　247

后记　|　259

参考书目　|　267

致谢

写作本书的过程中,我得到了艾尔哈特基金会(Earhart Foundation)和德克萨斯大学达拉斯艺术与人文学院的慷慨赞助,这让我得以在芝加哥、巴尔的摩和纽约等地笔耕不辍。而在此前,我还曾获得图宾根大学和海德堡大学两校德意志学术交流中心的资助。

本书的性质决定了它对一手文献的依赖。我很感谢狄尔泰研究所(Dilthey Forschungsstelle)的主管弗里肖夫·罗迪(Frithjof Rodi)教授和黑格尔档案馆(Hegel-Archiv)的弗里德里希·霍格曼(Friedrich Hogemann)博士的帮助,以及他们在提供海德格尔早期以来各种作品的副本方面的慷慨支持,他们均任职于波鸿鲁尔大学。我还要感谢希欧多尔·基西尔(Theodore Kisiel)帮助我搜寻海德格尔的卡塞尔讲座(Kassel lectures)的相关信息。约翰·范·布伦(John van Buren)还大方地为我提供了他行将付梓的讨论早期海德格尔的书稿,该书对于追溯海德格尔与路德、基督教神学的关系颇有助益。

本书的准备始于沃尔特·舒尔茨和迪特尔·耶尼希在图宾根的研讨会,以及我与约瑟夫·劳伦斯、史蒂文·卡普兰、约翰·麦肯和罗尔夫·迈尔等诸友的交流。我还亏欠自己以前的导师迈克尔·盖尔和格拉芙·F.拉伊太多,他们为我提供了帮助和建议，尤其是史蒂芬·唐索尔，他给予我的超过了我的索取。而在对本书原稿的评论方面，我要感谢汉斯·克尔纳、恩斯特·布莱萨克、格奥尔格·伊格尔斯、戴维·佩劳尔、理查德·帕尔默、托马斯·希恩、罗伯特·慕格劳尔、弗雷德里克·霍兹和艾希丽·卡尔等人。而就国内而言，我要感谢同事蒂姆·雷德曼、杰拉尔德·索丽德、维克多·沃斯福尔德和弗里德里克·特纳等人对书稿的评论，我还要感谢我的研究生一直以来与我保持对话。我还非常感谢已故的罗伯特·W. 科里根。佩吉·艾科坎普为我提供了技术帮助，霍达·博尔歇特和维奇·布洛克则帮助检查了晦涩的标题。我还要感谢康奈尔大学的编辑约翰·阿克曼的耐心和协调，以及特里萨·杰森诺斯基和南希·马龙一丝不苟的编辑工作。

罗德·科尔特曼和坎迪斯·乌梅耶尔也提供了支持，他们细致的批评和及时的建议帮助我顺利地完成了本书的写作。感谢他们慷慨无私的情谊。我还要感谢我的朋友加思·蒙哥马利、格特鲁德·拉思－蒙哥马利、托马斯·J. 鲍斯，尤其感谢特里萨·比格斯审慎的观察和细致的倾听。最后，乔安妮·拉·里恰、约翰·斯坎伦和凯瑟琳·巴姆巴赫为我带来了建议、批评、反讽和幽默。如果没有他们，写作之旅会更加艰难。

查尔斯·R. 巴姆巴赫于德克萨斯州理查德森市

导 论

现代性与危机

19世纪哲学意识的一个基本特征似乎在于，离开历史，哲学便无从想象。

汉斯-格奥尔格·伽达默尔：《黑格尔的辩证法》

对历史而言，每一个单独的"主义"（-ism）都不过是某种误解和终结。

马丁·海德格尔：《何为物？》

1939年夏季学期之初，弗莱堡哲学家马丁·海德格尔开始了他的讲座课程，旨在通过形而上学的历史来确定"现代本身和西方终结的历史"。正如海德格尔所解释的："从希腊哲人到尼采的整个西方思想都是形而上学的。西方历史的每个时代都以其各自的形而上学为基础。"海德格尔在这个学期尤其关注尼采，视之为"西方最后一位形而上学家"——身处西方形而上学危机大潮中的尼采预示了现代虚无主义的到来。[1] 尼采的作品最为明晰地向海德格尔展现了现代主义者（modernist）在形而上学领域遇到的危机状态，此种形而上学的历史合法性已被来源于其自身的技术-科学的权力意志严重破坏，正如历史经验本身的作用一样。海德格尔坚称，历史和形而上学——被一并考察时——给西方哲学带来了危机，个中原委在于，它们体现了现代性的内在逻辑被某种"目的论"主宰。从哲学的角度看，海德格尔把现代性理解为"最后的时代"——一个衰落和充满了末世绝望的时代——这将导致西方文化的终结。对海德格尔来说，这种虚无主义式的崩溃则以"尼采"之名为标志："在其思想中彻底展开的现时代，乃最后的时代。这意味着在这个时代的某个节点，人会做出有关这个时代究竟是西方历史之终点，还是另一场开端之征兆等结论的历史抉择。"[2]

或许，有人会把海德格尔在其尼采讲座中有关"终结"和"开端"的"历史结论"视为后现代历史态度的肇始，或者更确切地说，是对"历史终结"的某种后现代关注的开端。海德格尔在这些讲座中努力将"历史的形而

---

[1] Martin Heidegger, *Nietzsche*, vol. 3, trans. David Farrell Krell (New York: Harper and Row, 1987), 7–8; *Nietzsche*, vol. 1 (Pfullingen: Neske, 1961), 479–480.

[2] Ibid.

上学品格"锚定在现代性历史的话语之中，从而对德国历史主义中的宏大叙事传统给予了毁灭性批判。[1]但他也成功地废除和解构了弗里德里希·梅尼克（Friedrich Meinecke）在其《历史主义的兴起》(1936)中表达的乐观历史哲学，以及其中潜藏的关于进步、意义和理性的形而上学假设。在讲授形而上学史的时候，海德格尔也不再以传统历史主义的方式对待历史，即把它视为全部创造性价值的来源或文化传统(Bildungsgeschichte)延续性的模型。相反，他把历史主义解读为某种死去和过时的世界观——它不过是主导了19世纪欧洲意识形态之世界观哲学的残余。但对于海德格尔来说，历史主义的死亡不仅仅意味着德国历史思想中学院传统的崩溃，它也代表了世人对整个欧洲思想认识的划时代转变，并为发端于早期希腊以来的形而上学传统提供了终结感。历史主义的崩溃与海德格尔对形而上学之"最后时代"的批判密切相关，这个时代充斥着历史见解，并且也厌倦了传统本身的虚无主义倾向。在关于历史意识之意义的长期世代辩论行将结束之际，海德格尔关于尼采的讲座向听众提供了历史主义的必然结局，或者至少是将其理解为某种"终结"的解释。对海德格尔而言，作为"历史终结"的另一种表述，历史主义体现了西方思想的形而上学及其时间性、线性和总体性诸范畴的消耗殆尽，这又强化了我们对现代性危机的认识。

在海德格尔看来，历史主义与线性叙事以及历时承继的逻辑是等同的，这个逻辑让人从先验主体（transcendental subject）——自我意识，笛卡尔式的形而上学中自主的我思（cogito）——的角度人本主义地观察过往。然而，在其危机模式中，历史主义隐含的却不只是对狭隘的史学传统的表面怀疑，它最终表达了建立在历史主义形而上学和人类学的普遍理性原则之上的整个形而上学时代的破产。只要海德格尔的作品解释了现时代的终结及其与历史主义形而上学原则的关系，它就是现代性和后现代性这些模棱两可的范畴的重要过渡。随传统的史学范畴败坏和崩溃而来的，则是当代文学批评和哲学中关于"历史的终结"和"哲学的终结"等带有讽刺和

---

[1] Martin Heidegger, *Nietzsche*, vol. 4, trans. David Farrell Krell (New York: Harper and Row, 1982), 241; *Nietzsche*, vol. 2 (Pfullingen: Neske, 1961), 386.

游戏色彩的意识。[1]经由海德格尔的批判，这种崩溃的史学意义决定性地站在了现代主义之遗产的哲学的对立面。但他的作品并不是某种孤立气质的自我表现，而是对当代德国哲学内部之历史知识和意义等方面的实际论辩的谨慎而尖锐的回应。为了理解海德格尔批评的全部意义，我们需要考察其得以提出的特定背景。

接下来，我会提出一种历史主义形而上学的谱系，并将其置于德国哲学思想在1880—1930年间出现的危机意识的背景之中。通过考察与"危机"密切相关的四位学院哲学家（university philosophers）——威廉·文德尔班（Wilhelm Windelband, 1848—1915）、海因里希·李凯尔特（Heinrich Rickert, 1863—1936）、威廉·狄尔泰（Wilhelm Dilthey, 1833—1911）和马丁·海德格尔（1889—1976）——的作品，我会努力呈现20世纪早期德国哲学中的困惑和矛盾，这对确定其为一门危机中的学科有所助益。[2]我选择这

1　讨论"历史终结"相关争论的部分重要文献有：Lutz Niethammer, *Posthistoire,* trans. Patrick Camiller (London: Verso, 1992)*;* Wolfgang Welsch，*Unsere postmoderne Moderne* (Weinheim: VCH, Acta Humaniora, 1991)*;* Francis Fukuyama，*The End of History and the Last Man* (New York: Free Press, 1992)*;* and Michael S. Roth，*Knowing and History* (Ithaca, N.Y.: Cornell University Press, 1988)。

2　与"历史主义"一词的复杂用法相关的一个颇为讽刺的现象在于，这个术语在德国直到差不多已被淡忘的一战后的多年里才被众人接纳。正如赫伯特·施纳德巴赫（*Philosophy in Germany, 1831- 1933*，Cambridge: Cambridge University Press, 1984, 34）所解释的："虽然'历史主义'一词可以追溯到19世纪早期，但它第一次被广泛使用却是在我们这个世纪初；像很多'主义'一样，它首先带有谴责意味——它意味着某种处于危机之中、需要被克服的过时之物。"

　　恩斯特·特勒尔齐（Ernst Troeltsch）在其早期作品（*Der Historismus und seine Probleme*, Tübingen: Mohr, 1922以及 *Der Historismus und seine Überwindung*, Berlin: Heise, 1924）及其文章 "Die Krisis des Historismus"，[Die Neue Rundschau 33 (June 22): 572–590] 中对"历史主义"的刻画让它变得流行；也见 *Zur Theorie und Philosophie der Geschichte* (Stuttgart: Koehler, 1959) 一书中弗里德里希·梅尼克的相关文章，以及卡尔·胡斯对这一主题的长篇研究：*Die Krisis des Historismus*(Tübingen: Mohr, 1932)。从其出现开始，"历史主义"一词就一直是诸多辩论和混乱的主题。随着近期文学学者比如斯蒂芬-格林布拉特 [*Power of Forms in the English Renaissance* (Norman: University of Oklahoma Press, 1982)]、韦斯利-莫里斯 [*Towards a New Historicism* (Princeton, N.J.: Princeton University Press, 1972)] 等人推动的所谓新历史主义的发展，这种混乱越发严重了。我选择了"historicism"[而非J.E.安德森在其译著 *Friedrich Meinecke's Historism* (London: Routledge, 1972) 中用到的"historism"] 作为德语"Historismus"一词的英文译法。在使用这个词的过程中，我希望避免众人联想到哪怕一丁点卡尔·波普尔的作品，后者在其 *The Poverty of Historicism* (London: Routledge, 1957) 中曾用这个词指称"一种以假设性的历史预测为主旨的社会科学方法"（第3页），这种方法试图发现历史演变的"模式"或"规律"。

样一组哲学家的原因在于，于我而言，他们的作品代表了德国哲学的一个重要转变，这种转变与那代人对"科学危机"的认知若合符节。例如，文德尔班和李凯尔特都为这种危机提供了新康德主义式的解决方案，这些方案如今看来似乎都受限于其本身的历史假设。但我相信，恰恰要理解这些限制，我们才能开始领会并更清楚地定义自身的后现代困境，因为我们正陷于对时间的科学定义和历史定义的形而上学态度之中。狄尔泰和海德格尔的洞见则远远超过了帮助我们克服新康德主义的狭隘认识论关切的程度，他们还提供了一种从历史鲜活经验的视野中重新审视现代性事业的方法。在二人的作品中，

实际上，并没有一个众人普遍认可的运动可以被唤作"历史主义"。正如特伦斯·泰斯和托马斯·斯拉文斯所主张的，这个词指的是"一系列不同的旨趣、问题和解决方案"；尽管如此，他们还是为历史主义提供了一个可行的定义，即"19 世纪德国几位著名哲学家和历史学家的一种倾向：（1）尤其注重人类事件的独特性，（2）试图理解这些事件与普遍但不断变化之模式或进化趋势的不同关系，但视角却是动态和具体的，（3）试图检验在这一历史境遇中的所有人类成果，（4）在此基础上确认这种考察（有时则是一般的社会科学）——截然不同于自然科学的科学地位"。见：Tice and Slavens, *Research Guide to Philosophy* (Chicago: American Library Association, 1983), 428–429.

舒尔茨在其权威作品 *Philosophie in der veränderten Welt* (Pfullingen: Neske, 1972) 中对历史主义做了概括性描述，认为历史主义是"超时空通则体系的彻底崩溃和增长的知识，后者意味着我们必须把自身理解为直达人性内核的历史存在"。他接着写道，历史主义是对"历史作为人类知识和理解人类世界之基本原则"的把握。这意味着——从根本上说——一切存在都可以而且必须只能从其'历史性'的角度理解（第 492—493 页）。关于该术语的语言史流变，见：Erich Rothacker, "Das Wort Historismus", in *Zeitschrift für deutsche Wortforschung 16* (1960): 3–6; Gunter Scholz, "Historismus", in *Historisches Wörterbuch der Philosophie*, vol. 3 (Basel: Schwabe, 1974), 1141–1147. 下列文献也有帮助：Georg Iggers, "Historicism", in *The Dictionary of the History of Ideas* (New York: Scribners, 1973), 456–464; Hans-Georg Gadamer, "Historismus", in *Religion in Geschichte und Gesellschaft*, vol. 3 (Tübingen: Mohr, 1959), 369–370; Waldemar Besson, "Historismus", in *Das Fischer Lexikon: Geschichte* (Frankfurt: Fischer, 1961), 102–116; Harry Ritter, "Historicism, Historism", in *Dictionary of Concepts in History* (Westport, Conn.: Greenwood, 1986), 183–187; Guntolf Herzberg, "Historismus: Wort, Begriff, Problem, und die philosophische Begründung durch Wilhelm Dilthey", *Jahrbuch für Geschichte* 25 (1982): 259–304; Wolfgang Hardtwig, *Geschichtsschreibung zwischen Alteuropa und moderner Welt: Jacob Burckhardt in seiner Zeit* (Göttingen: Vandenhoeck & Ruprecht, 1974), 尤其是 201–243; Arie Nabrings, "Historismus als Paralyse der Geschichte", *Archiv für Kulturgeschichte* 65 (1983): 157–212; Otto G. Oexle, "'Historismus'：Überlegungen zur Geschichte des Phänomens und des Begriffs", *Jahrbuch der Braunschweigischen Wissenschaftlichen Gesellschaft* (1986): 119–155; 以及 Volker Steenblock, *Transformationen des Historismus* (Munich: Fink, 1991).

历史主义思想的局限性具备产生新危机意识之可能，这种可能性超越了传统史家关于科学客观性、文化相对主义、人文科学自主性和历史价值的意义等关涉哲学现代性的一整个问题域。

通过对文德尔班和李凯尔特的历史科学认识论，狄尔泰对历史理性的批判，和海德格尔对存在论历史的解构中包含的危机和危机意识之哲学意义的具体关切，我试图表明，历史主义的危机是如何被解读为现代性自身内部的哲学矛盾的。在我看来，历史主义不仅代表了文化世界观的发展，也不只意味着特定学科内部的专业化进程，它还让人从形而上学的角度解读既规定又破坏现代以及后现代思想的历史。我认为，现代主义和后现代主义在本质上都是受动的（reactive），也即，二者都构成对先前建立的历史叙事的回应，即便在这种叙事威胁到现代或后现代解释的稳定性之处亦是如此。因此，当乔伊斯的史蒂芬·迪德勒斯（Stephen Dedalus）感觉历史像噩梦并试图从中醒来，或者叶芝在"基督再临"（The Second Coming）的朝圣中将历史理解为其内核无法维持的叙事时，他们都在对一个自身内在意义和相关性从根本上受到质疑的传统作出反应。现代和后现代的历史版本共享这种焦虑和不稳定之感，作为整体的过去已经逝去，并且很可能会随时化作无常的碎片。二者都构成了对历史主义者之历史解读的回应，后者一来就建立了作为历史进步之基础的单向度的时间形而上学。因此，如果现代主义反复确认"现代"——也即新的时代——为最高的文化价值，则它只能在对先于现代之过去的克服中才能做到这一点。只有在业已建立的统一、意义和总体性叙事面前，人们才能言说碎片、危机或决裂。历史主义者对历史的解读仅仅提供了一种方向性和目的性的叙事，即某种世俗化的因果神学，它假定了所有事件的一致性。对于像黑格尔这般的哲学历史主义者而言，历史的意义以理性的狡黠达成，而对于像兰克（Ranke）这样的神学历史主义者而言，普遍的历史是按照天意的设计组织起来的。在这种将过去视为某种神学乃至末世论的主张中，传统的历史主义则把史事的竞争性逻辑论证为成王败寇的叙事。然而，随着历史主义视角在1880—1930年期间的瓦解——从尼采的"上帝死了"的宣言、斯宾格勒的"人性的黄昏"，胡塞尔的"欧洲科学的危机"、特勒尔齐的"历史主义的危机",到战后概述了西方文明崩溃的学术宣言,不一而足——此种关乎意义和进步的线性叙事已被彻底打破,取而代之的则是世人对历史的最终意义的根本性质疑,新的危机修辞和危机意识也应运而生。

在其源始的希腊语意义上,危机意味着筛选或分离,它引导人走向判断或抉择的时刻。[1] 在希波克拉底和盖伦那里,这个词被用来表示疾病的转折点。相比之下,历史主义的危机代表了人对全然不同之事项的判断,也即,偏离或打破19世纪占主导的历史进步哲学,及其对意义和秩序的期待。人们可以争辩说,德国历史思想的这场危机可以追溯到尼采在《不合时宜的沉思》中的第二篇文章,即《历史对人生的利与弊》("On the Uses and Disadvantages of History for Life")。但绝无任何一个文本可充当源始的起点。众人对危机的感知出自他们对一系列复杂的假设、价值观、传统和文化上的陈词滥调的反应,它们在19世纪晚期的德国占据主导位置。然而,尼采比他的同代人更能完美地捕捉到历史主义意识形态中的衰败和被动情绪。对于尼采来说,历史主义是一种现代意识的疾患,它培养了一种沉思的、以研究为导向的人格。沉浸在文本研究的亚历山大诗行(Alexandrine)乐趣中的历史学家们,在尼采笔下变成了被动的观察者,淹没在档案之中,无法行动或创造,不断降格为"历史后宫中的阉人"[2]。然而,即便尼采对19世纪的"历史疾患"开展了抨击,但历史主义思想的制度力量仍在增长,其影响力甚至扩展到了德国精神科学(Geisteswissenschaften)或者"人文科学"(human sciences)的所有分支。[3] 直到一战之后,当新技术带来的大屠杀导致了广泛的政治混乱、经济崩溃和社会混乱时,才发生了历史主义思想的大规模解体。继德国"1918年的大灾

---

[1] Charles S. Halsey, *Etymology of Latin and Greek* (New Rochelle, N.Y.: Caratzas, 1983), 57; Alois Vanicek, *Griechischi Lateinisches Etymologisches Wörterbuch* (Leipzig: Teubner, 1887), 1088.

[2] Friedrich Nietzsche, *Untimely Meditations*, trans. R. J. Hollingdale (Cambridge: Cambridge University Press, 1983).

[3] 正如作者在第69页中所言,德语中的"精神科学"(Geisteswissenschaften)难以在英文中找到相对应的术语,因此,译者在翻译过程中通常将其按英译 human sciences 译为"人文科学",而在涉及狄尔泰的内容时,按惯例统一译为"精神科学"。——中译者注。

难"后，斯宾格勒的《西方的没落》(*Decline of the West*，1918）和西奥多·莱辛的《历史作为无意义之意义的赠与》(*History as the Bestowal of Meaning on the Meaningless*，1919）也都呼应了信仰尽失的时代情绪，并以典范的形式表达了现代主义的危机心态。

作为一个历史范畴，现代主义代表了危机可作为文化认知的模型的高度意识。然而，它表明，破碎和分散的图景远非一种审美偏好，现代主义也意味着人对时间和叙事的全新理解。在现代主义的时间范畴中，事件不再连贯，它们的一致因历史线性的波折而中断。由于危机感切断了事件链，危机这个观念本身也取而代之成为历史解释的新源头。

通过破坏承继和连续性的逻辑，危机感挑战了进步和单一时间的历史主义叙事。因此，如果我们把"历史主义"一词理解为对过去、一切旧事物和古物的固执和忠诚，那么，"现代主义"这个概念最好被描述为——正如詹尼·瓦蒂莫（Gianni Vattimo）所解释的——"持续的压制和不断出新的时代，它本身也会迅速老去，并立即被更新的东西所取代"[1]。瓦蒂莫在《现代性的终结》(*The End of Modernity*)中令人信服地表明，尼采的虚无主义叙事乃现代和后现代社会从危机的角度思考历史之企图的重要诱因。对瓦蒂莫而言，所有先验之物和超历史价值的坍塌都指向了虚无主义和后历史的思想形式："因为真理的观念不复存在，基础也不再起作用（此间也不再有基础信念存在之基础……），经由批判地克服也无法找到一条逃离现代性的道路，因为后者也是现代性本身的组成部分。因此，很明显，人们必须寻求替代办法，而这个档口也可被认定为哲学中后现代性的诞生时刻。"[2]

在世纪之交的前卫运动中，现代主义者对克服传统的热衷，以及对新事物的迷恋，似乎是对过去的大胆拒绝。然而，即便现代主义试图克服基本的历史主义立场，我们也可以看到，它依然与历史主义的基本原则相互关联，只不过是消极的联系而已。用瓦蒂莫的话说，"历史主义刻画了现代性"，因

---

[1] Gianni Vattimo, *The End of Modernity*, trans. Jon Snyder (Baltimore: Johns Hopkins University Press, 1988), 166.
[2] Ibid., 167.

为在把时间的形而上学视野建立为纯粹的时间连续性的过程中,它不断巩固并强化了克服传统的现代主义逻辑。[1] 在这一过程中,它把现代性的历史刻画为形而上学的历史,并且开启了消解形而上学以及"历史终结"的道路。现代主义思想被一种特殊的历史时间理解所打断,它把时间理解为线性的因果序列。如此思考过去的方式产生了一种"中性时间"(neutral time),所有事件在其中都被客观地加以衡量,像极了地图制作时根据距离和位置等经验规范测量空间一样。正如沃尔特·本雅明(Walter Benjamin)所言,"空洞而均质的时间",绘图和数学中的时间为维持中立的价值提供了终极背景;亦如利奥波德·冯·兰克所说的,它创造了一个历史连续体的幻觉,其中均等的间隔能让人"以无偏私的眼光看待普遍历史的进程"[2]。古典历史主义致力于把无价值判断和中立视角作为历史客观性的本质。但这些价值观本身只有在允许另一种幻觉——即因果关系上可证明的历史效应连续体——的中立时间性基础之上才是可能的。现代主义背离了古典历史主义,因为历史的现代经验是非因果的、断裂的和反讽的。对现代主义者而言,历史文本更像是一份被不相关的栏目分割的报纸,而非某种统一的叙事。在其《海德格尔论存在、故事和语言》(Essere, storia, e linguaggio in Heidegger)一书的"历史主义的瓦解"一章中,瓦蒂莫试图论证历史主义诸范畴——这些范畴建立在把时间理解为具备内在方向的形而上学之上——的瓦解与现代性危机的紧密关联。对于瓦蒂莫而言,海德格尔对历史主义时间概念的破坏构成了对"过去的主导性"的末世论突破。[3] 瓦蒂莫写道,海德格尔思想中的这种突破——或者危机——不仅仅是"不同历史阶段的显露",而且是历史本身的终结:后现代的解构所提供的"不仅仅是与现代相关的某种新东西,更是对新(thenew)

1　Gianni Vattimo, "The End of History", *Chicago Review 35*, no. 4 (1987): 25.
2　Walter Benjamin, *Illuminations*, trans. Harry Zohn (New York: Schocken, 1969), 261; Leopold von Ranke, *The Secret of World History*, trans. Roger Wines (New York: Fordham University Press, 1981), 259.
3　Gianni Vattimo, *Essere, storia, e linguaggio in Heidegger*(Genoa: Marietti, 1989), 引自 Daniel Barbiero, "A Weakness for Heidegger: The German Root of Il Pensiero Debole", *New German Critique* 55 (1992): 160–161。

之范畴的消解……它提供了'历史终结'的体验"¹。正如瓦蒂莫所解释的那样，后现代主义与历史主义的消解过程是一致的，因为它标志着黑格尔式的世界历史盛会的终结。因此，瓦蒂莫总结道，"对历史的后现代沉思只能是某种'修正的'、形式扭曲的历史主义"²。

瓦蒂莫的作品在世人对危机的现代/后现代解读和历史主义的消解之间关联的认识方面堪称典范，但他的作品也只是一家之言。像让·弗朗索瓦·利奥塔（Jean-Francois Lyotard）和雅克·德里达等思想家也关注危机和瓦解的问题，并将其作为解读"后现代状况"的门径。例如，利奥塔就把后现代主义描述为"对元叙事的质疑"，还将其与启蒙-理想主义的历史哲学和"形而上学哲学的危机"挂钩。³ 同样，德里达也寻求现代主义思想中的线性时间方案和历史的形而上学叙事之间的内在关联，他在海德格尔和尼采那里发现了这些主题。德里达在其《多重立场》（*Positions*）一书中写道："历史概念的形而上学特征不仅与线性相关，而且与整个隐喻系统（目的论、末世论、上升和意义的内在累积……某种连续性、真理等概念）相关。"⁴ 在对"历史"的解构中，德里达展示了线性时间及其产生的话语——"事关欧洲的所有欧洲话语的考古学-目的论计划"——是如何与危机思想产生紧密关联的。在其《另辟蹊径》（*The Other Heading*）一书中，他明确地将"方向"意识与"当下的现代性传统和被唤作危机的时刻联系了起来……即'欧洲科学的危机'或者'欧洲人性的危机'：这种危机乃指引历史分析和危机的历史，同时也是引导（自）笛卡尔以来的先验主体复归的目的论"⁵。在解构历史之整体化的形而上学视野各具体范畴的过程中，德里达用复数的历史取代了大写的历史，并把未来诸话语的异质性镌刻在了对过去的重新书写上。

1　Vattimo, *End of Modernity*, 4.
2　Ibid., 176. 读者可与 Barbiero 的 "Weakness for Heidegger", 162 相应段落译文相对照。
3　Jean-Francois Lyotard, *The Postmodern Condition*, trans. Geoff Bennington (Minneapolis: University of Minnesota Press, 1984), xxiv.
4　Jacques Derrida, *Positions*, trans. Alan Bass (Chicago: University of Chicago Press, 1971), 56–57.
5　Jacques Derrida, *The Other Heading*, trans. Michael Naas and Pascale-Ann Brault (Bloomington: Indiana University Press, 1992), 27 and 33.

与德里达和利奥塔类似,其他许多后现代思想家也开始致力于消解或拆解历史主义的提问方式(Fragestellung)了。[1] 从后现代的角度看,历史主义不仅意味着历史研究的方法论,它还标志着历史的形而上学解读;换言之,它代表了"时间""叙事""秩序""承继""连续性""整体性"等形而上学概念的优势地位,这些概念源于笛卡尔和康德式主体性及其在客观性价值观、方法论的明晰性以及科学真理等方面所强调的单一视角。后现代思想家们明白,他们试图从现代主义危机中恢复(在海德格尔的 Verwindung 的意义上)的东西与历史主义的形而上学假设密切相关。[2] 布鲁克·托马斯(Brook Thomas)在其《新历史主义》(*The New Historicism*,该书关注后现代文学理论)的研究中试图"表明,后结构主义尤其是解构主义在何种程度上是对历史主义危机的历史性反应,而西方思想尚未从危机中恢复过来"[3]。在托马斯的解读中,历史主义的危机对后现代批评家意味着重新思考哲学现代性基本范畴的契机,这些范畴支撑着现代早期培养起的科学确定性模型。

在对李凯尔特、文德尔班、狄尔泰和海德格尔等人作品的解读过程中,我打算探索历史主义思想和现代性危机之间各种哲学关联,托马斯的作品已经暗示了这一点。我选择了德国学院哲学在 1880 年到 1930 年间这段特定时期,因为在我看来,在新康德主义哲学家们和狄尔泰的认识论计划中,以及随后在海德格尔早期作品中的消解过程里,人们可以清楚地追溯到危机思想的形成过程,这个过程对现代和后现代话语的提问方式起到了巩固和决定的

---

1 在本书中,我用"Fragestellung"一词表示"提出问题"的特定方式,它决定了探究的基本路线和提问的模式。但远不止此。"Fragestellung"是德国学者经常使用的一个哲学术语,它表示"一个人处理问题的方式""组织探究的方式""使用的范式"等等。当然,人们提问的方式通常决定了他的回答方式,因此,在我使用这个特定的德语词的时候,我试图证明人提出问题的方式的确不仅是个人的或主观的,而且与一整代人的思维方式和(有时候是默会的)整体假设相关,这种提问方式常常体现了特定探究方式的文化局限性和偏见。我想强调,提问方式能够塑造探究思路,从而决定其基本方法。例如,17 世纪的早期现代科学传统采用了基于方法、证明、确定性、因果关系和笛卡尔式怀疑的特定真理模型。19 世纪末批判笛卡尔和现代早期科学哲学的思想家们,则拒绝了基于这种模型的诸多发现,但仍旧保留了他们的提问方式。我认为,是提问方式而非其获取的答案统一了传统。

2 关于 Verwindung 这个问题的后现代方法,参见 Gianni Vattimo, "Optimistic Nihilism", *Common Knowledge 1*, no. 3 (1992): 37–44.

3 Brook Thomas, *The New Historicism* (Princeton, N.J.: Princeton University Press, 1991), 35.

作用。

多数详细阐述历史主义传统的学问都以历史编纂为重点。它们很大程度上会关注德国历史学家的政治、意识形态和民族主义预设,及其在历史学专门科学的"学科基础"(disciplinary matrix)中发展出更加专业化的研究方法的企图。像格奥尔格·伊格尔斯(Georg Iggers)和约恩·吕森(Jörn Rüsen)等史家则娴熟地分析了历史主义思想的社会和制度特征,并试图在其研究方法和解释性原则中找到科学和理性的要素。事实上,吕森认为,过分关注方法导致了历史科学"范例的、学科形式"的建立。[1]他发现,历史主义思想家因为研究(史学)的新逻辑愿景而备受鼓舞,这种逻辑在学术史学中乃卓越的标准。最近,像彼得·莱尔、迈克尔·艾尔梅特、霍斯特·沃尔特·布兰克和弗里德里希·耶格尔在吕森和伊格尔斯等人工作的基础上,试图把历史主义与启蒙运动的科学目标联系起来。他们所取得的部分成就在于表明"历史主义扎根于启蒙运动,尽管前者会否认这种关系"[2]。由于他们的细致工作,当代史家终于能够挑战特勒尔齐和梅尼克那些成问题的主张了,二人认为启蒙运动和历史主义思想之间相互对立。这些人的努力在很大程度上表明了,历史主义如何从现代早期之时便完全依赖于科学思想之理念的,这种理念由

---

1 Horst Walter Blanke and Jörn Rüsen, eds. *Von der Aufklärung zum Historismus* (Paderborn: Schöningh, 1984), 15–57. 也参见:Georg Iggers, *The German Conception of History* (Middletown, Conn.: Wesleyan University Press, 1986); Friedrich Jaeger, Jörn Rüsen, *Geschichte des Historismus* (Munich: Beck, 1992)。

2 Georg Iggers, "Review of *Von der Aufklärung zum Historismus*", History and Theory 1 (1987): 114–121. 对于特勒尔齐和梅尼克历史主义观点的最原始的批评包括:Hans-Erich Bödeker 等编, *Aufklärung und Geschichte* (Göttingen: Vandenhoeck & Ruprecht, 1986); Herbert Schnädelbach, *Vernunft und Geschichte* (Frankfurt: Suhrkamp, 1987); Peter Reill, *The German Enlightenment and the Rise of Historicism* (Berkeley: University of California Press, 1975); Reill, "Narration and Structure in Late Eighteenth-Century Historical Thought", *History and Theory* 25 (1986): 286–298; and Reill, "Die Geschichtswissenschaft um die Mitte des 18. Jahrhunderts", in Rudolf Vierhaus , ed., *Wissenschaften im Zeitalter der Aufklärung* (Göttingen: Vandenhoeck & Ruprecht, 1985), 163–193. See also the essays collected in Georg Iggers and James Powell , eds., *Leopold von Ranke and the Shaping of the Historical Discipline* (Syracuse, N.Y.: Syracuse University Press, 1990); Hans Schleier, "Leistungen und Grenzen des idealistischen deutschen Historismus", *Zeitschrift für Geschichtswissenschaft* 35 (1987): 955970; and Georg Iggers, "The University of Göttingen, 1760–1800, and the Transformation of Historical Scholarship", *Storia della Storiografia* 2 (1982): 11–37.

笛卡尔-康德的理性主义、意识、其获取真理的方法论及其哲学确证等观念所支配。这些史家此前已经证明，随着历史主义传统逐步扎根于19世纪早期的德国大学之中，外加洪堡、兰克、尼布尔以及后来的德罗伊森等人的主导地位，历史主义朝向客观研究——吕森的作品的基本主题——的方法论要求与某种基础主义的形而上学信念逐渐结合，后者将意义、历史发展的目的视为单一的、独特的和不可重复的东西。

此番意义上的古典历史主义对价值相对主义一无所知，相反，它致力于展开上帝的终极计划，这个计划体现在兰克那预定的世界历史中，也体现在洪堡的精神理念、德罗伊森的"道德力量"（sittliche Machte）和黑格尔那基督教式的精神展现之中。然而，在1880年后的世纪末，随着自然科学认识论原则所塑造的实证主义研究模式的挑战，方法论上的客观主义和形而上学信念之间出现了矛盾，这引发了人们对历史主义学术之科学基础的质疑。

我在本书中所做的部分工作便是展示文德尔班、李凯尔特和狄尔泰的作品何以被解释为重申历史研究客观性的自主诉求，它旨在反对理想的历史神学之形而上学侵扰。这些世纪之交的哲学家们从根本上采用了康德的观点，并以此考察历史相对主义、价值的无序状态、自然和人文科学分类，以及历史判断的标准等方面的争议。从其认识论立场看，他们自觉地接受了古典历史主义中的形而上学矛盾，甚至正如我试图表明的，他们最终还是屈从于自身作品中更为根本的根深蒂固的形而上学思想了。在我的解读中，他们旨在克服形而上学，进而建立历史、文化和精神之自治科学的逻辑-形而上学-认识论企图不同于自然科学的概念模型。他们的努力旨在扩展早期历史主义者的基本提问方式，并建立一种新的历史主义认识论-形而上学版本。然而，与许多早期的历史主义者不同，我在此讨论的四位思想家——文德尔班、李凯尔特、狄尔泰或者海德格尔——都不是专业的历史学家，他们每个人都从一个决定性的哲学视角来处理历史主义的基本问题，并相信从哲学的角度切入历史知识问题、历史意识和历史本身，就能够重新定义哲学在现代传统中的基本含义。在他们"克服"形而上学的企图中，这些哲学家们以上述方法将历史主题化，并以此暴露出建立了现代和后现代思想基本议程的特定矛盾：笛卡尔－康德式的绝对时间预设；我思的单一视角；对科学理性的承诺；从严格的方法论上获取真理的信念——通过展现科学意识的普遍合法性，这些观念似乎与鲜活经验和有限的历史意识的历史性因素等相抵牾。

我对历史主义危机的兴趣与历史主义辩论产生的危机思想有关。于我而言，新康德主义者狄尔泰，尤其是早期海德格尔作品中关于价值判断、客观性和科学真理的学术争论中的要紧方面不过是欧洲哲学的现代计划的可行性。刺激我深入阅读的是可在世纪之交的认识论和方法论辩论中找到现代主义思想之根本矛盾的信念。在斯宾格勒、巴特、韦伯、布洛赫、梅尼克、特勒尔齐等人的作品中，存在着一整代人对迷失、破坏、启示和衰落等主题的关注。历史意识的危机观念在这个战后时代得以转变，转而成了现代生活的陈词滥调——尼采的价值虚无主义的老调重弹或其降格形式。魏玛时期的世界观哲学充斥着这种流行的危机意识的例子。[1] 然而，在历史、科学、神学和哲学危机的此类肤浅和模式化的讨论中，海德格尔早期哲学中真正意义上的危机哲学出现了。海德格尔拒绝了他同时代人对此的相关解读，转而试图把危机重新定义为开启历史（尤其是西方形而上学历史）进程的转折点。与其他人否认危机状况的不稳定性和其中的焦虑，或者试图用某种新的、更为安全的形而上学来克服它的做法不同，海德格尔认为，危机是所有真正科学和哲学的原初状态。正如他在《存在与时间》中写道的："科学所达到的水平取决于它在自身的基本概念的危机中能达到的程度。"[2]

海德格尔发现，历史主义者有关真理、客观性、研究实践、时间距离和

---

1 危机意识和危机修辞的例子见：Paul Forman, "Weimar Culture, Causality, and Quantum Theory", *Historical Studies in the Physical Sciences* 3 (1971): 1–116; Fritz Ringer, *The Decline of the German Mandarins* (Cambridge: Harvard University Press, 1969); Andras Gedo, *Crisis Consciousness in Contemporary Philosophy*, trans. Salomea Genin (Minneapolis: Marxist Educational Press, 1982); Allan Megill, *Prophets of Extremity: Nietzsche, Heidegger, Foucault, Derrida* (Berkeley: University of California Press, 1985). 我在第一章中更为详尽地讨论了危机意识的影响。

2 Martin Heidegger, *Being and Time*, trans. John Macquarrie and Edward Robinson (New York: Harper and Row, 1962), 29; *Sein und Zeit* (Tübingen: Niemeyer, 1976), 9.

学术判断的假设都来源于诸种科学在现代早期之际的定义，而这些定义又基于希腊形而上学的静态存在论。通过拒绝把历史（history）简单地理解为一个作为渐次发展进程（Geschichte）或者某种致力于科学史学观察的专门科学（Historie），海德格尔在新的意义上将历史理解为历史性（Geschichtlichkeit），就像规定了我们自身存在的时间历史的展开一样。[1] 正如他在"时间概念"讲座（1924）中解释的："只要哲学在方法论的角度把历史作为对象分析，它便永远不会发现历史为何物。历史的谜团在于究竟它意味着什么。"[2] 李凯尔特和文德尔班对历史的分类学处理完全掩盖了狄尔泰试图敞开人类历史性的工作。在这种新康德主义的影响下，海德格尔重新利用了狄尔泰对历史经验的诠释学，并对历史提供了某种存在论解读，这改变了历史主义提问方式的基本方面。

海德格尔20世纪初期的作品同样发端于主体/客体思想的困惑，它位于历史主义传统的核心，但他从未屈服于世人对科学和哲学当代危机的文化解读。相反，他把这种困惑重新看作瓦解形而上学结构的办法，后者最初让历史主义成为可能。通过将历史问题视为人类存在的现象，而非作为认识论分析的案例研究，海德格尔提出了一条思路，它让历史主义的传统"危机"变得过时和无关紧要了。到20世纪30年代讨论尼采的讲座时，历史主义已经不再是一种有影响的文化力量了，它仅以一种微弱的形式存在，就像现代世界的虚无主义倾向所厌恶的特权精英的文化意识形态一样。人们可以从梅尼克在其作品《历史主义的兴起》的经典研究中看到此种意识的作用，这种意识更像是正在逝去之传统的挽歌，而非批判性地参与到传统之中。

海德格尔声称，历史主义意味着20世纪的德国思想走进了死胡同，其原因恰恰在于它未能抓住使其成为可能的矛盾。历史主义思想家依然坚持客观性的科学标准和认识论的确定性，并试图通过否认或克服主体性的观念

---

[1] Heidegger, *Being and Time*, 434–455; *Sein und Zeit*, 382–404. 该书第五章更为完整地处理了这整个问题。
[2] Martin Heidegger, *Der Begriff der Zeit* (Tübingen: Niemeyer, 1989), 26.

来把握历史经验的实在。他们在魏玛时期的危机言论的特点是对历史相对主义的持续不安,他们认为,历史相对主义存在拉平所有文化价值观的危险。但即便他的同代人清楚地看到了主观价值和客观真理之间的对立,海德格尔也明白,二者实属一体。对他而言,历史相对主义实际上只是一种隐蔽的客观主义的补充,后者被关于文化多样性、个人自由、独特发展路径等理想主义话语掩盖了。海德格尔认为,斯宾格勒及其同时代人的危机修辞无法解释认识论的客观性与人类主体历史性在历史主义话语上的根本矛盾。在尝试把历史融入与之格格不入的科学框架的过程中,历史主义者否认了最初让历史成为可能的诠释学经验。这些问题并非战后世代所特有的。它们起源于兰克的浪漫主义诠释学,他对历史性的理解主要集中在历史时间之流中的研究对象上。兰克之后,德罗伊森试图通过建立"历史研究和历史知识(Historie)之规律,而非历史进程(Geschichte)规律"的方式克服传统学术中的纯粹客观主义。然而,德罗伊森仍然以基本认识论术语讨论历史性。[1]与历史主义传统中的其他多数人一样,他总是根据主体/客体形而上学的双重意义理解"历史":要么将其作为过往全部事件(res gestae)的名称,要么将其理解为这些事件本身的解释性说明(historia rerum gestarum)。到19世纪末,新康德主义者接受了这种基本的主体/客体二分框架,并将之作为其研究的起点。虽然他们拒绝了历史性的相对主义意义,并且肯定了某种普遍的价值理论,但他们的批评仍然围绕作为"有待了解"之事的对象的历史性而展开。狄尔泰试图通过强调主体的历史性来打破这种新康德主义的方法,从而不仅仅把人类生活理解为历史上发生之事;相反,历史性乃人类生活的基本范畴。正如伽达默尔所解释的那样,"历史性的基本特征并不取决于人类这种存在有其历史性;相反,所有

---

[1] Johan Gustav Droysen, *Historik* (Darmstadt: Wissenschaftliche Buchgesellschaft, 1977), 424. 德罗伊森基础读本 *Grundriß der Historik* 的更简短的英文版本,见 *Outline of the Principles of History*. trans. E. Benjamin Andrews (Boston: Ginn, 1893).

的历史都取决于人类的原始时间性和历史性"[1]。然而,即便狄尔泰想要克服历史主义思想中的矛盾,他的工作仍然取决于人文科学的整体理论,后者与他对生活历史性的洞察并不相容。

当海德格尔开始重新塑造狄尔泰和新康德主义的洞见时,他注意到二者都指向了同样的僵局:主观的历史性永远无法与客观的科学相协调。他认为,当务之急是彻底打破主体/客体二分的思维形式,正是它让历史主义成为可能。虽然海德格尔最终把历史主义作为某种形而上学思想的表达而加以拒绝,但他却把历史主义危机看作一个应对现代主义传统破产的机会。他明白,尽管狄尔泰和新康德主义者显然会对此表示反感,但科学主义和历史主义同属一体,因为每一方都代表了同一基本立场的互补方面。他并未在二者之间作出选择,就好像二者是替代选项一样,而是觉得应该以一种新的、更原始的方式重新思考二者的关系。他发现这样做不仅会重新占用,而且会破坏存在论的历史。通过把历史的本质理解为人类历史性之表达,而非某种科学,海德格尔设法将历史主义的文化和史学危机转化成了哲学和形而上学的危机。对海德格尔而言,历史主义的危机意味着现代主义思想作为某种僵局的成形。因为历史主义无法在自身的话语中解决其问题,它便被迫以历史主义的危机的形式面对其固有的矛盾。但正是这些矛盾证明了海德格尔的工作在哲学上是富有成效的。

我对海德格尔的解读有助于以多种方式确定本书对现代德国哲学中的危

---

[1] Hans-Georg Gadamer, "*Geschichtlichkeit*", in *Religion in Geschichte und Gesellschaft*, 3 (Tübingen: Mohr, 1959), 1496–1498. "历史性"这个词的历史处理,见:Leonhard Renthe- Fink, "Geschichtlichkeit", in *Historisches Wörterbuch der Philosophie* (Basel: Schwabe, 1971), 3: 404–408; Renthe-Fink, "Zur Herkunft des Wortes, Geschichtlichkeit'", *Archiv für Begriffsgeschichte* 15 (1971): 306–312; Renthe-Fink, *Geschichtlichkeit: Ihr terminologischer und begrifflicher Ursprung bei Hegel, Haym, Dilthey, und Yorck* (Göttingen: Vandenhoeck & Ruprecht, 1964). 更广泛的讨论见:Gerhard Bauer, *Geschichtlichkeit* (Berlin: de Gruyter, 1963); David Linge, "Historicity and Hermeneutic", Ph.D. diss., Vanderbilt University, 1969; Herbert Boeder, "Dilthey, und Heidegger: Zur Geschichtlichkeit des Menschen", in E. W. Orth, ed., *Dilthey und der Wandel des Philosophiebegriffs* (Freiburg: Alber, 1984), 161–177; David Hoy, "History, Historicity, and Historiography", in Michael Murray, ed., *Heidegger and Modern Philosophy* (New Haven, Conn.: Yale University Press, 1978); Otto Pöggeler, "Historicity in Heidegger's Late Work", *Southwestern Journal of Philosophy* 4 (1973): 53–73; and Jeffrey Barash, *Heidegger and the Problem of Historical Meaning* (Dordrecht: Martinus Nijhoff, 1988).

机和危机意识的强调。同时，这也有助于解释为何我选择专注于对历史主义的哲学解读（特别是文德尔班、李凯尔特和狄尔泰等人的作品），而非探索历史学家自己的史学或者方法论作品。人们对历史主义的通行解释（在此，我们很容易想到伊格尔斯和吕森的作品）几乎不会提到海德格尔，否则，他们就不会在主体／客体的这种完全一致的框架下谈论其作品了，而这个框架正是海德格尔试图消解的东西。例如，伊格尔斯就把海德格尔解释为一位致力于某种特定的存在主体性的"哲学非理性主义者"，对这种人而言，"实际客观存在的坚固世界已然解体"[1]。此外，这些从历史主义的角度关注的历史主义的应对方案，不可避免会把狄尔泰和新康德主义者的思想置于兰克、德罗伊森和兰普雷希特等传统史家同样的提问方式中。在这一过程中，他们错过了与狄尔泰、李凯尔特和文德尔班的哲学中起作用的笛卡尔-康德式的科学传统正面遭遇的机会。通过把海德格尔纳入我的讨论，并给予其早期作品的特别关注（这一点很大程度上被历史主义的多数阐释者所忽略），我打算以新的思路重新梳理历史主义的危机。

在接下来的几章里，我想探讨这场危机的影响，以期更全面地了解历史主义思想与德国现代哲学发展之间的关系。我发现，人们对历史主义的解读仅在它作为危机之整体理解的一部分才说得通，同时，危机本身也对我们把握现代主义思想有着哲学意义。作为整个计划的组成部分，我在第一章中透露出了世纪之交的德国哲学的基本危机。在接下来的四章里，我对有助于定义历史主义之基本危机的思想家们——文德尔班、李凯尔特、狄尔泰和海德格尔——分别给出了解读。然而，它们绝非孤立的研究；相反，我试图在此前各章的基础上，展示每个思想家与作为形而上学之表现形式的历史问题的潜在联系。我的目的不仅在于解读历史主义的危机，还在于为主导现代思想的危机主题本身提供解读。

---

[1] 耶格尔和吕森在他们的作品《历史主义的历史》（*Geschichte des Historismus*）中完全避免了对海德格尔的作品或其影响的任何讨论，而伊格尔斯在《德国的历史观》中也只是以最轻描淡写的方式提到了海德格尔，他更愿意把后者看作非理性主义者和存在主义者。从而没有真正处理危机的哲学主题，也没有在海德格尔与李凯尔特、文德尔班或狄尔泰之间建立实质性联系。

第一章

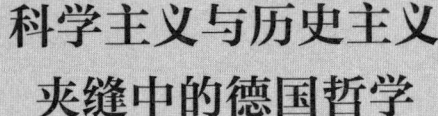

科学主义与历史主义夹缝中的德国哲学

真正的危机少之又少。

> 雅各布·布克哈特:《历史的反思》

危机深得人心。

> 翁贝托·艾科:《超真实旅程》

第一节
后黑格尔哲学中的合法性危机

从 1883 年狄尔泰的《精神科学引论》的出版到 1927 年海德格尔《存在与时间》问世的近半个世纪，代表了德国哲学史的一段非凡时期。从我们所处时代的有利位置出发，可以回顾并发现这个时期的重要思想转变，即从涉及"科学基础"问题的认识论方法到强调人类在世的时间性和历史性的全新诠释学存在论的转变。[1] 从李凯尔特、文德尔班到费英格（Vaihinger）、乔治·齐美尔（Georg Simmel）、特勒尔齐和恩斯特·卡西尔（Ernst Cassirer）等不同哲学家的作品中，我们注意到他们对提出一种批判知识理论的一致关切，这种理论被主体和客体、心灵和自然、精神与自然等双重范畴所分割。这些哲学家把认识论作为一种为人文和自然科学提供基础的门径；他们这样做旨在把哲学建立为科学之科学。尽管他们尽最大努力达成这种共识，但到 1927 年，大多数学院哲学家都面临着自己学科中即将出现的"危机"感。

这种危机心态在某些方面乃德国思想的漫长传统的产物，它可以追溯至观念论形而上学的衰落之时。近一个世纪以来，黑格尔体系崩溃所产生的空白，以及随后经验科学对这个体系的揭露，都迫使哲学家们重新考虑与其他学术分支相比之下的适当角色问题。黑格尔关于哲学目标乃"真理的科学知识"

---

[1] Richard Rorty, *Philosophy and the Mirror of Nature* (Princeton, N.J.: Princeton University Press, 1979), for example, tries to show the development "from epistemology to hermeneutics," 尤其在 chap. 7, 315–356。

的权威主张，遭到了一整代科学研究者的嘲讽和抵制，这些科学家们接受过生理学、光学、力学、动力学和其他应用科学的实验室方法训练。[1]而黑格尔曾宣称，仅存在一种绝对科学——哲学的科学，它涵盖了自然哲学和精神哲学，到1854年哥廷根的唯物论之争，像路德维希·毕希纳（Ludwig Büchner）、卡尔·福格特（Karl Vogt）和雅各布·莫莱肖特（Jacob Moleschott）等自然主义者便为终结哲学对自然科学的主导地位而争辩。相反，他们吁求科学方法的普遍有效性乃通往真理的唯一合法途径。[2]黑格尔体系的声名狼藉导致专业科学领域的行家们从整体上拒绝哲学，仅有科学主义（实证主义）这个领域除外，它断言科学本身满足了严谨哲学的全部要求。[3]人们会像马克思那样谈论"哲学的贫困"，并将其形而上学假设与艰难、细致的研究中收集到的经验事实进行对照。

专业的科学知识篡夺了此前自然哲学的诸多思辨领域，并且（以其对方法论程序和经验研究的不懈强调）摧毁了浪漫形而上学的基础。因此，后黑格尔时代的德国哲学面临赫伯特·施纳德巴赫恰当地称之为"哲学身份危机"的问题。[4]哲学专业内外都提出了一个问题，即哲学在一个专注于科学实证研究之理想的时代的作用：哲学何以在与特定科学研究中的卓然技术和物质成就的关系中保持自身的科学品性？更为根本的是，说到底，何谓哲学话语的真正"科学性"？这个问题重要吗？那其实现的方法呢？难道是严格遵循科学逻辑的内在规则？在一个后黑格尔危机的时代，人们问道：哲学与科学

---

[1] G. W. F. Hegel, *Die Enzyklopädie der philosophischen Wissenschaften* (Hamburg: Meiner, 1955), 3. 也参见 Herbert Schnädelbach *Philosophy in Germany, 1831-1933* (Cambridge: Cambridge University Press, 1984), chap. 3 中精彩的讨论。

[2] Klaus Christian Köhnke, *Entstehung und Aufstieg des Neukantianismus: Die deutsche Universitätsphilosophie zwischen Idealismus und Positivismus*(Frankfurt: Suhrkamp, 1986), 尤其是 157–159, 242, 273。

[3] 对"科学主义"这个主题的研究见：Schnädelbach, *Philosophy in Germany*, 93–100; Wladyslaw Tatarkiewicz, *Nineteenth Century Philosophy* (Belmont, Calif.: Wadsworth, 1973); Walter M. Simon, *European Positivism in the Nineteenth Century* (Ithaca, N.Y: Cornell University Press, 1963); Jürgen Habermas, *Knowledge and Human Interests*, trans. Jeremy Shapiro (Boston: Beacon, 1971), 4; Leszek Kolakowski, *The Alienation of Reason*, trans. Norbert Guterman (New York: Anchor, 1968).

[4] Schnädelbach, *Philosophy in Germany*, 5–11.

（作为一种范式），及其与诸科学（作为研究的特定形式）之间的主要关系如何？

在书写黑格尔去世后的德国哲学作品时，马丁·海德格尔提请众人注意此时的哲学"对其自身正确任务的困惑"。[1] 海德格尔的学生伽达默尔指出，到19世纪中叶，"哲学整体上已经破产，黑格尔在精神层面对世界统治的瓦解只是整体上哲学破产的结果"[2]。在其《知识问题》（*The Problem of Knowledge*）的研究中，恩斯特·卡西尔强化了如下判断："在科学领域，黑格尔的体系让他自己及其门徒和继承者们陷入了持续的浮躁和自负，这必然剥夺了实证研究者们对思辨哲学的任何信赖。"[3] 在哲学家以及人文和自然科学的践行者中，哲学作为科学之科学（即科学知识的方法，或者科学之科学）的传统角色受到了新一代思想家的挑战。[4]

为了重新建立哲学作为"（提供）最高和最根本知识之总体的科学"的可信度，专业哲学家们尝试了各种令其学科更加科学的策略。[5] 这个"科学化"过程采取了多种形式，它实则是众人在19世纪的大学专业化进程中为哲学获取合法地位的尝试。[6] 在下文中，我会把这些尝试划分为三大类：历史－诠释学研究、世界观哲学以及科学主义。众多接受传统训练的德国学者试图用其

---

[1] Martin Heidegger, *Hegels Phänomenologie des Geistes. Gesamtausgabe* 32. (Frankfurt: Klostermann, 1980), 15.

[2] Hans-Georg Gadamer, *Reason in the Age of Science*, trans. Frederick G. Lawrence (Cambridge: MIT Press, 1981), 24. 类似的观点见 Max Müller, *Existenzphilosophie im geistigen Leben der Gegenwart* (Heidelberg: Kerle, 1949), 35。

[3] Ernst Cassirer, *The Problem of Knowledge*, trans. W. H. Woglom (New Haven, Conn.: Yale University Press, 1950), 3.

[4] 对这个主题的更全面的讨论见 Robert Flint, *Philosophy as Scientia Scientiarum* (New York: Arno, 1975)。

[5] Heidegger, *Hegels Phänomenologie*, 13.

[6] 我在此讨论的"科学化"进程对自然和人文科学都产生了影响。关于其哲学意义的重要论述见 Walter Schulz, *Philosophie in der veränderten Welt* (Pfullingen: Neske, 1972), 11-245. 但正如姆拉克（Ulrich Muhlack）指出的，科学化进程也影响了全部人文科学中的语文学、历史学和诠释学研究方法，相关讨论见姆拉克所著：Zum Verhältnis von klassischer Philologie und Geschichtswissenschaft im 19.Jahrhundert", in *Philologie und Hermeneutik*, ed. Helmut Flashar 等人 (Göttingen: Vandenhoeck & Ruprecht, 1979)。也可参见 Julius Kraft, *Philosophie als Wissenschaft und als Weltanschauung* (Hamburg: Meiner, 1977)。

历史诠释技巧化解哲学的当代身份危机，进而对特定的原始文本或哲学体系历史做出文献学批判。因此，人们发现，19世纪的学问带有追求多卷本哲学史的倾向，也带有对培根、笛卡尔、康德、柏拉图和费希特等个体展开研究的倾向。在这种新的专业模式的掩盖下，哲学谴责了自己此前作为科学之科学的原始角色，相反，它试图成为基于文本的批判性阅读的诠释科学。此前过量的思辨被限制在了最低限度，通过对技术训练、历史博学的强调，以及对方法的冷静重视，哲学作品的科学性得到保障。对库诺·费舍尔、弗里德里希·于贝韦格和鲁道夫·海姆这些哲学家而言，哲学的历史化（或者哲学史）是让哲学成为首要的人文科学的合理途径。通过专业化、文献技术和对原始资料之批判方法的认识，他们希望以放弃形而上学之思辨科学的黑格尔模式，进而让哲学成为真正的科学，并强调将科学作为"研究"的新理解。[1] 然而，这种方法产生的一个问题是，从历史中展开的哲学观念的纯粹复原——其表现形式为新康德主义、新黑格尔主义、新托马斯主义、新亚里士多德主义、新费希特主义，以及其他复兴运动——并不鼓励创新，也不鼓励以充满活力的方案来解决哲学已经认识到的身份危机。在这个意义上，专业哲学家在19世纪对恢复过时的哲学体系的偏好，可能最好与同一时期的历史主义艺术形式的繁荣相提并论。正如古典、哥特、巴洛克和风格主义的复兴证实了一代人无法塑造自身独特的风格一样，因此，各种哲学体系在19世纪的复兴也揭示出德国后黑格尔哲学的缺陷。

最终，哲学中的历史－诠释学转向不仅影响了论文的写作和发表，也影响了大学课程的专业化、大学教师的培养和其他低水平的学术生态等一整个行业的方方面面；这种转向还对文德尔班、狄尔泰、胡塞尔以及海德格尔等

---

1 Lutz Geldsetzer, *Die Philosophie der Philosophiegeschichte im 19. Jahrhundert: Zur Wissenschaftstheorie der Philosophiegeschichtsschreibung und Betrachtung* (Meisenheim am Glan: Anton Hain, 1968), 该文对19世纪的学者书写哲学史的尝试做了历史编纂学的梳理。而对19世纪德国科学的研究活动及其采取的策略的模式研究可见：Alwin Diemer, ed., *Konzeption und Begriff der Forschung in den Wissenschaften des 19.Jahrhunderts* (Meisenheim am Glan: Anton Hain, 1978); Diemer, ed., *Beiträge zur Entwicklung der Wissenschaftstheorie im 19. Jahrhundert* (Meisenheim am Glan: Anton Hain, 1968).

一干重要思想家产生了影响。即便这些思想家并不主要把自己视为思想史家，但他们每个人都写过一本西方哲学史的重要著作，并在其中以不同的方式处理哲学作为合法科学的角色问题。例如，狄尔泰就试图为精神科学奠定基础，这个计划旨在为科学观念本身提出一种诠释学历史，进而处理哲学与精神科学之间的关系。这使他提出了世界观的理论，它试图按照思想的科学史的要求协调个别时代受限的历史见解。然而，文德尔班、胡塞尔和海德格尔都拒绝了狄尔泰的世界观哲学，并试图以自己独特的方案解决哲学的危机。循着新康德主义的价值理论，文德尔班试图寻找一种能够克服他在狄尔泰那里发现的相对主义的先验科学（transcendental science）；胡塞尔的目的则在于德国思想中的现象学革命，这能避免世界观的主观主义，而且能反过来将哲学引导至严谨的科学道路之上。海德格尔也丝毫不同情世界观理论，他认为，哲学作为世界观或作为科学这个选择本身就是造成所谓的哲学危机的主要原因之一。1919 年，在其名为"哲学的理想以及世界观问题"的弗莱堡大学早期讲座中，海德格尔呼吁众人重新思考哲学的本质，他当时将其认作一种"原初科学"（primordial science），即某种比科学本身更为原始的东西。[1] 但即便在此处，海德格尔自己的诠释学计划也是在科学危机这个统治性观念内部以及与之对照才得以界定的，这个观念需要哲学去处理。

鉴于这种冲突的局面，世界观哲学暗含的策略是通过将知识综合成为个人化的智慧体系，从而把世界的全部经验与个体的主观生活状况相互勾连等方式来克服科学的要求。[2] 通过强调真理之鲜活、可及性以及历史性等特征，世界观哲学（就其最流行的形式而言，它可以是生命哲学、虚构主义、一元论、唯意志论、神智论等等）试图为受到现代性之去个性化力量威胁的自我提供意义。世纪之交的柏林大学教授以及大陆学术气质的典型代表弗里德

---

[1] Martin Heidegger, *Zur Bestimmung der Philosophie, Gesamtausgabe 56/57* (Frankfurt: Klostermann, 1987), 13–17.

[2] 对世界观哲学的问题更为充分的讨论见：Walter Betz, "Zur Geschichte des Wortes, 'Weltanschauung'", in *Kursbuch der Weltanschauungen* (Frankfurt: Ullstein, 1981), 18–28; Theodor Litt, *Wissenschaft, Bildung, und Weltanschauung* (Leipzig: Teubner, 1928); Helmut Meier, *Weltanschauung: Studien zu einer Geschichte und Theorie des Begriffs*, diss., University of Munich, 1967.

希·保尔森（Friedrich Paulsen），在哀叹科学无法处理生活中的私人问题时，就曾完美地捕捉到了其同代人的情绪："现在，每个人都比以往任何时候更加努力，但进取心的内在必要性和整个事业的基本原则却付之阙如；人们感到其内心、个人生活之所得与其精力的消耗不成正比；一个人牵引一百头骆驼的重负并不会增加智慧，也不会让人在人性知识和神圣之物方面变得更为富足。"[1] 保尔森的挽歌式哀悼在科学和世界观被视为与主体作对、知识与生活作对以及自然科学与人文科学作对的时代是相当典型的。当然，像狄尔泰这样的人则试图弥合这些领域之间的距离；然而，更常见的是，哲学家会从一个领域转换到另一个。许多秉持世界观路径的哲学家们声称，传统科学的模式应该首先为哲学中的危机负责。放弃了严谨科学的伪饰之后，这些哲学家们希望把人类经验和理解融入其哲学方法之中。然而，对科学采取如此激烈的批判之后，世界观哲学却并未真正为科学的危机提供令人满意的答案，虽然它在受过良好教育的阶层中取得了成功。20世纪20年代，哲学中的频繁争论仍然以危机意识为标志。

除了世界观哲学和历史－诠释学路径等合法化策略以外，此间还存在许多其他的尝试——其表现形式为实证主义、唯物主义、达尔文主义、心理主义、经验批判主义、自然主义等等，它们试图按照自然科学的方法塑造哲学，进而让其更加科学。哲学中这种朝向科学主义的新转向，将所有科学的统一和科学真理的普遍性作为其基本原则。尤尔根·哈贝马斯（Jürgen Habermas）在其《知识与兴趣》（*Knowledge and Human Interests*）一书中写到这一时期的德国哲学时，便重点关照了科学主义，并将其作为他所谓的"知识批判之危机"的回应。用哈贝马斯的话说，"科学主义意味着科学对自身的信念，也就是说，这种信念意味着，我们不再把科学理解为可能知识的一种形式，而是必须用科学本身来识别其他知识"[2]。当然，科学主义有很多形式，而认为所有科学主义的支持者都提倡一种形式的科学思维是不负责任的。尽管如此，

---

[1] Theobald Ziegler, *Die geistigen und sozialen Strömungen des 19. Jahrhunderts* (Berlin: Bondi, 1901), 672.

[2] Habermas, *Knowledge and Human Interests*, 4.

科学主义还是一个可用来描述哲学、自然科学和人文科学中相关活动的有用术语，它们用科学本身的观念来界定可靠的知识。至于哲学中的整体历史境况，科学主义的支持者认为，形而上学的问题应该根据经验处理，或者干脆置之不理，因为关于真理的多数问题都是因为方法论层面的措辞不当造成的。对那些致力于此种愿景的人而言，科学主义意味着终止关于自由、灵魂、永恒以及形而上学的所有浪漫诗意的思辨。在这些思想家看来，如果要苟活下去，哲学就必须否认自己在清醒的方法论层面拥有智慧的奢侈。

凭借其逻辑性、客观性和方法论的严谨性，科学主义在19世纪晚期的德国占据了各学科的主导地位，尽管其信徒克服德国哲学危机的企图失败了。正如我们将要看到的，新康德主义、生命哲学、诠释学和历史主义都以各种方式挑战着科学的或实证的研究方式。像李凯尔特和文德尔班等思想家就对实证主义否认价值观的重要性持拒斥态度；狄尔泰对其非历史的方法及其对明晰性的拒绝感到绝望。胡塞尔则抱怨说，实证主义方法已经把"科学的观念还原为纯粹的事实科学"，他进一步问道，"如果科学仅把客观上建立的东西认作真理，那么，这个世界以及生活在其中的人类是否还赋有确凿的意义？"[1]所有这些哲学家都同意，科学的意义并不是某种具有科学秉性的东西，而是与生活、价值观、历史和人类世界相关之物；在这个意义上，人们可以清楚地为他们贴上反实证主义者的标签。但在其充满争议的话语之外，这些哲学家们仍然和他们所声称的反对者们共享了很多特征。与实证主义者一样，他们激烈反对形而上学，并且对认识论和方法论的基础问题表达了深切的关注。此外，他们还试图以科学的名义确立自己的真理，并将这视为确定性的保证。虽然这些哲学家可能会争论科学的哲学（而非科学哲学——译注）对生命主义、先验论、经验论或现象学元素的恰当强调，但都同意科学本身产生了唯一合法的真理形式。

19世纪下半叶，学院哲学家们朝着科学的哲学转向是通过批判性复兴笛

---

[1] Edmund Husserl, *The Crisis of the European Sciences,* trans. David Carr (Evanston, Ill.: Northwestern University Press, 1970), 6–7.

卡尔-康德式认识论实现的。例如，新康德主义虽然在语气和表现上反对实证主义，但仍试图以关注"恰当的"科学方法的问题来克服哲学危机。新康德主义者们抛弃了黑格尔对哲学作为形而上学之科学的权威定义，并将其定义为知识的科学。自19世纪60年代以来，奥托·利布曼（Otto Liebmann）的《康德及其门徒》(*Kant und die Epigonen*) 和爱德华·策勒 (Eduard Zeller) 的《新康德主义》(*Neo-Kantianism*) 等作品就已经开始"把哲学和科学基础归入知识的科学这个学科，并且以知识理论的形式从整体上复兴它"[1]。如果哲学不能再作为科学之科学，它至少还能在"知识论"的名义下作为全部科学知识之方法论基础而发挥作用。[2] 事实上，策勒认为这个知识论问题乃"全部哲学的形式基础；基于此，关乎哲学和科学之正确方法的最终决定可以找到自身的出发点"[3]。在其1862年的文章《知识理论的意义及其任务》(*Über Bedeutung und Aufgabe der Erkenntnistheorie*) 中，策勒声称，知识论可以成为治愈科学与哲学之间的危机的一种方式：

　　哲学与特殊科学的关系已经发生了很大的改变，乃至在整体上，哲学现如今已经比几十年前更多地向科学学习，而另一方面，这种转变也越来越多地确证了科学不再需要任何哲学为其目的服务的偏见，甚至让这些学科感到自己的工作不应该受到哲学的干扰。人们无需证据便能证明这并非一个健康的学术状况。一般而言，在持续发展的领域，不时总会出现回到起点、回顾原初问题，并再次以最初的精神尝试解决问题的需要，尽管方式可能有所不同。对于德国哲学而言，现在似乎已经到了这个时刻。现代哲学所抵达之处的进化起点乃康德，以及他在知识理论中开创的新方式而获得的科学成就。每个希望改善我们的哲学基础的人都必须首先回到这个问题，并且必须研究

---

[1] Schnädelbach, *Philosophy in Germany*, 106.
[2] Johannes Berger 在他对李凯尔特的有洞察力的论文 "Gegenstandskonstitution und geschichtliche Welt"（University of Munich, 1967）中追随新康德思想中的认识论的发展思路。也参见 Köhnke, *Entstehung und Aufstieg des Neukantianismus*, and Hans-Georg Gadamer, "*Neukantianismus*", Philosophisches Lesebuch, vol. 3 (Frankfurt: Fischer, 1988), 215–218.
[3] Eduard Zeller, *Kleine Schriften*, vol. 1 (Berlin: Reimers, 1910), 240.

康德在其《纯粹理性批判》中为我们提出的问题，从而避免他自己所犯下的错误——我们可从本世纪丰富的科学经验出发做到这一点。[1]

一代人之后，李凯尔特扩展了策勒的计划，从而为后者在科学和世界观之间察觉到的危机提供了出路，李凯尔特写道："世界观或者生活的所有问题都转变成了逻辑和知识论的问题。"[2] 在费希特看来，"作为全部科学之科学，知识的科学旨在为所有科学提供基本的原理"，李凯尔特则认为自己在知识论中为哲学危机找到了可靠的解决方案。

与狄尔泰一样，李凯尔特在自己的作品中也打算提供某种统一的知识理论（尽管他接受了科学与历史或者自然与精神的区分），从而以新的哲学方法克服这种区分。对狄尔泰来说，新方法与诠释学紧密结合；对李凯尔特而言，这种方法遵循康德的先验方法。然而，他们都相信哲学方法能够解决科学和历史的基本问题，即便这意味着要接受每个领域的不同价值观。甚至海德格尔在其《存在与时间》中也会主张"'现象学'主要表达了某种方法论的概念"[3]。纵观整个19世纪末到20世纪初，当时的一整代人都普遍意识到，哲学危机的解决方案在于发展出一种新的哲学方法（无论是知识论、诠释学、实证主义，还是现象学），从而确保严格科学真理的可能性。在这个意义上，新的哲学意识与三个世纪前笛卡尔在其《谈谈方法》（*Discourse on Method*）中提出的古老吁求遥相呼应："如果我们要研究事物的真相，则需要一种方法。"[4]

---

1 Eduard Zeller, "Über Bedeutung und Aufgabe der Erkenntnistheorie", in *Vorträge und Aufsätze* (Leipzig: Fues, 1887), 489–490, 引自 Cassirer, *Problem of Knowledge*, 4。
2 Heinrich Rickert, *Die Grenzen der naturwissenschaftlichen Begriffsbildung: Eine logische Einleitung in die historischen Wissenschaften* (Tübingen: Mohr, 1929), 10.
3 Martin Heidegger, *Being and Time*, trans. John Macquarrie and Edward Robinson (New York: Harper and Row, 1962), 50; *Sein und Zeit* (Tübingen: Niemeyer, 1976), 27.
4 René Descartes, *Philosophical Writings*, vol. 1, trans. John Cottingham (Cambridge: Cambridge University Press, 1985), 15.

第二节

现代哲学的笛卡尔式焦虑

我有关历史主义传统中潜在矛盾之论述,部分取决于我把现代性解读为危机时代的做法。通过观察19世纪80年代到20世纪30年代德国哲学的发展,尤其当它越来越自觉地关注知识论、方法论和科学确定性问题之际,我希望在战后危机意识所呈现的现代性后期阶段,以及笛卡尔式的科学确定性计划为代表的现代性源头之间找到一些相似之处。海德格尔的作品在这种背景下就变得尤其重要,因为他在世纪之交时占主导的、有关自然和历史的方法论辩论中认识到了笛卡尔式的形而上学的残留。海德格尔提供了现代性思想的谱系,即某种现代性的形而上学,并相信它决定了他那个时代的危机思维。

在《存在与时间》的背景中考察这本著作时,人们可以看到它之所以成为德国思想的全新起点的理由。凭借其诠释学-现象学方法,该书提供了一个基于历史性、事实性和时间性的此在的新存在论。其中"沉沦"(fallenness)、"敞开"(disclosedness)、"世界性"(worldhood)、"共在"(beingwith)等古怪措辞更像是生造语词和秘传。这本书在精神气质上很有创意和新鲜感。然而,人们很容易就忘记了,该书在诸多方面乃是对此前新康德主义式哲学史的奇特重塑。海德格尔在本书中的主要任务之一便是实现他所谓的"存在论历史的解构"[1]。更具体地说,这部作品试图打破源自柏拉图和亚里士多德的希腊存在论传统,它在现代早期被笛卡尔和康德所改造。正如海德格尔所说的那样:"在继承笛卡尔的存在论立场时,康德遗漏了重要的事情:他并未提供此在的存在论。这种遗漏是笛卡尔自己最切己的精神倾向中的决定性因素。笛卡尔用'我思故我在'宣告自己把哲学放置在了一个新的、坚实的基础之上。然而,以这种'激进'的方式开始哲学运思时,他所留下的悬而未决之物则是属于所思(res cogitans)中的存在——更具体而言——即'全部'存在之意义。"[2]

对海德格尔来说,笛卡尔的科学知识方法——即对证据、确定性、无可

---

[1] Heidegger, *Being and Time*, 41–49; *Sein und Zeit*, 19–28.
[2] Ibid., 46; *Sein und Zeit*, 24.

置疑性、明晰性和明显性的强调——几乎谈不上"彻底"。它源于纯粹的认识论前提，这种前提建立在人们对隔绝了历史、语言和文化的认知主体（我思）的信念之上，而这个主体又成为科学真理的阿基米德式基础。经由海德格尔的存在论分析，笛卡尔哲学中所谓的"彻底"被证明只不过是现代主义形而上学幻象。在其解构的任务中，海德格尔将笛卡尔和康德的作品视为"接近存在问题的不恰当方式"。笛卡尔和康德的工作会关注证据和范例等需求，并试图对日常生活的流动性，以及经验中那些不科学和难以接受的元素展开客观的批判，后者又被康德唤作"模糊、混乱和无用之物"[1]。通过引导哲学朝向"科学的安全之路"，他们希望克服笛卡尔在其《第一哲学沉思集》中对"科学中任何确定和永恒结构"的深层疑虑。[2] 理查德·伯恩斯坦（Richard Bernstein）在其对现代哲学根源所做的批判性研究《超越客观主义和相对主义》（*Beyond Objectivism and Relativism*）中重点关注了笛卡尔和康德的哲学遗产，后者在很大程度上塑造了现代思想。伯恩斯坦认为，客观主义/相对主义起源于他发现的笛卡尔计划的遗产，后者在现代和后现代思想的整个危机心态中起了重要作用。伯恩斯坦提出了海德格尔主题的变体，并试图表明，相对主义、主观主义、历史主义和虚无主义的问题不过是他戏称为"笛卡尔式焦虑"的后果。在回顾三个世纪的西方哲学历程的过程中，伯恩斯坦把"基础"的隐喻作为现代主义计划的主导性修辞：

这种隐喻旨在寻求某种固定点和稳定的基岩，经由它，我们可在不断造成威胁的变迁面前确保生活的安定。在这个旅程的背景中徘徊不去的幽灵不仅包括知识论上彻底的怀疑主义，而且涵盖了人们对疯狂和混乱的恐惧，我们在其中找不到确定之物，既不能触底，也无法在表层支撑自身。笛卡尔以一种令人不寒而栗的清晰和表面上无可逃避的必然性引导我们走向一个宏大

---

[1] Heidegger, *Being and Time*, 249; *Sein und Zeit*, 205. Immanuel Kant, *Critique of Pure Reason*, trans. Norman Kemp Smith (London: Macmillan, 1929), 8.
[2] Rene Descartes, *Philosophical Works*, vol. 1, trans. Elizabeth S. Haldane and G. R. Ross (Cambridge: Cambridge University Press, 1969), 144.

而诱人的非此即彼（Either/Or）。要么我们的存在有着某种支撑，以及我们的知识有着某种固定的基础，否则就无法逃脱以疯狂和智性（intellectual）、道德上的混乱等方式围绕在我们身边的黑暗势力。[1]

伯恩斯坦写道："我们可能杜绝自身对确定性和无可置疑性的追求。然而，客观主义愿景的核心……乃是相信可能存在或者必须存在一些固定的永恒限制，它们是我们得以立足之物，也是确定和稳定的东西。"我在本书中所做的部分工作便是要表明，步海德格尔后尘把现代哲学中起作用的"笛卡尔式焦虑"确定为1880—1930年间危机意识的伯恩斯坦所言究竟何物。我认为，标志着现代性乃危机时代的东西就在于，人们对客观主义和相对主义之基本对立立场的世代信念。在这种非此即彼的认识论两难困境中，哲学家和历史学家根据他们相互矛盾的形而上学立场来定义历史主义的含义。当然，他们对历史理解之科学价值的方法论和认识论辩论所透露出来的，则是对此前方法不可行的认识。但这些教训并未旋即被理解，因为许多哲学家不愿放弃他们自己的传统方法。然而，众人对危机和解决危机之必然性的认识却不断加深。对文德尔班、李凯尔特和狄尔泰而言，历史主义危机挑战了他们对哲学之科学品格的信念。在这个意义上，危机为他们重新思考历史与科学之基本关系，以及调和价值与方法之间的矛盾提供了机会。然而，对于海德格尔来说，情况似乎非常不同。正如他所看到的，历史主义的危机并非只是关于历史方法的世代争论；相反，它代表了人们与19世纪思想的基本困惑达成的妥协：古典科学的遗产和对人类历史的新洞察。海德格尔在其解构计划中取得的成就是摧毁了笛卡尔-康德思想的预设，后者是新康德主义者和狄尔泰等人研究方法的主导思想。此外，他认识到后者关于确保历史真相之正确方法的辩论必然受到某种知识论结构的影响，后者预先决定了人们对自然或历史探究的大致方式。

回到诸科学在现代早期的分裂状况，海德格尔认为，哲学家们已经区分

---

[1] Richard Bernstein, *Beyond Objectivism and Relativism* (Philadelphia: University of Pennsylvania Press, 1983), 18.

了两个对象领域——自然和历史，这两个领域是由两大类经验科学加以研究的：自然科学和人文科学。知识排序的这种高度图示化的基础可以追溯到人们对科学探索之明确和独特方法的需求，这也是笛卡尔在其《谈谈方法》中的渴望。根据海德格尔的看法，笛卡尔方法——依其对待自然的方式——关注自然在人类意识中的构成及其加工方式甚于自然本身。结果，它仅显示了方法中已经隐含的那种真理。[1] 海德格尔试图以《存在与时间》中对自然和历史做现象学分析，以此揭示刻画了这整个传统在"存在论上不充分的起始方式"。正如海德格尔所言，这种"哲学的丑闻"乃是笛卡尔式对证据、客观性和确定性需求的持续期待。[2] 在笛卡尔、康德、新康德主义者那里，以及在德国学术传统中，海德格尔找到了某种特定的倾向，它让知识论具备了在自然科学和精神科学中建立真理客观性的优先地位。

然而，对于海德格尔来说，对客观性的要求与人类世界的原初经验并不相容。如果历史或自然有其意义，它们也不能仅仅被定义为知识论上确定的对象，而是需要被理解为时间范畴中朝向人类的现象学展开的方式。在把数学和几何学的静态时间概念应用于文化和历史的过程中，学术的知识论成功地把真理展开的动态过程实体化了，众人从而可以科学地理解它们。但历史的经验或者存在论条件破坏了知识论真理的地位。在其 1925 年的系列讲座"时间的概念史"（History of the Concept of Time）中，海德格尔解释了为何学院派哲学的知识论提问方式仍然囿于其自身的预设之中，从而遮蔽了它试图探究之现象的任何原初理解方式。他以评论的方式开场：

> 我们倾向于按照研究它们的科学方式来理解历史和自然。但如此一来，历史和自然也仅当它们在这些科学中被主题化了之后才是可理解的。然而，人们并不清楚，某个对象领域是否也必然为我们带来了实际的主题领域，后者先行

---

[1] 对现代科学实践和方法问题的批判见：Hans-Georg Gadamer, "Das Faktum der Wissenschaft", in *Das Erbe Europas* (Frankfurt: Suhrkamp, 1989), 87–105; Rüdiger Bubner, "Das Faktum der Wissenschaft und Paradigmenwechsel", *Studia Leibnitiana, Sonderheft 6* (1974): 78–94.
[2] Heidegger, *Being and Time*, 249; *Sein und Zeit*, 205.

刻画了科学的主题。说起来,从历史科学的角度处理历史并不必然意味着,以科学方式理解的历史也是历史的真实。最重要的是,无人声称有关历史现实的史学知识是否就能够让我们在其历史性中看到历史。很可能,特定主题领域之潜在的科学敞开方式从本质上必然保持其封闭性;事实上,如果科学希望发挥其应有的作用,就必须保持这种封闭。在我们眼前的例子中,这两个领域的分裂可能很好地表明了,主题的原初和不可分割背景仍然是隐藏的,并且,我们无法通过随后的努力把自然和精神结合在人类此在的整体图景之中。

分裂首先来自诸科学,它将历史和自然还原到对象领域的层面。然而,历史和自然的现象学却有望在科学探究之前按照如其所是的方式展开现实,就像现实向来被赋予的方式一样。这与历史和自然的现象学无关,甚至也与作为诸种科学之对象的历史和自然的现象学无关,而是与原初存在形式以及二者之构成的现象学展开方式相关。[1]

在笛卡尔-康德的传统中,海德格尔发现自然与历史的区分在知识论层面是可行的。在这种情况下,哲学的目的乃是为人类和自然界的研究提供科学基础。然而,海德格尔认为科学不够彻底。海德格尔承认,为了在"科学探究之前"披露自然和历史的"原初存在",我们需要拆除笛卡尔-康德式科学的整个形而上学结构。他提出的替代方案并非某种全新的哲学基础,而是某种处理这些现象的方法,它打消了我们对基础的需求。对他而言,寻求基础科学的目标在根本上就是矛盾的,因为在虚假的阿基米德开端处,基础本身永远无法从逻辑上和方法论上得到保障。海德格尔坚持认为,科学知识的真正起源乃是对自然和历史展开科学处理之前,世人把它们作为现象的经验。

在此番讨论的背景下,海德格尔提出了他称之为"科学危机"的问题。[2]即有关客观主义和相对主义、世界观与科学以及自然和历史的问题,它们是

---

[1] Martin Heidegger, *History of the Concept of Time*, trans. Theodore Kisiel (Bloomington: Indiana University Press, 1985), 1–2; *Prolegomena zur Geschichte des Zeitbegriffs, Gesamtausgabe 20* (Frankfurt: Klostermann, 1988), 1–2.

[2] Heidegger, *History of the Concept of Time*, 2; *Prolegomena zur Geschichte des Zeitbegriffs*, 3.

欧洲科学在现代所要面对的核心危机的一部分。海德格尔写道：

> 如今，我们在双重意义上谈到了科学危机。首先，当代人（尤其是年轻人）中抱有一种感觉，即认为自己与科学的原初联系丢失了。回想一下马克斯·韦伯关于这个主题的讲座引发的讨论，这场讨论对科学及其意义是如此绝望。人们把韦伯的观点看作是绝望和无助的，他们想要通过培养科学的世界观，并从中建构科学的神话观念来恢复科学以及科学工作的意义。

> 但真正的危机根植于各门科学内部，内在于它们与科学主旨的基本关系，进而，各门科学的研究都变得可疑……仅当我们清楚地了解其科学的和方法论的意义，并且看到主题的原初领域在原则上需要不同于具体科学分支中盛行的经验和阐释模式后，危机才能被引导至对科学有益和安全的方向。在危机中，科学研究假定了某种哲学前提。各门科学因此会说它们需要某种原初解释，而这是它们自己无法给出的。[1]

在海德格尔的解读中，后黑格尔哲学里的危机超越了新康德主义者与受过诠释学训练的学者之间的学科内部争论，并且进一步影响了科学本身的基础。他把哲学中的这种危机意识理解为全方位定义了战后德国思想的世代情绪，而不是对学科主题和问题的特定反应。从诠释学的角度将科学理解为"人类此在的具体可能"，而非规则和指令安排下的僵化传统，这一点被证明对海德格尔是至关重要的。通过把"研究的主旨置于原初经验之中"，也即对此在的可能性进行原初阐释，海德格尔希望将"危机"的意义从紧急状态或个人焦虑转变成与整个西方传统展开的根本性对抗。在这一过程中，他抓住了哲学的危机，进而对历史与科学进行重塑。如果我们要了解海德格尔对"危机"概念的卓绝调配（尤其是将其作为历史主义问题的解决方案），就需要将其置于魏玛时代的代际框架之中，因为危机意识的概念首先发端于此时。因为海德格尔对德国危机思想的流俗传统异常敏感，并且试图在形而上学的基础上解释危机的世代

---

1 Heidegger, *History of the Concept of Time*, 2–3; *Prolegomena zur Geschichte des Zeitbegriffs*, 3–4.

旨趣。对其他人而言不过是战后崩溃的社会学反应的东西，在海德格尔看来则是与现代性意义展开的划时代对抗。如果历史主义的危机证实了知识论和历史探究的不稳定状态，那它还从形而上学的角度揭示了科学可以有效地划定自然和历史各自领域的现代主义者的自信愿景。

第三节
德国精英文化的危机

　　1880年到1930年间，德国哲学中的"合法性危机"部分在于当时盛行的认识论和方法论"危机"，这似乎威胁到了哲学研究的地位。但在一战之后，危机言论的基调和紧迫性发生了变化。在斯宾格勒、特勒尔齐、梅尼克、巴特、布洛赫等战后德国的主要作家的作品中，出现了一种对旧秩序崩溃和解体敏感的新型修辞话语。在这些作家笔下，1918年的灾难引发了危机意识，进而威胁到了威廉时代（Wilhelmine）建立的学术秩序。[1] 即便在如今已被遗忘的艾里希·冯·卡勒（Erich von Kahler）、爱德华·施普兰格尔（Eduard Spranger）、艾里希·比彻（Erich Becher）、艾里希·罗特哈克尔（Erich Rothacker）、特奥多尔·利特（Theodor Litt）以及其他大陆思想家们的极端论述中，人们仍然会注意到他们对危机意识的相同倾向。[2] 正是在这种氛围下，

1　魏玛时代的"危机心态"以末世论的风格特点为标志。恩斯特·布洛赫的《乌托邦》出版于1918年，斯宾格勒的《西方的没落》卷一也于同年出版。乔治·施泰纳在其论文 "Heidegger, Again" [Salmagundi 82-83(1989): 3-23] 中，对卡尔·巴特1919年出版的《罗马书释义》（*Epistle to the Romans*）和弗兰茨·罗森茨威格·斯特恩1921年出版的《救赎之星》（*Stern der Erlösung*）做了出色的对照研究，并且指出战后时代的德国在救世主般的救赎形象和造成破坏的形象之间摇摆。我要指出，围绕历史主义的学术争论不过是潜在的文化危机的另一种代际表达，只是形式上更加传统而已。

2　Fritz Ringer, *Decline of the German Mandarins* (Cambridge: Harvard University Press, 1969), 该书追溯了科学危机导致的官方思维的发展过程，尤其是它在牧师群体中的形成过程，就像艾里希·卡勒在其《科学的志业》（Berlin: Bondi, 1920）中对马克斯·韦伯那振聋发聩的演讲"科学作为一种志业"（"Wissenschaft als Beruf", in *Gesammelte Aufsätze zur Wissenschaftslehre* (Tübingen: Mohr, 1922)）做出的回应一样。林格在20世纪20年代谈到了"教育学的危机"（407-410）。

鲁道夫·潘维茨（Rudolf Pannwitz）写下了《欧洲文化的危机》（*Die Krisis der europaischen Kultur*），特勒尔齐紧随其后写下了《历史主义的危机》（*Krisis des Historismus*），亚瑟·利伯特（Arthur Liebert）则写了《当前的精神危机》（*Die geistige Krisis der Gegenwart*）。[1] "危机"一词成了个流行语。一些人谈到历史主义的危机以及它为文化世界带来的相对性；另一些人则谈到了科学危机和科学造成的生活意义的丢失。这些思想家可能对危机产生的真正根源莫衷一是——无论它源于科学问题还是历史问题——但他们都能在一整代人的陈词滥调上达成一致：危机本身位于战后世界的学问和学术的核心位置。伽达默尔在20世纪20年代描述他那个年代的年轻人时解释道："当时正年轻的我们在迷失方向的世界中寻求新的方向……在受世界观影响的文学和科学领域真的存在一种灾难心态，它落地生根，走向了与旧传统逐渐决裂的境地。德国观念论的崩溃只是新一代人的情绪在学术上的表现。另一个更为主导的方面则表现在斯宾格勒的《西方的衰落》那耸人听闻的流行之中。……我的整个世界观、我的传统、教育、学派和世界都头一遭被相对化了。"[2]

对于伽达默尔和他同时代的人来说，迷失方向的经历乃广泛存在之文化现象的一部分。政治威胁、经济不安、社会动荡……所有这些都成为一代人意识的一部分，这种意识通过其不稳定的道德和知识身份来定义自身。对于有教养的中产阶级（Bildungsbürgertum）和大学精英而言，相对主义在其世界中心造成了威胁。这促使他们尝试各种办法来解决自己在生活和学习方面感受到的危机。在其重要作品《德国精英阶层的没落》中，弗里茨·林格（Fritz Ringer）捕捉到了当时存在的普遍情绪：

整个魏玛时期，学术界经常会有危机正在加深的说法。但并没有人认为有必要明确这场危机的确切性质，进而询问它的来源或关涉的内容。"有时候[教育家阿洛伊斯·费舍尔（Aloys Fischer）在1924年写道]，目前的情况仅仅

---

1 Rudolf Pannwitz, *Die Krisis der europäischen Kultur* (Nuremberg: Carl, 1917); Ernst Troeltsch, "Die Krisis des Historismus", *Die neue Rundschau* 33 (June 1922): 572-590; Arthur Liebert, *Die geistige Krisis der Gegenwart* (Berlin: Pan-Verlag Rolf Heise, 1924).
2 Hans-Georg Gadamer, "Selbstdarstellung", *Gesammelte Werke*, vol. 2 (Tübingen: Mohr, 1986), 479.

表现为……经济体系的危机，有时候表现为政治和国家观念的危机，或者是社会秩序的危机。而在其他时候，它又从更深处和更宏大的层面被理解为整个知识界以及精神文化的危机……"无论怎样，只要几乎所有受过教育的德国人都相信它实际存在，危机就确实存在。[1]

哲学家们对这场危机的原因展开了往复辩驳。利伯特的《当前危机的精神后果》一书五年三次再版就反映了其流行程度，他在书中断言，每个时代和每个历史境况都由危机感决定。"没有危机的时代，"利伯特坚持说，"了无生气，就像没有危机的人就是死人一样。"[2]20世纪20年代，决定了德国危机的因素乃当时的历史相对主义意识和文化基础的失落。"我的作品的任务，"利伯特承认，"不是为了证实或呈现当代生活的任意一个危机，无论它可能拥有多么惊人的力量。相反，我的作品旨在揭示我们时代，乃至整个当代世界观和生活情绪的危机，即代表了全部个别危机的概念和意义，以及规定、滋生这种危机的共同智性（intellectual）和形而上学根源。"对利伯特而言，全部危机中的这种至高者根植于"历史主义培养起来的致命的历史怀疑主义和相对主义"[3]。

埃德蒙德·胡塞尔（Edmund Husserl）和雅斯贝尔斯等其他著名哲学家则把文化巨变的真正原因理解为科学本身的危机。胡塞尔和雅斯贝尔斯都谈到了科学的客观主张和生活世界的主观因素之间，或者事实与价值之间的互不相容。胡塞尔声称，"科学观念实证地还原为单纯的事实科学"导致"科学丢失了生活的意义"[4]。雅斯贝尔斯认为，科学危机"实则取决于受科学境况影响的人类"[5]。即便对生命哲学的支持者而言，危机也可以简化为生命与科学的冲突。眼下的抉择在于，要么把哲学定义为主观的世界观，要么将其定义为客观的科学。在其《作为严格科学的哲学》（1911）一文中，胡塞尔看到了哲学身份危机的唯

---

1 Ringer, *Decline of the German Mandarins*, 245.
2 Liebert, *Die geistige Krisis der Gegenwart*, 5.
3 Ibid., 7–9.
4 Husserl, *Crisis of the European Sciences*, 5.
5 Karl Jaspers, *Man in the Modern Age*, trans. Eden Paul and Cedar Paul (Garden City, N.Y.: Doubleday, 1957), 147.

一合法解决方案，即拒斥历史主义（他认为历史主义导致了世界观哲学的崛起），并重新将哲学塑造为某种严格的科学。[1] 同年，狄尔泰致信胡塞尔，认为这是个错误的二分。狄尔泰认为，人们可以保持对"普遍有效的知识理论"的信念，同时仍然提供一个连贯的世界观理论。[2] 对于接下来的一代人来说，世界观与科学之间的紧张关系引发了一些重要的问题：哲学是否要跟随历史主义的道路，并且如狄尔泰担心的那样，最终"被眼见它自身四分五裂而造成的焦虑"所囚禁？[3] 或者，它会遵循科学主义的原则，从黑格尔之后的创伤中恢复过来吗？以及，哲学需要根据什么标准判断，又应该采取哪种替代方案？

在 20 世纪初，学院哲学所做的抉择似乎是意义重大的。例如，李凯尔特就毫不怀疑哲学为何处于危机之中；病态世界观（正如李凯尔特揶揄的那样）在主观体验中提出了价值问题。[4] 哲学危机的答案在于建立一种以知识论和先验方法为基础的价值科学，它将克服非理性的生命哲学和世界观哲学那种无组织、直觉式认知方式。[5] 李凯尔特面前有个明确的选择：哲学曾是一门科学，它当时必须拒绝路德维格·克拉格斯（Ludwig Klages）、鲁道夫·斯坦纳（Rudolf Steiner）、乔治·塞克（George Circle），以及尼采的追随者等秉持浪漫主义-活力论的浅薄之辈的流行冲动。而包括爱德华·施普兰格尔和保罗·纳托普（Paul Natorp）在内的其他人也求助于哲学的科学定义，以求从客观上解决危机。但即便在科学传统中，许多学者也认为旧的传统处于动荡之中，而物理学家、数学家和生物学家们也纷纷与哲学、历史和社会学的同事一道承认科学在现代世界的危机之中的孱弱地位。科学被认为是世界观的理论：人们在生物学中会谈到活力论；在物理学中则会谈到机制和相对主义；而在数学中则会说起形式主

---

1 Edmund Husserl, "Philosophy as Rigorous Science", in *Phenomenology and the Crisis of Philosophy*, trans. Quentin Lauer (New York: Harper Torchbooks, 1965), 71–148.
2 Walter Biemel, ed., "The Dilthey-Husserl Correspondence", in Peter McCormick and Frederick Elliston, eds., *Husserl: Shorter Works* (South Bend, Ind.: University of Notre Dame Press, 1981), 203–208.
3 Wilhelm Dilthey, "The Dream", in Hans Mayerhoff, ed., *The Philosophy of History in Our Time* (Garden City, N.Y.: Doubleday, 1959), 40.
4 Heinrich Rickert, "Psychologie der Weltanschauung und Philosophie der Werte", *Logos* 10 (1920): 1–42.
5 Heinrich Rickert, *Die Philosophie des Lebens* (Tübingen: Mohr, 1922).

义和直觉主义。[1] 无论在自然科学还是人文科学中，魏玛时代的官方学术精英也都认为自己正在卷入类似的缠斗之中：即为分隔开科学和生活、科学和世界观的问题与冲突提供解决方案。如果没有意识到令自然科学和人文科学苦恼的危机心态，我们几乎无从理解 1880 年到 1930 年整个这一时期的德国思想。

以数学为例，赫尔曼·威尔（Hermann Weyl）就于 1921 年写了一篇题为《数学基础的新危机》的文章。同年，理查德·冯·米泽斯（Richard von Mises）也在物理学领域发表了《论当前的力学危机》。在随后的 1922 年，约翰尼斯·斯塔克（Joseph Stark）发表了《当前德国物理学的危机》，约瑟夫·佩措尔德（Joseph Petzold）则写作了《对因果概念危机的关切》，而阿尔伯特·爱因斯坦则著有流行于世的《理论物理学当前的危机》一文。[2] 甚至斯宾格勒也以其反传统的口吻谈到了物理学的危机，尽管他是从文化世界观的角度对其进行解释的。[3] 作为科学史家的保罗·福尔曼（Paul Forman）在其富有洞察力的研究《魏玛文化、因果性和量子理论》中主张，"在这个时期……德国的所有数学家和物理学家都经历了影响深远的危机，这些危机的定义显示出，它们与魏玛时代智识（intellectual）环境的主要风气的紧密关系"[4]。随着危机心态的发展，许多人并未注意到，在科学主义与历史主义二者之间非此即彼的选择本身就是被错误提出的问题。科学主义并未提供普遍的有效性，历史主义也不只是对历史相对主义的信仰。二者都在某种原初的意义上隐含另外一方。

按照那个时代的精神状况，如果我们认为历史学、文献学、社会学、哲学、法学和语言学都受到了科学化进程的有利影响——乃至到 19 世纪末，人们

---

1 Heidegger, *Prolegomena zur Geschichte des Zeitbegriffs*, 3–6; *History of the Concept of Time*, 3–5. 对 20 世纪 20 年代魏玛时期的物理学和量子论的进一步讨论可见 Paul Forman, "Weimar Culture, Causality, and Quantum Theory," *Historical Studies in the Physical Sciences* 3 (1971): 1–116。

2 Hermann Weyl, "Über die neue Grundlagenkrise der Mathematik", *Mathematische Zeitschrift* 10 (1921): 39–79; Richard von Mises, "Über die gegenwärtige Krise der Mechanik", *Zeitschrift für angewandte Mathematik und Mechanik* 1 (1921): 425–431; Johannes Stark, *Die gegenwärtige Krise in der deutschen Physik* (Leipzig: J. A. Barth, 1922); Joseph Petzold, "Zur Krisis des Kausalitätsbegriffs", *Naturwissenschaften* 10 (1922): 693–695; Albert Einstein, "über die gegenwärtige Krise der theoretischen Physik", *Kaizo* (Tokyo) 4 (December 1922): 1–8. 也参见 Forman, "Weimar Culture," 62–67。

3 Oswald Spengler, *The Decline of the West*, trans. C. F. Atkinson (New York: Knopf, 1926), 377–381.

4 Forman, "Weimar Culture", 60. 虚构作品中体现的德国物理学危机可见 Russell McCormmach, *Night Thoughts of a Classical Physicist* (Cambridge: Harvard University Press, 1982)。

可以谈论新的人文科学了——那么，我们也必须认识到自然科学（如生物学、物理学和力学）和数学也反过来被历史化了。正如赫伯特·施纳德巴赫提醒我们的那样，"19 世纪的整体意识以科学和历史之名从观念论中得以解放"[1]。

---

1 Schnädelbach, *Philosophy in Germany*, 33. 到 19 世纪末，历史学已经从神学、语文学和法学等学科的庇护中解放出来。历史学不再是钱币学、纹章学或者家谱学的辅助科学，它已经在 19 世纪成为真正的科学。随着尼布尔、兰克、哥廷根学派以及西奥多·莫姆森赋予它的严格学术性，德国历史科学已经具备了合法性标准 [正如 OttoG. Oexle 在 "Die Geschichtswissenschaft im Zeichen des Historismus"，in *Historische Zeitschrift* 238 (1984): 18 中所言]，历史学已经成为 "现时代最伟大的力量"。随着"历史意识的上升"，某种大范围的运动也首次出现，它旨在大胆地从历史意识的角度理解人类现象——比如艺术、文化、语言、政治、法律和经济等领域中的人类活动。结果，传统的人文研究领域从风格、方法、范围和自我定位等方面都发生了深刻变化。实在的这种"历史化"进程最初以处理人类事物的新方法的面貌示人，它强烈挑战了与人类本性、自然世界、公民社会以及理性理想性相关的诸多启蒙理论。但与此同时，历史化进程也在启蒙思想中展开，并且造成了历史主义在古典人文学中的浪漫主义-诠释学根源及其试图从科学方面达到的客观真理的启蒙目的之间的紧张，这种紧张关系也贯穿了德国精神科学的整个历史。

　　然而，哪怕历史或历史专业在德国思想界获得了某种科学地位，它仍旧与形而上学理想关系紧密。莱因哈特·科塞莱克（Reinhart Koselleck）在其文章 "Geschichte, Historie" [in *Geschichtliche Grundbegriffe*, vol. 4, ed. Otto Brunner, Werner Conze, and Reinhart Koselleck (Stuttgart: Klett, 1975), 647–653 .] 中就研究了 18 世纪中叶以来欧洲学者使用的 "Geschichte" 一词的历史，他发现这个词的意义发生了重要变化。到 1800 年止，这个词已不再表示特定历史进程的含义 [比如在 Winckelmann 的 *Geschichte der Kunst des Altertums* (1764) 中便是如此]，而是开始脱离了这个词原来所讨论的特定主题的历史的客观属性（genitivus objectivus）。"历史"（Geschichte）第一次被用作抽象意义上的集合性的单数形式：作为历史本身。从语言学上讲，历史不再仅仅意味着"'某物'的历史"，而是意味着作为"唯一"历史的全部历史进程，例如世界历史。随着意义的转变，人性现实也开始被理解为无所不包的叙事进程或者目的论展开过程的组成部分。例如，兰克、黑格尔以及德国浪漫派就把历史理解为统一体，并且认为它本身就赋有其意义。对于 19 世纪的多数德国学者（无论是否从事历史学研究）而言，历史总是以发展的方式被理解为精神力量的统一，也被理解为构成了生活秩序之意义的观念的统一。

　　兰克对历史的信念以历史主义者对历史方法的欣赏方式把某种泛神论关注融入到了现象变化的神圣进程之中 [见：Leopold von Ranke，*The Theory and Practice of History*, ed. Konrad Moltke and Georg Iggers (New York: Bobbs–Merrill, 1973), 100]。跟洪堡和德罗伊森一样，他认为历史的结构是有意义的，因为它取决于伦理精神力量与人类意志世界之间的动态平衡。秩序在兰克的宇宙中占据主导地位，因为所有价值都与天意形成了有意义的关系。从这个意义上讲，像大多数早期历史主义者一样，兰克明白相对主义毫无价值；他的历史事实的世界总是以客观真理的确定性为基础。兰克的探究方法可能与他的同辈们不同，但他们可能都会同意，人类历史的多种发展有其统一性和意义，这是人类自由的一种末世论叙事。然而，即便他们坚持科学方法神圣不可侵犯，但有助于定义其方法的仍旧是其对客观性和一致性的形而上学偏见。对这些问题的学术讨论见：Arie Nabrings, "Historismus als Paralyse der Geschichte", *Archiv für Kulturgeschichte* 65 (1983): 157–212; Gangolf Schrimpf, "Zum Begriff der geschichtlichen Tatsache", *Dilthey Jahrbuch für Philosophie und Geschichte der Geisteswissenschaften* 5 (1988): 100–140; Friedrich Jaeger and Jörn Rüsen, *Geschichte des Historismus* (Munich: Beck, 1992).

当然，19世纪"是自然科学的世纪，也是历史意识的世纪"的观念乃某种普遍看法。[1] 然而，将世界分割成自然和历史的流行模式（经由笛卡尔、康德和黑格尔的著作而得以发展）却具有误导性。在后黑格尔时代发展出来的新的知识批判方法，不仅包括重新思考历史与科学的关系，也包含重新思考科学与历史的关系。档案批判、新文献学、批判的诠释学、兰克式的"消灭自我"——都证明了历史思想中新出现的科学元素。但这种影响是双向的。带着对真理历史性的新洞见，科学也越发历史化或相对化了，其程度之深，正如迪特里希·冯·恩格哈特在《自然科学的历史意识》(*Historisches Bewußsein in der Naturwissenschaft*) 中主张的，"对现代自然科学的理解牵涉到我们对其与历史之关系的理解"[2]。

对狄尔泰、李凯尔特、文德尔班、胡塞尔和雅斯贝尔斯等哲学家而言，自然科学与历史科学的分野乃未经批判就设定的第一原理。实际上，新的知识论试图在形式的、材料的、方法论的和心理学的原理的基础上，为这种分野提供普遍有效的基础。但即便这些思想家试图对"个案"与"通则"、"规律科学"与"经验科学"作出区分，他们也通常没有注意到历史概念与自然科学概念之间的相互影响。相反，他们接受了笛卡尔－康德思想传统所定义的科学承继结构。通过对自然数学化，笛卡尔希望为全部科学提供一个真理模型，从而能够清除怀疑并抵达真正的客观性。差不多150年后，这个系统上可实现的科学梦想对于康德在其《纯粹理性批判》中的计划而言同样重要。正如康德在该书序言中解释的那样："我在这项考察中首要关注完整性，我敢

---

1 Ernst Wolfgang Orth, ed., *Dilthey und der Wandel des Philosophiebegriffs seit dem 19. Jahrhundert* (Freiburg: Alber, 1984), 7.

2 Dietrich von Engelhardt, *Historisches Bewufltsein in der Naturwissenschaft: Von der Aufklärunf bis zum Positivismus* (Freiburg: Alber, 1979), 9. 恩格哈特的著作敏锐地捕捉到了自然科学和精神科学的相互影响。他认为，"在19世纪，自然科学和人文科学之间的分歧越来越大，因此到本世纪末，它们的经典对立已成为现实。与此同时，人也无法忽略它们都面临同样的命运；对观念论和浪漫主义的放弃加剧了这种对立；实证主义和历史主义是整个这一时期以及包括艺术和文学在内的所有科学的标志；然而，人们能发现这些学科之间诸多相互影响的痕迹；自然科学家追求文化历史，而历史研究则以自然科学的逻辑为导向"（166—167）。恩格哈特清楚地认识到，"自然的历史化在一定程度上与自然知识的历史相互呼应，前者也旋即依附于后者"（225）。恩格哈特的书对于展示自然科学和人文科学的共同认识论前提非常重要。

说，没有哪个形而上学的问题没有在此得到解决，或者在此找不到解决的办法。实际上，就连纯粹理性也是一个如此完善的统一体：只要它的原则哪怕不足以解决任何一个它自身所提出的问题，人就只好把这个原则抛弃，因为这样一来我们就对它处理任何其他问题无法抱有完全的信心了。"[1] 但随着哲学与科学关系的变化，以及牛顿-机械世界观在 19 世纪的衰落，外加世人对科学作为"研究"的新制度化理解的推进，科学真理的确定性也受到了挑战。[2] 在 17 世纪，笛卡尔的自然数学化计划为科学提供了客观性；大约 300 年后，斯宾格勒雄心勃勃的数学历史化谋划也只揭示了世界观真理的相对真实性。[3] 然而，区分笛卡尔的客观主义梦想和斯宾格勒的历史相对主义是容易的，在某种根本意义上，它们代表了伯恩斯坦在其《超越客观主义和相对主义》一书中所描述的同一经典传统的开端和终结。二者均为哲学寻求最终基础的产物，也都是后黑格尔德国哲学中同一认识论视野的表达。[4] 我在本章中试图概述的危机局势在某种意义上代表了人们对这些基础之不稳定性的自我意识。

在其对当代科学的卓越研究作品《迷官中的交叉路口》(*Crossroads in the Labyrinth*) 中，科尼利乌斯·卡斯托里亚迪斯 (Cornelius Castoriadis) 对现代时期的危机心态作出了深刻解读。对他而言，"危机"不仅仅是科学发展和进步发展中的历史阶段，而是"其永恒状态"[5]。卡斯托里亚迪斯主张，危机本身与"科学的历史"相关，它展现了科学活动中出现的不确定性……并对科学的整个范畴框架提出质疑，也体现了后者的危机状况……此处要紧之事不

---

1 Kant, *Critique of Pure Reason*, trans. Norman Kemp Smith (London: Macmillan, 1929), 10.（中译文参考了康德：《纯粹理性批判》，邓晓芒译，2004 年版，第 4 页，译者对邓的译文做了改动。——译者注。）
2 Martin Heidegger, in "The Age of the World Picture" [in *The Question concerning Technology*, trans. William Lovitt (New York: Harper and Row, 1977), 115-154]，该文对科学意识的转变给出了详细的解读。也见 Manfred Riedel 在 *Für eine zweite Philosophie* (Frankfurt: Suhrkamp, 1988), 7–91 中的前三篇文章；Hans-Michael Baumgartner, "Wissenschaft," in Hermann Krings and H.-M. Baumgartner , eds., *Handbuch philosophischer Grundbegriffe,* vol. 6 (Munich: Kösel, 1974), 1740–1764。
3 Spengler, *Decline of the West*, 1:51–90.
4 Rorty, *Philosophy and the Mirror of Nature*, 315.
5 Cornelius Castoriadis, *Crossroads in the Labyrinth* (Cambridge: MIT Press, 1948), xiv.

仅在于支撑了西方科学 300 年历史的形而上学，以及这种形而上学为科学提供了自身隐含的、无意识的观念，这些观念关乎数学、物理、生物学、心理学和社会历史诸对象的存在论地位。同样应该考虑的是这些对象的内在逻辑结构；它是科学所追求的知识模式的公认样式，也是科学和哲学、科学的历史状况及其作用，以及维持科学运转的组织和人的社会历史状况及其作用等二分法的标准。[1]

在卡斯托里亚迪斯的描述中，与其说科学真理是实证研究的结果，不如说它是人们对知识本身的形而上学理解的产物。世间可能并不存在"纯粹的"科学立场，科学本身与人类世界的历史性密不可分，这与笛卡尔基础主义已经证明自己在哲学上破产的事实有关。卡斯托里亚迪斯首先旨在取消继承自早期现代哲学传统中的知识论概念，进而重新思考客观主义与相对主义、科学主义与历史主义的分歧。

与此相对，笛卡尔式的科学所倡导的"知识方法则将其对象构造为独立于主题的演化过程，它可在普遍有效和完全透明的时空框架中找到"，卡斯托里亚迪斯像梅洛-庞蒂（Maurice Merleau-Ponty）一样坚持认为，量子力学和现象学等新科学和新哲学"展现了一系列问题，其中的提问之人本身会与问题有所牵连"[2]。随着笛卡尔确定性的崩溃以及人们对知识历史性质的洞见，真理不再被理解为命题性的，而是解释性的。随着后黑格尔基础主义的崩溃，卡斯托里亚迪斯的"哲学审讯"也继承了海德格尔在现时代挑战科学思想中的主体/客体二分的形而上学。通过在人类生存的历史性和事实性范围内重新定位科学，卡斯托里亚迪斯像海德格尔一样，成功让科学受到质疑——并在此过程中破坏了令现代科学得以可能的笛卡尔传统的基础。在挑战科学的标准定义时，卡斯托里亚迪斯帮助澄清了"科学知识本身正在从根源处和影响深远的意义上经历深刻的危机"。但他的批判本身就是对战后（尤其是海德格尔作品中的）危机意识的历史反应。海德格尔对支撑科学的笛卡尔式存在

---

[1] Cornelius Castoriadis, *Crossroads in the Labyrinth* (Cambridge: MIT Press, 1948), 151.
[2] Ibid., 150; and Maurice Merleau-Ponty, *The Visible and the Invisible*, trans. Alphonso Lingis (Evanston, Ill.: Northwestern University Press, 1968), 27.

论的破坏导致人们重新思考危机，他将其作为现代晚期科学思想的本质特征。海德格尔在其 20 世纪初的作品中开始了他对科学的批判，这种批判旨在与现代性对抗，而现代性又被定义为科学 – 形而上学思想的时代。这一点在历史主义危机的背景下变得尤为重要，因为它表明海德格尔何以能够将人们习以为常的危机修辞转化为针对现代性本身之历史的对抗，而这种历史叙述又是经由其内在的笛卡尔式假设加以引导的。

第四节
危机意识与笛卡尔式的科学

如果人们挑出任何一本写作于魏玛时代的哲学、科学或历史学作品，则几乎无可避免会在其中遇到"危机"一词。即便在 20 世纪 60 年代以来出现的重要学术著作中，"危机"一词仍然是描述时代动荡的便宜之举。弗里茨·林格就谈到了德国学院中的"学术危机"；罗伯特·沙利文在其对早期伽达默尔的叙述中也提到了"德国文献学运动的危机"；托马斯·库恩在其对 20 世纪早期物理学的研究中考查了"旧量子理论的危机"；而伊格尔斯在其《德国历史观念》中则探讨了"历史主义的危机"。[1]"危机"一词在各种研究中变得如此常见，乃至它成了半是学术解释半是陈词滥调的东西。保罗·福尔曼甚至谈到了这一时期的自然科学家们对"危机的渴望"。正如他描述的："值得强调的是，这个时代的数学家和物理学家在面向一般学术听众演讲之际就早已为自己准备好了危机说辞。因为随着危机观念向陈词滥调的转变，它也成了一个主题，一种达到即时'相关性'的策略……通过把'危机'这个词应用到他自己的学科中，科

---

[1] Ringer, *Decline of the German Mandarins*, 305–366; Robert Sullivan, *Political Hermeneutics* (University Park: Pennsylvania State University Press, 1989), 162–164; Thomas Kuhn, "The Crisis of the Old Quantum Theory, 1922–1925," 此为库恩于 1966 年 4 月在美国哲学协会上做的演讲；Georg Iggers, *The German Conception of History* (Middletown, Conn.: Wesleyan University Press, 1968), 124–228.

学家不仅与听众建立了联系,而且也从事实层面证明了他所在的领域——以及他自己——'与危机同在',从而分享了时代精神。"[1]

然而,问题仍然在于,战后德国思想危机的观念是否能帮助我们理解哲学的地位,因为它试图在科学危机和历史主义危机之间找到自己的位置。显然,我们描述这个问题的语气有些特殊,即某种关于危机的修辞,它决定了人们对局部的魏玛文化世界乃至于更宽泛的西方传统之意义的一般性接受和解释。在物理学家和哲学家们的讲座中——无论他们是否像赫尔曼·威尔那样谈论"数学基础内在的不可靠",或者如狄尔泰那样说起"人类社会及其全部概念的不稳性,自不断衰落的希腊-罗马世界以来就无人察觉这一点"——同样的紧迫感、急躁和热切都占据了主导地位。[2] 在一个重新将空间定义为"弯曲"的时代,欧几里得的几何原理被推翻,量子取代了单子,而生命主义范式则取代了机械论范式,危机的说辞也逐渐变得明显。在动荡的时代,人们可能只是将其视为某种特殊的学术不安,一种指向了李凯尔特、特勒尔齐或卡尔·施密特等人危机意识的证据。相反,人们可能会扩大讨论的范围,进而把西欧文化中的全部危机包括在内,这种危机启发了艾略特的《荒原》和叶芝的《基督再临》。每一个例子都传达了世代危机意识普遍存在的感觉,这种意识与西方传统之丧钟的忧郁音调相协调。而在"最高价值的瓦解"和"虚无主义"的标题下,人们可听到尼采关于衰落和解体叙述的回响。然而,到20世纪20年代,这种衰落的叙事便不仅仅是学术问题了;斯宾格勒的工作很容易就证明了众人对历史意义丧失的广泛意识。历史有其目的或目标的想法被历史经验的事实残酷地破坏了。在我们这一代人中,奥斯维辛这个名字就意味着历史人性中希望的丧失。但在更早的时候,帕斯尚尔战役(Passchendaele)、索姆河战役(Somme)、伊普尔之战(Ypres)都象征着黑格尔世界历史盛会无意义和非理性特征。然而,物理学的危机并没有在战壕中培育出来,而当时富有洞见的人则认为,试图从陷入弗兰德斯

1　Forman, "Weimar Culture", 58–59.
2　Weyl and Dilthey, 转引自 Forman, "Weimar Culture," 60; and Wilhelm Dilthey, *Gesammelte Schriften*, vol. 6 (Göttingen: Vandenhoeck & Ruprecht, 1958), 246。

（Flanders）临时沼泽中的步兵们无情屠杀其同伴的任性斗争中理解科学哲学问题纯属徒劳。然而，这些人认识到，尽管最近发生的多数事件并非科学界危机的原因，但他们能感觉到，历史——或者更确切地说是其失去的意义——有助于危机意识的形成。

在 19 世纪，雅各布·布克哈特曾将"危机"定义为"历史进程的加速"；他解释说，危机中的"历史进程突然以可怕的方式加速"。布克哈特回到了希腊语"krisis"一词的原初含义，它指涉某种"流行病"或者某种"热病"，就像修昔底德对伯罗奔尼撒战争中雅典瘟疫的非凡描述一样。对布克哈特而言，"krisis"暗示了疾病过程中导向恢复或死亡的转折点：当"真正的原因和时刻来临之际，感染会像绵延数百英里的电火花一样闪烁……信息在空气中传播……局面必然改变"[1]。一战在现代欧洲文化中就起到了这种危机的作用。正如哈里·里特尔（Harry Ritter）所言："第一次世界大战的经历……将危机的观念推到了西方意识的最前沿，在民众和学术界均是如此。"[2] 而在英格兰、法国以及欧陆其他地方，人们会说起"经济危机""世界危机""自由主义的危机""世界文明的危机"以及其他流行的观念。德国的危机意识也渐入人心，但需要思考的问题在于，我们是否可从危机的代际情绪来解释数学、物理学、哲学、社会学以及其他人类科学领域中的智识（intellectual）变化。

如果危机的确发挥了"加速历史进程"的作用，那么，我们可能会转而把第一次世界大战给人的经验视为某种加速的力量，而非危机意识的肇因。我会在接下来的论证中指出，1880 年到 1930 年间出现的危机殊不亚于现代性计划本身。从哲学和科学的角度看，这个计划本身与 17 世纪的笛卡尔式基础哲学以及科学中的机械世界观相悖。在《现代科学史：第二次科学革命指南（1800—1950 年）》中，斯蒂芬·布拉什（Stephen Brush）为现代科学对经典科学的革命性突破提供了一个清晰的描述，他认为伽利略、开普勒和牛顿的经典科学建立在如下主旨之上："世界由独立的物质组成，其在绝对空间

---

1 Jacob Burckhardt, *Force and Freedom*, trans. James Nichols (New York: Pantheon, 1943), 267–269.
2 Harry Ritter, *Dictionary of Concepts in History* (Westport, Conn.: Greenwood, 1986), 82.

中的运动由数学规律精确地决定；在宇宙不同地方发生的事件可以说是同时发生的；人类从性质上区别于其他所有生物种类，如果他愿意，就能够从动物激情的影响中解放出来；物质世界的客观存在独立于我们对它的观察。"[1] 早期现代的自然和数学科学与哲学是一体的，它们希望为方法论上的确信提供担保，从而让它不因人类的失误和判断的变化而遭致撼动。正如伽利略在其《关于两大世界体系的对话》中谈到的："如果我们争论的是某种法律观点或者其他被唤作人文科学的研究，则其中既没有真相也没有虚假，于是乎，我们会对机智的敏锐、现成的答案和作者更大的成就等给予足够的信任，并希望那些最熟悉此领域之人会让其理由更充足和更可信。但自然科学的结论是真实且必然的，人的判断与它们毫无瓜葛。"[2] 为了与伽利略的劝告一致，布拉什坚称，经典科学试图保证客观性和确定性，这是它实现科学思想的普遍基础之信念的组成部分。然而，正如布拉什的第二次科学革命史所表明的，19 世纪和 20 世纪初见证了这些基础的裂痕。

伴随相对论和量子力学而发生的革命改变了经典科学的范式。在《科学革命的结构》中，托马斯·库恩从科学内部的危机理论的角度解释了这种范式的转换。根据库恩的说法，科学的发展遵循常规科学、危机、革命和常规科学的循环模式。[3] 正如他看到的，危机的角色在于通过质疑常规研究实践的可靠性来撼动学科确实性的基础。危机正是以此种方式发挥了创造性力量：挑战既有范式，从而为新的探索和反思开辟新领地。换做布克哈特的隐喻说法，即危机加速了科学活动的变革。

1　Stephen G. Brush, *The History of Modern Science: A Guide to the Second Scientific Revolution* (Ames: Iowa State University Press, 1988), 5–6. 也参见 Harry Redner, *The Ends of Philosophy* (Totowa, N.J.: Rowman and Allanheld, 1986). 关于古典科学的界限，参见 Ilya Prigogine, *Order out of Chaos: Man's New Dialogue with Nature* (Boulder, Colo.: New Science Library, 1984), 以及 Harry Redner, *The Ends of Science* (Boulder, Colo.: Westview, 1987)。

2　Galileo Galilei, *Dialogue on the Great World Systems*, trans. Thomas Salusbury (Chicago: University of Chicago Press, 1953), 63.

3　Thomas Kuhn, *The Structure of Scientific Revolutions* (Chicago: University of Chicago Press, 1962), 66–76. 也参见 Joseph Rouse, *Knowledge and Power: Toward a Political Philosophy of Science* (Ithaca, N.Y.: Cornell University Press, 1987), 该书对自然科学和诠释学做了讨论。

新物理学随着爱因斯坦、普朗克、海森堡和波尔等人的工作而得到推进，同时，经典科学的确定性也受到挑战，诸如"测不准"和"相对论"等概念开始塑造着科学家们新的研究活动。库恩关于危机的论点探讨了此种转变对科学与哲学的意义。他认为，范式的转变中出现的并非从不连贯到真理的运动，也不是从失败的确实性到新的、更加基础的确实性的运动。相反，根据库恩的解读，这个过程所建立的并非某种新的形而上学，而是确保可行的科学活动模式的动态过程。库恩的理论挑战了科学中的确实性和真理观念，并转而将其作为一种实践形式的特征。因此，从一个范式到另外一个范式的转换不应被解释为新的真理的引入过程。正如约翰·卡普托（John Caputo）就库恩的危机观念写道的："并不存在各种范式的拥趸都可诉诸的元理论"，因为超越的或绝对的真理观念已被抛弃了。[1] 库恩的例子可能有助于我们把20世纪的物理学变化理解某个复杂系统之组成部分，其历史发展无法单纯从实验室中加以追溯。他的描述表明，为了达成某种接受度，新的范式被迫依赖于学科基础内部的说服、论证和解释的整个结构；换言之，新范式的历史效力是由科学本身的修辞和诠释学影响决定的。通过把科学危机理解为科学家们对传统范式崩溃的回应，库恩开始强调科学思想的历史性，这是他与早期海德格尔都关注的主题。20世纪20年代，海德格尔在历史主义危机与科学危机之间建立了联系，并努力消除魏玛学者对科学和历史领域流行的知识论方法。这场危机的要点不仅关乎少数德国物理学家或历史学家的研究计划，还与理解现代欧洲思想的整个笛卡尔式形而上学计划息息相关。海德格尔认为"危机"概念对于理解"现代性"（海德格尔将其定义为肇始于笛卡尔，展开于启蒙时代，并在当代科学主义和历史主义危机中占据主导的西方哲学-科学话语传统）至关重要。像库恩一样，海德格尔把危机理解为揭示现代性本质的代名词。

　　显然，如果我们遵循海德格尔的叙述线索，危机的逻辑就被证明为某种程度的好奇。从本质上讲，危机指的是众人感知到的意义丧失，或者是对意

---

[1] John Caputo, *Radical Hermeneutics* (Bloomington: Indiana University Press, 1987), 218.

义可能性的威胁。无论此种意义被定义为绝对真理、科学确定性、知识论的客观性、历史进步还是类似的东西，世人都期望科学、知识论、历史等具备意义，即便我们的实践经验告诉我们并非如此。危机的观念让人意识到了期望与经验之间的这种不可通约性，并且提供了一个"转折点"或"抉择点"，它要么重申危机的意义，要么抵消其破坏力。然而，危机意识并未道出的是，人们对历史意义的期望与文化崩溃的经历之间反复出现的紧张关系，而其中的意义则在一个以"上帝已死"和虚无主义为标志的时代中遭致悬搁或撤销。从根本上讲，危机意识乃现代主义愿景的核心，因为危机意味着现代与传统的割裂。以其"求新"的逻辑及其不断"克服"先前之物的热情，现代主义本身就是把危机视为事物永久状态的别名。

艾伦·梅吉尔（Allan Megill）在对另外一种危机意识的细致研究《绝境中的先知》（*Prophets of Extremity*）中写道："危机观念的前提乃历史具有方向性的想法。如果缺少了历史的方向性或线性特征的假设，危机将不可想象。"[1] 对于梅吉尔来说，现代主义运动和后现代主义运动只有在这种危机心态中才讲得通，因为二者都依赖于历史已经失去其意义和方向的观念。随着历史主义的崩溃以及众人对所有当代叙事之虚无主义特征的洞察，新的危机意识出现了。也许，尼采对历史学断裂性的强调最好地唤起了现代和后现代主义基本的危机情绪。对于尼采来说，历史与虚无主义不可分割；与世界历史自由精神的黑格尔式盛会截然不同，尼采察觉到了进步路线的断裂。"虚无主义意味着什么？"尼采有些不诚实地问道，然后他回答说，"虚无主义就是最高价值的自我贬黜。目的付之阙如；提问'为什么'是没有答案的。"[2] 但尼采也明白，对历史路线和方向断裂的意识仍旧与意义和方向所断定的形而上学价值

---

[1] Allan Megill, *Prophets of Extremity: Nietzsche, Heidegger, Foucault, Derrida* (Berkeley: University of California Press, 1985), 294–298. 梅吉尔的著作十分深刻，它对现代性的危机意识做了深入分析。对这一时期的马克思主义分析，见 Andras Gedo, *Crisis Consciousness in Contemporary Philosophy*, trans. Salomea Genin (Minneapolis: Marxist Educational Press, 1982).
[2] Friedrich Nietzsche, *The Will to Power*, trans. Walter Kaufmann and R. J. Hollingdale (New York: Random House, 1968), 9.

结构相关。[1] 讽刺的是，因现代主义者对迷失、破坏、断裂和中断（在后现代主义者的话语中又称作他者性）的察觉而出现的危机意识从未真正抛弃对意义、方向、客观性和真理等传统价值观的诉求。相反，"危机"的修辞隐喻依赖于这些相同的价值观，只是意义上更为消极而已。如果人们对1880年到1930年间德国哲学家们的作品进行批判性考察，危机意识如何塑造了现代性话语，以及历史主义的危机如何就成了危机意识的先决条件等问题就会变得越发清楚。

我们的研究涉及的所有四位思想家都对欧洲科学传统中的危机意识有着敏锐的认识。他们每个人都以不同的方式关注了知识论上的虚无主义、文化解体和历史相对主义等问题，并且试图在各自的作品中理解危机对于欧洲思想史的意义。尽管他们都没有宣称自己对历史主义的基本信仰，但他们都在历史主义传统的问题和矛盾中看到了重新定义自己的哲学计划，以及重新定义现代性之意义的理由和契机。

尤其在海德格尔的作品中，人们可以经由传统历史主义话语中的矛盾而察觉到某种思维方式。通过对新康德主义认识论问题的拆解，海德格尔能够证明传统哲学思想如何阻挠了世人进入历史和历史存在诸问题的真正法门。他对李凯尔特的价值哲学的批判，正如他对世界观哲学和生命哲学的理解一样，都集中在学院哲学的破产和天真上，尤其是它们关于"危机"的陈词滥调。海德格尔决意采用某种彻底的解构形式，它会拆解19世纪德国思想中的逻辑－形而上学大厦。他认为自己对当代哲学传统中笛卡尔－康德范畴之可行性的破坏，能够将哲学带入某种僵局状态。由于旧基础的失败和瓦解，海德格尔希望带来某种新的哲学上的自身反思，这又恰好意味着"哲学的终结"[2]。

---

[1] 例如，在现代德国历史思想中，我们可以对两个截然不同的思想家——黑格尔和斯宾格勒——做出比较。乍一看，我们把斯宾格勒的衰落叙事与黑格尔的世界精神的逐步展开过程联系起来显得奇怪或不寻常，但二者都共享相似的观点：作为过程或事件的历史本身都受某种叙事框架的引导。二者的思想也都共享了方向和意义的特定感觉，即便他们的解读各有不同。通过这些例子，我想展示历史主义是如何建立在刻画了现代历史意识的叙事、方向性和目的性等观念之上的。

[2] Martin Heidegger, "The End of Philosophy and the Task of Thinking", in *On Time and Being*, trans. Joan Stambaugh (New York: Harper and Row, 1972), 55–73; "Das Ende der Philosophie und die Aufgabe des Denkens", in *Zur Sache des Denkens* (Tübingen: Niemeyer, 1976), 61–80.

海德格尔认为，传统意义上的"哲学"乃"现代性"——以及经由笛卡尔、培根和牛顿式的物理学和形而上学所认可和批准的实体受到技术主宰而来的虚无主义运动的同义词。对他而言，世纪之交的哲学危机表达了现代性的潜在危机。由于历史主义思想主导了当代哲学家的辩论，于是，海德格尔把历史主义的批判转变成了揭示现代主义思想之自然结构的一种方式。如果我们要理解海德格尔对学术"历史主义危机"的兴趣，就需要在这些大问题的背景下理解它。新康德主义者和狄尔泰之间的辩论有助于定义历史主义的提问方式，前者把后者构造为知识论、逻辑、方法论和价值相关的哲学问题。在他们对科学和历史问题的反思中，新康德主义者和狄尔泰提供了笛卡尔-康德形而上学的经典例子，海德格尔将其视为现代哲学的范例。在接下来的章节中，我会对文德尔班、李凯尔特和狄尔泰的作品进行扩展分析，这些作品是围绕哲学危机和历史主义的危机等主题而组织起来的。通过观察1880—1930年间德国思想史上的这些重要人物，我想提出一些与现代主义思想的可持续性以及从中产生的哲学矛盾相关的问题。我的部分论点在于，解决历史主义危机的哲学尝试从一开始就处于危险之中，其标志为形而上学目的和知识论目标的相互冲突。通过对这些辩论进行解读，并将其置于各自的背景之中，以及尝试紧跟它们各自的先验逻辑和解释学逻辑，我希望提供一种思考历史主义的方法，它将历史主义与世人对现代性的明确解读联系起来，而不是仅仅与史学方法相关的学术危机相联系。

尽管文德尔班、李凯尔特和狄尔泰等人反映了历史主义思想的笛卡尔式偏见，但实际上仅在海德格尔的解构计划中，新康德主义和诠释学的哲学矛盾才会显现出来。海德格尔通过将历史主义疑难的终点转变为思想的"另一个起点"，来面对战后一代人的历史主义失败。但在海德格尔的作品中，这"另一个"开端始终与哲学本身的历史联系在一起，特别是与历史的哲学思想史相联系，海德格尔把后者定义为现代性的重要特征。由于我关于现代性哲学计划的论点与历史主义的隐含假设——及其产生的危机意识——相关，我就需要更仔细地考察这四位哲学家，他们的作品提出了与危机，特别是历史主义危机的意义相关的问题。

第二章

文德尔班的科学分类学

并非科学的胜利,而是科学方法对科学的胜利让我们的19世纪格外耀眼。

弗里德里希·尼采:《权力意志》

第一节
新康德主义对历史方法问题的关注

我们已经看到危机意识如何影响了 1880 到 1930 年间德国哲学的发展，它有助于形成某种能够为自然科学日益增长的主导地位提供替代选择的探索道路。例如，在恩斯特·卡西尔、鲁道夫·奥伊肯（Rudolf Eucken）、艾里希·罗特哈克尔（Erich Rothacker）、爱德华·施普兰格尔、乔治·齐美尔、赫尔曼·柯亨（Hermann Cohen）、保罗·纳托普等哲学家们的作品中，人们发现了他们从康德知识论模式的角度对哲学问题的重构。这些思想家试图恢复康德先验哲学的首要地位，并把它作为构建和保障所有人文学科之科学特征的一种方式。出于对实证主义者在自然科学方法的基础上解释所有社会、文化和历史现象之企图的反对，这些新康德主义哲学家把注意力集中在适用于自然和历史科学的不同方法上，并且致力于寻找某种形式－逻辑的路径解决关乎方法的争论。在本章中，我会重点介绍巴登地区（Baden，即德国西南地区）新康德主义学派的发展，并特别关注文德尔班的方法论作品。我这样做基于两个理由。首先，文德尔班的思想有助于确定他的学生李凯尔特的基本方法，后者更为广泛的知识论和价值哲学作品塑造了这一时期的德国学院哲学，尤其对历史方法相关问题产生了影响。例如，狄尔泰耗费了巨大的精力来回复李凯尔特的主张，而在弗莱堡，李凯尔特指导下学习的年轻海德格尔则就文德尔班和李凯尔特开展了名为"现象学和先验价值哲学"的系列讲座。[1] 其次，

---

[1] Martin Heidegger, *Zur Bestimmung der Philosophie, Gesamtausgabe 56/ 57* (Frankfurt: Klostermann, 1987), 119–203.

文德尔班的作品为处于危机状态的学院哲学提供了范例：向康德－笛卡尔式方法论和知识论问题的回归，并将其作为确保科学确定性的策略。

文德尔班对自然科学和历史科学方法论的区分提供了一种新的历史客观性模型，并且有助于确定处理先前历史主义问题的哲学方法。对于像洪堡、兰克或德罗伊森等早期历史主义者而言，所有相对主义的威胁都在历史进程本身的总体性中化解掉了。所有这些古典历史主义者都致力于从理性主义层面统一"精神""理念"和"理性"；对他们而言，历史是对人类进步和自由的统一叙述，矛盾、个人表述和文化差异可在总体的方案——即普遍历史的发展中得以协调。然而，这种形而上学大厦正被新的实证主义者对知识的批判所破坏，旧的基础也自然无法得到保障。作为抵御实证主义者攻击，从而将哲学本身的科学性质确立为确定的"知识科学"等企图的组成部分，新康德主义提出了一种解决历史相对主义问题的方法，它旨在诉诸祛除了所有形而上学痕迹的普遍理性概念。但即便文德尔班成功地让历史问题在真正意义上更为"哲学化"——即更具有知识论上的自我意识，他和李凯尔特也都是通过对历史方法的形式逻辑定义近乎盲目的专注，才最终将历史存在与其自身重要的起源区隔开来。在他们的科学计划中，历史成了一种纯粹的研究技术，即处理文化独特性以及各文化发展问题的范型。除了分类学的纯度要求以外，在尝试解决历史主义内部的危机时，巴登新康德主义者设法将历史从其至关重要的经验内核中剥离开来，独留下抽象方法论的干瘪外壳。此间有个重大的悖论，因为尽管巴登学派专注于历史方法，但正是从自然科学的角度对马堡新康德主义者的关注，人们才得以提出哲学传统中的重要史学理解。人们可能会想到柯亨的康德三书，纳托普关于柏拉图理念论的著作，卡西尔对莱布尼茨、康德和文艺复兴时期宇宙论以及启蒙运动的研究。[1] 这些作品在其产

---

[1] 赫尔曼·柯亨在其 *Kants Theorie der Erfahrung* (Berlin: Dümmlers, 1871), *Kants Begründung der Ethik* (Berlin: Dümmlers, 1877) 以及 *Kants Begründung der Aesthetik* (Berlin: Dümmlers, 1889) 等作品中处理了康德的计划的三个方面：知识论、伦理学和美学。保罗·纳托普的 *Platons Ideenlehre* (Leipzig: Meiner, 1903, 他在 1921 年还为书中增添了材料)，则是这本书所在时代最有影响的学术作品。而卡西尔的历史研究，包括 *Leibniz' System in seinen wissenschaftlichen Grundlagen* (Marburg: Elwert, 1902), *Kants Leben und Lehre* (Berlin: B. Cassirer, 1918)，以及 *Individuum und Kosmos in der Philosophie der Renaissance* (Leipzig: Teubner, 1927)，都证明了接受过逻辑训练的马堡学派令人赞叹的历史学识。

生影响的时期内彻底地改变了相关哲学形态在其规定时期内的历史理解。尽管文德尔班写作了哲学史的重要教程，但巴登学派中缺乏从真正的历史阐释的角度理解哲学史的重要作品。

我愿意紧握这个悖论不放，并将其作为解读整个历史主义传统的方式，从而在历史方法和历史经验的区分中发现德国思想危机的困惑。正如我在本书始终主张的那样，1900年后德国出现的历史主义危机主要并非关于史学的实践问题。危机思维不是特定学科内部功能失调的结果，相反，随着历史问题逐渐转化为真理、价值、确定性、可验证性和客观性等问题，史学家们就把确保知识论基础的任务留给了哲学家。在更为古老的历史主义传统中，人们对历史的哲学讨论主要是对国家、文化或种族进步的思辨形而上学解读——德国人又将其唤作历史哲学。[1] 然而，人文科学中新的知识论转向带来的是对研究逻辑的强调，而非对文化或智识发展至形而上学意义的重视。在巴登的新康德主义者们的作品中，我们会看到历史主义思想的重要转变，即对历史的文化意义的疏远，转而支持逻辑、方法论和知识论的尝试，进而合法地将历史研究转化为真正的科学。这种转变意味着与此前的历史主义者的重要决裂，后者都是人文科学的积极实践者，就像洪堡对新西兰语的研究，又或者萨维尼（Savigny）对德国法律的研究一样，这些人对历史研究涉及的实践有着深刻的了解。

巴登新康德主义代表了一种理论上的历史主义——一种没有历史的历史主义。即便文德尔班和李凯尔特试图重新恢复康德的历史哲学，他们这样做也是以否认康德的计划的历史性为前提的，并且只是设法在某种非时间的逻辑连续体中恢复"问题"。在下文中，我试图提供一个关于文德尔班思想的解读，

---

[1] 随着19世纪德国历史专业在制度和学科方面的变革，思辨的形而上学历史哲学传统也发生了变化。大家从经验层面对研究实践、科学话语和专业化等方面的新的重视取代了历史哲学基于神学的观念论传统。有关这些变化的讨论见 Friedrich Jaeger and Jörn Rüsen, *Geschichte des Historismus* (Munich: Beck, 1992); 而对历史哲学中观念论源头的讨论可见这本优秀著作：Carl Hinrichs, *Ranke und die Geschichtstheologie der Goethezeit* (Göttingen: Musterschmidt, 1954), 也可参考 Hans-Georg Gadamer, "Geschichtsphilosophie" (in *Religion in Geschichte und Gegenwart, 2*, Tübingen: Mohr, 1959, 1488–1493) 等文章。

这种解读会将其完全置于19世纪晚期科学系统逻辑的传统之中；而对其作品更加全面的批判则会呈现在随后的章节中。像他那个时代的其他学院哲学家一样，文德尔班努力以知识论的名义让哲学重获新生，进而让它回归康德对形而上学的批判，并以此作为保证哲学研究之科学性质的一种方式。为了避免仅仅停留在语言的解释或教条的系统化层面，文德尔班旨在对康德的批判方法进行原初的改造。正如他在《序曲》(Präludien，一本重要的文集，旨在"概述对系统地处理哲学的方式"）中解释的："我们所有19世纪的哲学家都是康德主义者。然而，我们当代的'回到康德'则不仅仅是对思想形式之历史条件的回复，后者提供了某种批判哲学的观念。人越是彻底了解了康德思想中不同主题的对立状况，就越容易在其中找到解决他所提出的问题的办法。要理解康德就要超越康德。"[1]

文德尔班的新康德主义标签是一种自封的"批判科学"形式，它是对未经批判的科学主义、实证主义和自然主义之僭越的持续反对。为了反对这些独断论的方法，文德尔班认为康德为哲学家们提供了形式上的严谨性，而非任何一种教理的确实性。与前人的独断论形而上学决裂后，康德为自然科学和数学带来了知识论的秩序；文德尔班的任务则是将同样的方法论严谨性用于新建立的人文科学中的问题之中。

尽管对康德有所批判（批判之处很多但各有不同），但文德尔班仍然认为康德通过对哲学中一个基本问题的构造，从而让其成为永久的仆人。康德以严谨的批判方式问道，如何从个人知觉的单纯武断和有条件的经验中得出必然、无条件的普遍真理？在一个以科学和技术进步为主导的时代，真理是从事实和经验上可验证的条件的角度得到理解的，文德尔班试图为哲学探究提供纯粹逻辑而非心理学的基础性保障。正如他在讨论康德的《哲学史教程》中描述的："先天（A priori）在康德的意义上并非心理学式的，而是纯粹知识论上的标志；它并非意味着对经验的某种时间序列优先性，而是理性原理层面的普遍性和有效必然性，这种原理超越了所有经验，并且无法通过任何经

---

1 Wilhelm Windelband, *Präudien*(Tübingen: Mohr, 1924), 1:iv.

验加以证明（即按照逻辑而非时间序列排列的优先性）。任何不明白此点的人都无望理解康德。"[1] 马堡新康德主义者把重点放在了康德的先验逻辑上，并将其作为科学事实之理想性和先天合法性的担保。例如，赫尔曼·柯亨就认为，任何真正的知识科学都必须以科学本身的逻辑结构为起点，而非以经验的感觉材料或者人类意识的心理刺激为起点。在坚持这种先验理想之必要性的同时，文德尔班不仅把真理理解为某种逻辑条件，而且将其理解为某种普遍价值。因此，对于文德尔班来说，逻辑与人类历史、文化和人类学有关，而不单单与自然科学和数学相关。他在康德对哲学的重构中找到了他自己的结论的基础。康德在其《逻辑学讲义》中认为：

在其最广泛的世界意义上，哲学的全部领域可归结为以下四个问题：

1）我能知道什么？

2）我应当做什么？

3）我能期待什么？

4）人是什么？[2]

紧随康德，文德尔班主张，哲学中所有的形而上学、知识论、存在论和伦理学问题最终都关乎人类的价值观问题。最后，他将康德的《逻辑学讲义》解读为价值理论的起点。这种解读标志着文德尔班的计划在其所处的时代是独一无二的，因为与其同时代的多数人从文化和世界观的角度理解价值问题不同，文德尔班把价值加入到逻辑和世界观之中。在这一过程中，他重新阐述了康德对科学的批判（后者专注于自然界），进而把历史维度纳入了价值科学之中。

文德尔班最初对历史的关注乃其学术训练和学徒身份的直接产物。19世纪60—70年代，作为年轻学生的文德尔班辗转于耶拿、柏林和哥廷根，其间他参加过库诺·费舍尔和赫尔曼·洛采（Hermann Lotze）的讲座。受费舍尔启发，他对起源和背景（context）等问题产生了方法论层面的敏感性，并认识到思想并非凭空产生，而是历史环境和文化传统的产物。正如他后来在《序

---

1 Wilhelm Windelband, *A History of Philosophy*, trans. James Tufts (New York: Macmillan, 1919), 534.
2 Immanuel Kant, *Werke*, vol. 8, ed. Ernst Cassirer (Berlin: B. Cassirer, 1923), 342–343.

曲》中写道的："希望用哲学话语介入哲学问题的人必须同时敢于在哲学的总体背景中看待一切。"[1] 从方法论的角度看，这意味着所有真正的哲学问题必须在其历史发展中得到理解。费舍尔十卷版的《哲学史》乃这种方法的典范，该书位于约翰·埃尔德曼（Johann Erdmann）和爱德华·策勒写作的伟大哲学史之列，尽管其关注点也同样过于狭窄。[2] 这些作者纯粹按照时间序列的方式组织哲学史，叙述了各个思想家体系的发展，并且强调了他们的历史特征；另一方面，文德尔班试图让哲学史更具哲学性而非历史性。在其著名的《哲学史教程》（1892）和《近代哲学史》（1880）中，他把哲学视为问题史，而非一系列伟大的个人哲学体系，并由此从根本上改变了费舍尔的方法。[3] 在文德尔班的叙述中，哲学问题是作为对学科"范式"失败的回应而提出的：伟大的思想家提出了主导性问题，后来人则加以解决或改变。以此观之，哲学史提供了一种自身反思和批判的模式，而非对人类错误和困惑的扩展叙述。此外，文德尔班认为批判地使用的历史传统不一定是古文物，而可以作为新思想发展的催化剂。[4] 这是文德尔班所谓"要理解康德就要超越康德"之主张的组成部分。历史对文德尔班从来就不只是"历史"，它始终是为哲学体系服务的。

第二节
文德尔班关于哲学作为价值科学的定位

文德尔班对康德的解释提供了一种批判的哲学史的模型，它把此前的新康德主义行将过时的话语转变为一种系统、连贯而全新的价值哲学。与其马堡同代人赫尔曼·柯亨一样，文德尔班强调了知识论的首要地位，并且试图

---

[1] Windelband, *Präludien*, 2:137.
[2] Eduard Zeller, *Geschichte der deutschen Philosophie seit Leibniz*(Munich: Oldenbourg, 1875); Johann E. Erdmann, *Geschichte der Philosophie*, 3 vols. (Berlin: W. Hertz, 1866).
[3] 文德尔班的《哲学史教程》(*Lehrbuch der Geschichte der Philosophie,* Tübingen: Mohr, 1949) 已经修订了好几版，而且至今仍被德国学界用作标准的历史文本。
[4] Windelband, *History of Philosophy*, 15–18.

在确保其逻辑有效性的同时，为我们的知识构筑关键的界限。二人都拒绝历史和心理主体的偶然性，转而支持永恒有效的、先验的逻辑主体。但柯亨选择逻辑的数学模型作为科学理论的基础，文德尔班则试图证明科学本身并非建立在数学结构的基础之上。如果康德在《纯粹理性批判》中曾经关注过这些数学源头，文德尔班则主张，另有一个被马堡学派忽视的康德，他曾在《实践理性批判》《判断力批判》以及关于人类学和历史学的讲座中关注道德、伦理、美学、宗教、历史和人类学问题。对于这"另一个"康德，文德尔班转向了他的新价值理论原理。

在其著名的文章《什么是哲学？》（1882）中，文德尔班把哲学定义为"关乎必然和普遍有效的价值判断的科学"；后来，在《哲学导论》中，他又将其称为"普遍价值的批判科学"。[1] 文德尔班将这种新的哲学定义解释为康德"批判方法"的大胆变体，他将其从科学事实领域扩展到了人类价值领域。现在，哲学不仅被重新定义为科学或者严格形式的知识，而且是一种世界观，或者关乎生命和价值的理论。以一种开放的自我意识方式，文德尔班试图用自己的"历史版康德"来帮助解决哲学在后黑格尔时代的身份危机——无论哲学是真正意义上的科学，抑或是某种世界观。文德尔班毫不怀疑哲学本质上乃某种世界观，但他也意识到，若要在19世纪晚期产生影响，哲学必须成为能够与世界观问题对话的科学。文德尔班坚持认为，哲学对这类问题的关注并不会影响其科学严谨性，而是会让它遵循康德开辟的道路继续前行。这一代人的辩论可以追溯到主导了19世纪晚期德国学术氛围的整体科学观念。与唯物主义者、实证主义者和自然科学的其他从业者不加批判地认为科学乃专注于存在或"何物存在"等问题的知识形式不同，文德尔班试图证明科学也关注价值领域和"应然"领域。这种对科学和存在论的价值论修正是其整个方法的特征。

在文德尔班的解读中，康德关于科学批判方法基于一种新形式的先验逻辑，这种逻辑探究了我们关于存在（即"是"）的知识的先天条件。康德《纯

---

[1] Windelband, *Präludien* 1:26; 也参见 Wilhelm Windelband, *Introduction to Philosophy*, trans. Joseph McCabe (London: Unwin, 1921)。

粹理性批判》的目的是建立理性逻辑概念的哲学有效性，这种概念将存在的事实安排成一个连贯的科学理论。文德尔班把这一努力称为"方法论纲"（Tractatus on Method）。[1] 但在马堡学派专注于康德的方法论以建立科学的逻辑主张时，文德尔班则强调了康德的计划的价值论意义。他认为康德是一位真正的柏拉图主义者，完全相信非物质世界的"实在性"，同时也是一位把价值等同于"真实"事实的哲学家。

　　文德尔班发现，马堡学派的逻辑理想主义的激进形式过于抽象和理性。世界观哲学家试图通过解决生活问题来纠正这种方法，但这种做法却牺牲了逻辑的严谨性。文德尔班构思了自己的"价值观批判哲学"，并试图以此在科学或世界观的两难境地中找到方向。在他的体系中，哲学仍然以逻辑为基础，其任务是对科学理性基础的探究，但也关注存在问题：宗教、伦理、历史、人类学、美学和文学，简而言之，就是关注文化。如此，哲学家与文化或自然的关系就不存在值得重视的差异了。正如文德尔班所设想的，哲学的目的不在于对化石、原子、类星体或无穷集合等科学内容作出单独的判断，相反,它为推论出这些"事实"的实际属性的思维和研究方法作出批判。类似地，在文化问题上，哲学家的目的不在于提供行为的准则、美的标准或历史的策略，而在于对研究生活现象的方法作出批判。一如既往地，哲学家的任务是提出基本的知识论问题：从知识论层面达成文化定义的有效原理是什么？因此，在柯亨建立了致力于自然探究之研究逻辑的地方，文德尔班试图提供一种基于康德科学模型的文化逻辑。然而，尽管柯亨的逻辑志在成为实证主义之普遍方法的替代品，但文德尔班却试图确保两种不同研究方法——自然科学的发生学方法（the genetic method）和文化科学的批判方法的自主性。通过展示二者的价值，文德尔班希望完成康德建立关于存在和价值的先验理论的目标。在文德尔班的计划中，观念论将成为知识论和价值论的计划，它根植于纯粹理性的理性主张和实践理性的伦理要求。在实现康德原始计划的这种扩展时，文德尔班希望把关于实在的知识与其意义和价值联系起来。知识和价值的范畴区分对文德尔班的门徒李凯尔特产生

1　Windelband, *Präludien*, 2:99.

了深远影响，后者在其职业生涯中一直致力于研究这一立场的方法论后果。对李凯尔特的观点的哲学连贯性更加全面和更具批判性的讨论不得不放到下一章了。目前，我将重点关注 1894 年文德尔班在斯特拉斯堡大学所做的校长就职演讲中提交的经典文章所呈现的实际计划。

第三节
校长就职演讲："历史与自然科学"

文德尔班在其校长就职演讲中提到的问题很大程度上是对后黑格尔德国哲学基本主题的预演。在这个雄心勃勃的讲座中，文德尔班试图把哲学的合法任务界定为某种特殊的知识形式，并将其适当的活动范围与其他科学的活动范围进行对比。他从一开始就清楚地描述了这个问题：

> 所有科学和学术工作的目的都在于将其特定的问题纳入更广泛的框架，并从更一般的角度解决具体问题。在这方面，哲学与其他学科并无区别。其他科学把这些更为一般的视角和原理作为给定的和确定的，这一点并无问题。这个假设对于我们谈到的学科内部的特定研究目的而言已足够可靠。然而，哲学的本质特征在于：其真正的研究对象实际上就是这些原理本身。[1]

文德尔班认为哲学是一个自治的学术领域，它独立于经验科学，更加关心知识的形式属性，而非它们作为研究"对象"的经验表现。然而，哲学与专业的科学之间的真正联系是逻辑，文德尔班将其定义为"对实际应用的现存知识形式的批判性反思"[2]。

对于文德尔班来说，逻辑学家的任务不在于对物理学、历史学、数学等

---

1 Wilhelm Windelband, "History and Natural Science", trans. Guy Oakes, *History and Theory* 19, no. 2 (1980): 169.
2 Ibid., 170.

学科内部的实际问题提出程序性建议，而在于定义"已证明可行的特定方法的一般形式，以及确定这些方法的意义、知识论价值和使用限度"[1]。再者，文德尔班认为，哲学的恰当领域（根据其作为一种逻辑和知识论形式的严格地位）是成为方法的科学，其主要目标在于为相互冲突的方法论原则建立真理主张。但这在哲学书写的悠久历史中并非新的目标。笛卡尔在其《谈谈方法》（1637）中就试图从新的思维方法的角度定义哲学，这种方法试图超越培根的归纳法。一个世纪之后，维科在其《新科学》（1744）中则尝试以文献哲学（诠释学）这种"新科学"为笛卡尔的哲学方法作出修正。康德也通过对笛卡尔、牛顿、开普勒和伽利略所遵循的科学－数学方法（尤其它与形而上学的"科学"相关）限度提出批判的方式，为自己设定了写作"方法论纲"的任务。[2]文德尔班的正式讲座不过是这一古老哲学传统的自我意识的复萌。他给自己设定的任务是为各学科建立一个严格的分类学——这是一种新的科学工具——哲学乃"知识体系"的方法论或对其方法的解释。[3]在演讲的开场，文德尔班概述了这一传统的历史，并在现代思想中确定了五条不同的线索，它们都旨在对某个特定的科学方法普遍化，从而宣称其相对于其他方法的至高无上性。

从17世纪开始，随着牛顿机械方法和笛卡尔几何方法的出现，人们不断提到数学和自然科学的至高无上性。到19世纪，哲学、文献学、历史学和心理学等领域也出现了方法论优越性的主张：黑格尔的辩证法极大地影响了恩格斯、马克思、杜林等人；布伦塔诺、威廉·冯特和古斯塔夫·费希纳（以及后来的狄尔泰）等人的心理学方法，历史学派、德罗伊森、巴克尔等人的进化－历史方法也都获得了追随者。这些方法中的每一个——文德尔班把它们与实证主义、心理主义以及历史主义的思想纲领相互关联——都挑战了哲学作为知识科学的合法性主张，并且有助于在后黑格尔哲学的基础上引发危机。[4]然

---

1 Wilhelm Windelband, "History and Natural Science", trans. Guy Oakes, *History and Theory* 19, no. 2 (1980): 170–171.
2 *Präludien*, 2:99.
3 Windelband, "History and Natural Science", 171.
4 Wilhelm Windelband, *Die Philosophie im deutschen Geistesleben des 19. Jahrhunderts* (Tübingen: Mohr, 1927), 尤其是 chap. 4。

而，由于这些方法根本上的片面性，它们每一个都未能成为"人类知识范围内"的主导科学。[1] 这些更为古老、传统的科学体系主宰了19世纪的逻辑，但文德尔班认为：

> 这种思维方式在方法论上的普遍化倾向犯了个严重的错误：它并未意识到单个知识领域的自治性。这种方法论倾向让所有现象都受到同一个方法的约束……不同方法论倾向的冲突会愈演愈烈，因此，关键任务在于从知识论的一般前提出发，为这些冲突的主张提供一个公正的评估，并对这些不同的方法进行平衡的分析。在这一点上，这项事业的成功前景似乎不容乐观。[2]

文德尔班对于成功解决19世纪的方法论争论胸有成竹。他关注的是知识的形式而非其内容，并希望以此发展出一种新的科学分类学，从而让19世纪德国大学内部的学术分工过时。这种对方法的逻辑批判并非基于各学科的实际实践，或者其特定的历史发展，而毋宁是提供了一种连贯的知识理论，从而取代了研究的技术问题。在这一过程中，哲学把自己确立为所有科学中最基本的学科（即科学的科学），但这并非通过篡夺特殊的科学领域，而是通过把自己设定为对建立任何其他科学而言至关重要的原理科学而实现的。重构之后，哲学既可以描述数学、物理学、生物学、文献学和历史学的方法论成就，也可以对相关理论的有效性提出批判。因此，其他科学中的科学化进程也将由哲学完成，哲学将恢复其"知识的科学"这个前康德时期的角色。正如文德尔班自己所言："通过科学，我们理解了那些十分了解自身的知识，它能意识到自己的目的和理由，也知道它必须解决的问题以及自身的认知方式。"[3] 尽管正式演讲的范围仅暗示了哲学理论内部的一场革命，但其目标却颇具野心：即完成始于康德的自然科学和数学方法批判，进而为新的人文科学建立哲学价值。

---

1 Windelband, "History and Natural Science", 171.
2 Ibid. 而对从希腊以来一直到笛卡尔和康德乃至20世纪的整个欧洲思想传统的讨论，见 Robert Flint, *Philosophy as Scientia Scientiarum* (New York: Arno, 1975)。
3 Wilhelm Windelband, *Theories in Logic* (New York: Philosophical Library, 1961), 18.

康德在1781年的作品中就把数学作为科学本身的衡量标准。根据文德尔班的说法，这种对数学-自然科学的高度评价不仅是合理的，而且是必要的。因为在那个时候，数学作为一种严格的知识形式的程度远甚于其他科学，尤甚于文献学、人类学、动物行为学、社会学和历史学等新兴学科。19世纪期间，洪堡、兰克、德罗伊森、巴克尔、莫姆森、尼布尔、萨维尼等学者的成就确保了历史文献研究的严格可靠性，并且在某种意义上纠正了数学科学与历史学之间的不平衡关系。因为康德没有活着看到德国学术圈的空前繁荣，因此，他也不能因为未能对其界限、方法和价值提出严格的知识论批判而受到指责。然而，一百年后，哲学家们再也无法忽略这个领域的重大发展了。从理想主义的角度定义知识问题，同时也对康德在新历史科学方面的目光短浅有所了解，文德尔班感到有必要重申康德的计划。因此，他将康德对数学的知识论批判应用到了新的历史科学之中，并发展了自然科学和精神科学的逻辑。因此，文德尔班的新康德主义计划是对康德的"超越"，而非简单的"回归"，这也让柯亨和纳托普以数学为导向的新康德主义黯然失色。在其新组建的分类学中，科学分类中旧有的结构、界限、理由和原则都需要根据科学研究的新条件重新调整。在其就职演讲"历史与自然科学"中，文德尔班试图为这种新科学方法划定界线。

第四节

欧洲的科学分类（从柏拉图到密尔）

按照文德尔班的计划，其修订起点是从根本上对传统欧洲体系中的科学实际分类作出批评。在所有主要的德国大学中，这些学科被区分为自然科学和精神科学。[1] 然而，文德尔班认为，这种形式的二分法是"不幸

---

1 "Geisteswissenschaften"一词很难在英文中找到对应的概念，它经常被翻译为"人文科学""精神科学""道德科学"，或者直接翻译为"人文学"。更多文献方面的讨论见：Hans-Georg Gadamer, "Geisteswissenschaften", in *Religion in Geschichte und Gegenwart*; Theodor Bodammer, *Philosophie der Geisteswissenschaften* (Freiburg: Alber, 1987)。

的"。¹ 历史地看，科学划分的哲学问题在希腊哲学的柏拉图式辩证法、物理学和伦理学中能找到源头。² 紧随柏拉图，亚里士多德用自己的逻辑体系改变了知识的分类，数个世纪以来，形式逻辑和科学的分类已齐头并进。即便进入现代早期，莱布尼茨也会像柏拉图那样将科学领域划分为"三大块"：物理学、道德科学和逻辑学。然而到了 19 世纪，这种分类早已被抛弃，而精神和自然的断裂得到支持，这种分裂主要是笛卡尔知识论的结果。基于对自然科学的机械研究，人们对"内在"心灵和外在"肉体"的认同成功地转化成了全部科学的形而上学基础。在英格兰，边沁（Bentham）把身 - 心科学划分成了躯体学和灵物学；而在法国，安培（Ampere）则采纳了宇宙学和精神学的方案；在德国，黑格尔的《哲学全书》则将科学划分为自然哲学和精神哲学。³1843 年，约翰·斯图亚特·密尔（John Stuart Mill）出版了两卷本的《逻辑体系》（*The System of Logic*），该书根据归纳和演绎范畴编排，这种做法肯定了上述基本区分。密尔的作品于 1849 年译成德语，并在学术界变得异常重要，同时也为自然和精神科学的区分提供了逻辑辩护。⁴ 到文德尔班 1894 年演讲之时，自然和精神区分的系统有效性早已被遗忘，它的延续更多取决于习俗和传统，而非严格的概念审查。

斯特拉斯堡演讲的目的在于揭示整个笛卡尔传统摇摇欲坠的结构，从而根据更加现代的知识论原则重新定义科学。文德尔班认为，传统上对于"自然和精神的二分具有实质意义"⁵。换言之，其分类原则基于被研究对象的内容而非形式。根据这个学科模型，自然科学只是那些处理自然物体的科学：物理学、生物学、化学、地质学、气象学等等。相比之下，精神科学则是处理人类生活事物的科学：历史学、道德哲学、经济学、政治学和社会学。在这个方案中，自然科学关注的是外在而有形的自然世界，而精神科学关注的则是内

---

1 Windelband, "History and Natural Science", 173.
2 Erich Becher, *Geisteswissenschaft und Naturwissenschaft* (Munich: Duncker and Humblot, 1921), chap. 1.
3 Becher, *Geisteswissenschaft und Naturwissenschaft*, 2.
4 Erich Rothacker, *Die Logik und Systematik der Geisteswissenschaften* (Bonn: Bouvier, 1948), 6.
5 Windelband, "History and Natural Science", 173.

在的、反思性的心灵世界。文德尔班认为，这整个分类系统的思想源头可以追溯到约翰·洛克，他"把笛卡尔的二元论简化为主观的公式：外部和内部的知觉，即感觉和反思"[1]。然而，随着19世纪后期心理学研究的发展，洛克认识论的逻辑基础受到了严重的挑战。新的心理科学难以被纳入这个过时的科学系统所规定的范畴之中："从其主题的角度看，心理学只能是一门心灵的科学。在某种意义上，它可以被描述为其他全部心灵科学的基础。而从心理学作为一门研究的角度看，其整个方法论步骤则完全是自然科学的。"[2] 由于其作为一种采纳了自然科学研究方法的心灵科学的独特地位，心理学蔑视传统学科的分类结构。在正式的演讲中，文德尔班打算展示"产生此种困难的分类缺乏系统的基础"，正如他所说的，把自然科学和精神科学必然区分开的并非它们的"实质性 (substantive) 差异"，而是它们的研究目的。[3]

接着，文德尔班展示了自然科学（无论其研究对象为何——不管它是否与物体的运动、物质的变化、有机生命的发展乃至想象、情感和意志的过程相关）总是共享一个共同的目标：即发现现象背后的规律。另一方面，心灵科学则有着截然不同的目的，即"为时间范围内某个特定现实中的单独且大致广泛的过程提供一个完整而详尽的描述"[4]。它们试图揭示现实中的独特元素：个体的传记，某个国家的历史，某种语言、宗教、法律秩序、文学创作、艺术或者科学的本质属性。文德尔班认为，这两种方法之间的关键区别在于形式-逻辑层面，而非实质（substantive）-经验（empirical）层面。在此基础上，由于其错误的认识论前提，科学传统中的笛卡尔二元论已无法立足。文德尔班小心翼翼地表明，物体不能仅仅因为它"外在"于意识而被确认。对象并非简单的"所与"，而是我们理性意识的产物。因此，自然不能被视为存在论上的绝对物，而必须被看作是心灵官能的产物。在这个意义上，把经验划分为"内在"和"外在"，或者将其归入感知和反思所需存在论基础从来不存在。正如康德在其《纯粹理

---

1 Windelband, "History and Natural Science", 173.
2 Ibid.
3 Ibid., 174. 事实上，文德尔班正是在这种说法的基础上对科学分类，并对心理学展开批判的。
4 Ibid.

性批判》中主张的:"我们的知识在心灵中存在两个基本源头:第一个是接受表象(对印象的接受性)的能力,其次是通过这些表象(概念的自发性)认识对象的能力。对象经由第一个条件而给予我们,经由第二个条件,对象与给予我们的表象在思维中建立联系(仅靠心灵的决定)。"[1] 康德解释说,知识的结果来自知觉或感性能力和反思或思维能力的持续互动。"若无感性,对象无法给予我们,若无反思,则无法思考对象。概念无认知是空的,认知无概念是盲的。"[2] 康德的先验逻辑不仅为呈现在我们感性(洛克的白板理论)中关于对象的经验知识提供了批判,还是这些知识的先天条件。当文德尔班从19世纪晚期科学和哲学的角度解读康德时,他知道,复兴康德知识论真正需要的是对思维形式的批判,而不仅仅是对知觉内容的批判。

跟随康德的原理图,文德尔班不仅根据研究对象或者经验内容,还根据知识论目的来划分科学。在这样做的过程中,他对建立在实质区分上的欧洲科学传统提出了新的质疑。自然科学与精神科学有着相似的目的吗?它们的方法是否存在任何比较的方法论基础,或者存在任何哲学上的统一性?文德尔班通过把自然科学和精神科学分别描述为"对一般规律的探究"和"对特定历史事实的探究"的方式回答了这个问题:"在形式逻辑的话语中,第一种科学旨在作出普遍而无可置疑的判断;另外一种科学则旨在作出特定的断言命题。因此,这种区分与人类理解中最重要和最关键的关系相联系,苏格拉底认为这种关系乃全部科学思维的基本关系:即普遍与个别的关系。"[3] 现代自然科学以牺牲特殊性为代价强调普遍性,因为与自然科学相联系的技术统治导致了各个研究领域的惊人进步,许多理论家便试图把这些方法用于社会、道德研究的领域,而非将其局限在物理现象中。身处这种改革实践传统中的密尔在其《逻辑体系》第六章《论道德科学的逻辑》中评论道:"道德科学的落

---

1 Immanuel Kant, *The Critique of Pure Reason*, trans. Norman Kemp Smith (London: Macmillan, 1929), 92.
2 Ibid. 此处第二句的翻译有些特别,它是根据英语中的常见译法处理的,即用"认知"(percept)翻译"Anschauung"、"概念"(concept)翻译"Begriff"。参见 Immanuel Kant, *Kritik der reinen Vernunft* (Hamburg: Meiner, 1956), 95.
3 Windelband,"History and Natural Science", 175.

后状态只能通过应用物理科学的方法（并加以适当扩展和概括）才能弥补。"[1] 他的计划是证明同一种形式的逻辑如何可用于不同的科学。

历史地看，逻辑的整个发展过程都预设了普遍而无可置疑的命题形式。全部科学研究和验证都旨在得出一般、普遍的有效概念。在其《哲学史教程》中，文德尔班证明了，早在古希腊时期，哲学的首要原则就是对自然的普遍研究，这导致众人对自然科学发展的诸多哲学沉思。然而，他也注意到，人文科学的进步和历史研究的方法问题上则明显缺少相称的思考。在19世纪，随着奥古斯特·孔德、亨利·托马斯·巴克尔和密尔等人的工作，哲学家们开始把自然科学的原理用于历史、政治、美学和其他人文学科的研究之中，并以此来纠正这种不平衡状态。然而，在对传统科学体系的修正过程中，这些哲学家却将自然科学和人文科学统统归入同样的哲学逻辑形式之下。在他们的分类系统中，实证主义被确立为各种科学的基础科学，文德尔班对这种进展持拒斥态度。

通过对逻辑史作出批判，文德尔班试图消除各门科学在元逻辑层面上一致的实证主义主张，进而认为每一个知识领域都要求自己独特的逻辑形式。文德尔班指出：

在探索实在知识的过程中，各经验科学要么寻求自然规律形式的普遍性，要么寻求从历史的角度加以定义的结构下的特殊性。一方面，它们关注的形式总是保持不变。另一方面，它们又关注真实事件独特、内在定义的内容。前面的学科乃通则科学，后面的学科乃过程的科学或者事件的科学。通则科学关注的是事件的不变性。如果我可用一些新的技术术语讨论的话，则科学思想在前一种情况下是通则的，而在后一种情况下是个案的。[2]

通则科学和个案科学的显著特征如下：

---

[1] John Stuart Mill, *Collected Works, vol. 8, System of Logic* (Toronto: University of Toronto Press, 1974), 833; ibid., 176–177.

[2] Windelband, "History and Natural Science", 175.

1. 普遍而无可置疑的判断	1. 独特的断言判断
2. 实在的不变形式	2. 实在的独特的、自我决定的内容
3. 普遍的	3. 特殊的
4. 理念（柏拉图式的）：用现代术语讲，自然律	4. 个别的存在，事情，事件
5. 知识论目标：规律	5. 知识论目标：结构
6. 抽象	6. 知觉
7. 通则的科学	7. 事件的科学
8. 自然科学	8. 精神科学 [1]

这种根据知识论目的和追求的分析和分类绝不旨在对实际研究作出准确描述。文德尔班的标准被认为是"形式逻辑的"，而非"内容－实际的"原则。特别地，文德尔班并不打算以任何方式规定他的逻辑范畴；相反，他的哲学诉求是方法论上的清晰度。文德尔班充分意识到实验室的生物学家和档案馆里的史学家并不打算从逻辑学家的分类学角度重新思考他们的专业任务。学术研究仍将快速推进，哲学家们的苛责并不会产生影响。然而，文德尔班争辩说，这种研究的合理性及其真值不能留给跨学科论辩，而必须从哲学上加以确定。哲学家可能无法评估气象调查的有效性，但他们肯定能够判断这种研究的逻辑连贯性。通过对科学方法论问题的高度关注，文德尔班希望在后黑格尔危机状态中确保哲学获得新的地位。重新对学科之间的模糊界限澄清之后，文德尔班试图证明哲学的适当角色是知识论的，而非经验的或者实践的。

在此基础上，文德尔班坚持表明，通则（nomothetic）研究和个案（idiographic）研究的真实对比实际上是理想类型（ideal types）的问题。因此，他认为，没有任何科学资料本质上是通则的；相反，只有诉诸研究人员更多的关注，数据才能归类为通则的。同样，文德尔班认为，并不存在本质上是"历史的"事实或事件。赋予拿破仑的滑铁卢之战（与昨日天气形成对比）历史

---

[1] 这个方案有助于澄清通则科学和个案科学的基本差异，正如文德尔班在其校长就职演讲中谈到的那样。我在正文中用到的划分方式则基于 Herbert Schnädelbach, *Die Geschichtsphilosophie nach Hegel* (Freiburg: Alber, 1974), 140. 中的表格。

意义的并非其内在重要性，而是"它与生活中一些高标准价值之间的关系"[1]。正如他一再强调的，"通则"和"个案"这两个类别只是参考性的，而不是绝对的区分："自然科学研究与历史研究之间的差异仅在问题涉及事实的认知用法——或理论用法时才会出现。"[2] 换言之，"事实"并非存在论层面的"所与"，而是意识中认知综合的产物。自从康德证明了真理并非建立在观念与外在对象的对应关系上之后，独断论的唯物论幻象也随之坍塌，以对象为中心的知识论也受到了质疑。

为了反对实证主义者和唯物主义者，文德尔班认为真理并非寓于我们知觉的经验世界中的客观存在，而是某种先验的观念，就像柏拉图的形式或者康德的绝对命令一样，它们代表了某种绝对的规范。文德尔班写道："真理要求的是与意识无关的有效性本身……这种有效性的哲学观念总是指向超越了经验主体的知识过程。真理的有效性独立于所有容易犯错和不断进步的主体的行为。数学真理在任何人想到它之前很久就是有效的，即便个人错误地拒绝而不同意它，它也是有效的。"[3] 从方法论的角度看，哲学家需要在描述存在的事实判断和描述价值的非事实判断之间作出区分。第一种判断能够决定某个物体是"白色的"，而后一种判断则能够将其确定为"好的"[4]。对文德尔班而言，存在和有效性这两个领域（有时候又被他称为"实在世界"和"价值世界"）无法在更高的范围内加以调和。它们代表了每种形式的知识的局限性，这些限制以哲学尝试提出解决这种矛盾的问题而展现出的困惑为标志。

多数学科分类方案的问题在于，它们要么忽视存在与价值的基本区分，要么试图在一种方法中统一各门科学，要么只是基于自然/精神、身体/心灵二分的唯物主义存在论来肯定这种区分。文德尔班在演讲中试图为这种区分建立逻辑基础，从而根据不同研究的认知价值对不同的科学分类：通则的自然科学和个案的历史科学。但他坚持认为，价值也应该从逻辑而非心理的角

1　Windelband, *Introduction to Philosophy*, 205.
2　Windelband, "History and Natural Science", 178.
3　Windetband, *Introduction to Philosophy*, 183.
4　Windelband, *Präludien*, 1:29.

度得到理解，因为心理科学将其研究对象和研究者的认知理论兴趣混为一谈。传统上，心理学被称为精神科学，因为它以心灵或精神为研究对象。然而，正如冯特、费希纳和赫姆霍尔兹等人的工作所表明的，它更多与发现普遍规律而非揭示个体形式相关。因此，在文德尔班的计划中，心理学现在可归类为自然科学，因为它的方法与其他自然科学的通则目的更相称。

重新把心理学定义为自然科学后，文德尔班希望为整个历史主义传统提供某种方法论上的明晰性。自维科的工作以来，历史主义者已经在心理学主题的诠释学中建立了区分自然科学和人文科学的基础。历史学派甚至认为，历史研究的目的是认识到人类意识的独特性、个体性和不可重复等特征，从而让人可以更好地理解超越了自我的世界之中的全部生命的总体结构。这些历史主义者称之为人类的历史性，对易变、短暂和受文化约束的存在论依赖让人们能够理解其他人的各种表达——这些表达的形式为语言、象征和符号等。维科曾试图把自己诠释文献学建立为某种修辞学——以此反对笛卡尔批判——并将其根植于语言和历史而非数学之中。遵循维科的传统，文德尔班的同代人狄尔泰把心理科学作为自己建立新的诠释基础科学的基础，并且在一段时间内将其定义为全部精神科学中最基本的。然而，文德尔班拒绝了狄尔泰的诠释学方法，因为他认为这种方法培养了一种历史相对主义，并且否认了心理-历史学科存在任何真正科学知识的可能性。

文德尔班声称，心理学和历史主义为哲学带来了最重大的危险，因为二者都试图将理性原则简化为单纯的时间和心理条件，而不依赖于任何先验根源。为了同样地强调先验有效性，文德尔班沿着康德的思路拒绝对形式逻辑的非历史、跨文化原理作出历史性的理解。斯特拉斯堡演讲为19世纪科学危机的康德式理解设置了更为严格的条件，它把危机理解为两种哲学愿景的冲突：即对历史主义以及对先验逻辑的非时间有效性的诠释学理解。对文德尔班来说，这两个不同的愿景永远无法调和。

第五节

文德尔班的困惑：方法的逻辑问题和自由的形而上学问题

文德尔班对心理学或诠释学主题的最初关注开启了文化相对主义的问题。他担心，如果人们将有效性原则简化为单纯的历史环境，或者心理自我的主观幻想，那么，所有价值观的绝对性就不复存在。具有普遍价值观的新康德主义科学以专注历史主义危机的先验解决方案来对抗这些相对主义趋势。在文德尔班的价值论中，历史真理的存在绝不会依赖于历史学家的发现，而是有其自身的命运，就像数学上有效的命题独立于数学家而存在一样。然后，哲学就成了脱离了历史或任何个别科学之外的价值的仲裁者。正如文德尔班所言："我们必须明确指出，尽管历史有效性带来了哲学的核心问题，但它无论如何不应被视为哲学有效性的基础。如果忘记这一点，就会出现不合宜的相对主义；这真的就意味着所有哲学的死亡。"[1]

因此，对文德尔班来说，人文科学方法和历史价值中的世代争论已转化为关乎哲学自身合法性的基本问题。在哲学处于危机的时代，他认为这些方法论问题无法直接简化为术语之争，也不能被理解为吹毛求疵的逻辑学家的挑剔抱怨。作为一个康德主义者，文德尔班仍然把逻辑的严谨作为方法论世代争论之唯一合法的解决之道。然而，文德尔班最终将这些逻辑争论重新定义为价值问题；对他而言，康德的理性范式不仅与逻辑相关，而且与道德相关。他总是承认康德的第二批判对科学问题的重要性。在存在和价值之间划定明晰的方法论界线后，文德尔班试图保存人类自由的伦理领域，他认为，这个领域无法限定在历史范畴内。在某种意义上，文德尔班的新康德主义计划被认为是他对（他所认为的）历史主义传统中的相对主义的伦理回应。从伦理上讲，文德尔班的科学理论已发展成了对两个传统的自觉回应。他反对历史主义者，并吁求普遍价值标准；同时，他也反对实证主义者，并坚称方法论永远无法与价值论分开。

---

1 Wilhelm Windelband, *Die Philosophie im Beginn des 20. Jahrhunderts* (Heidelberg: Winter, 1907), 541.

去世的前一年，文德尔班在其最后一部作品《哲学导论》的结论部分从自然科学和精神科学的形而上学区分的角度重新描绘了二者的方法论差异：

这是在不可解决的问题出现之前，世人对世界统一理解的渴望破裂的时刻。价值世界和实在世界，"应然"领域和"必然"领域彼此之间并不陌生，它们处处相互关联，但二者肯定又不是一回事。实在世界的构造会让渡一些东西……我们无法克服矛盾。时间性最内在的意义在于实然和应然之间不可分割的差异，因为在我们意志中出现的这种差异构成了人类生活的基本条件，我们的知识永远无法越过它，从而达到对其源头的理解。[1]

最终，逻辑和知识论的细致区分也无法为"实在性结构的让渡"提供形而上学的解决方案。文德尔班的分类学为两种不同的科学探索形式建立了理想的逻辑状态——一种是自然科学的逻辑，它旨在发现主宰单一现象发生过程的普遍规律，一种是历史逻辑，它将每种现象作为全部因果律的例外，并肯定每种现象的独特性和不可重复性。他反对实证主义者，坚持认为历史个体不服从因果律；他反对心理主义，主张生理和精神过程的通则绝不可能充分把握人类价值的标准；他还反对历史主义者，认为文化相对主义绝无可能在科学方法主宰下的实在界享有最后决定权。拒绝了科学主义为自然和精神找到普遍方法的企图后，文德尔班为新康德主义式的科学理论提出了一个新问题：一个基于逻辑但依赖于自由的问题。为科学方法的适用性和普遍性划定界线后，文德尔班希望保留界线外对象的价值——一个新构造出的康德式自由王国。"在历史和个人经验的所有材料中，"文德尔班认为，"一个难以理解的残酷事实的残余仍然存在，即一种难以形容和难以确定的现象。因此，人格之最后和最深刻的性质与人们从普遍范畴对其分析相抵牾。从我们意识的角度看，人格之不可理解的特征表现为我们本性的不确定之感——换言之，个体的自由。"[2]

---

[1] Windelband, *Introduction to Philosophy*, 357-359. 为了文本的清晰连贯，我对部分文字做了改动。原始德文文本见 Windelband, *Einleitung in die Philosophie* (Tübingen: Mohr, 1923), 433-434。
[2] Windelband, "History and Natural Science", 184.

保存了自由之价值的这种不确定性的组成部分在于自然和精神的根本性割裂。文德尔班认识到了他自己的历史逻辑的困惑，也认识到了被切割成存在与价值、存在论与价值论的世界的困惑，但他并未把这些限制理解为自身计划中的矛盾，而是抓住它们并将之作为最终无可化解的形而上学困境的证据，这个困境超越了科学理性的范围。任职演讲甫一结束，文德尔班便开始在自己的科学价值观框架中思考这个问题了，他也因此方式化身形而上学先知的角色。他写道，理性思考"对于解决这些问题并无任何进一步的贡献。哲学可以识别每一个学科的知识界限。超越了这些界限，哲学就无法得出任何实质性的结论。规律和事件仍然是我们世界观里最终的不可通约之物。这是科学探究只能定义的问题的边界点之一，也是在明确意识到它永远无法解决这些问题时才提出的问题。"[1]

文德尔班严格按照康德的方式着手界定科学思想的界限，还以此对理性和知识的确定性提供担保，而非仅仅从形而上学思辨做到这一点。在一个为哲学作为严格科学而非报纸专栏式世界观的地位感到焦虑的时代，文德尔班企图为世人提供某种理性的选择。通过严谨地遵循历史探究的逻辑，并对历史实践提供知识论批判，文德尔班的确与19世纪早期流行的思辨历史哲学的形而上学传统作出了决裂。然而，尽管在制定科学方法分类学方面付出了卓绝的努力，但文德尔班从未真正制定出与康德遗产相称的新历史逻辑。他也并未达到康德在其《纯粹理性批判》中为自然科学提供的概念清晰度，文德尔班对通则和个案科学的纲领性分类仅仅是某种成熟理论的框架。然而，尽管有其缺陷，但任职演讲仍然为新康德主义者对历史主义的批判提供了基本的问题，而文德尔班在弗莱堡的年轻同事李凯尔特则为这种批判赋予了更多的知识论严谨性。

1　Windelband, "History and Natural Science", 185.

第三章

海因里希·李凯尔特的
历史科学知识论

我们并未把哲学史视为不复存在并被抛诸脑后的东西,而是将其视为某种许久以前就将我们驱逐的现实,从而——在盲目和虚荣的干扰下——浪费掉了自己的小聪明。

马丁·海德格尔:《黑格尔的精神现象学》

第一节
李凯尔特对当代哲学危机的回应

文德尔班在分类学上的努力为兰克、洪堡和德罗伊森等历史主义者们的工作提供了逻辑辩护。他的分析性区分有助于为界定各门科学的任务建立新的知识论框架。但在1915年文德尔班去世之时，关乎历史价值的争论仍然主要以研究为导向，且集中在方法论层面。他的工作曾有助于维持哲学作为知识科学的角色，并将其作用降格到了确定其他科学学科界限的逻辑任务的层面。但在他去世后的几年里，人们对危机的看法从根本上改变了他更为传统且注重价值的提问措辞。战争的痛苦教训之后，人们可在历史哲学的作品中看到一种更为紧迫、末日论式的口吻，例如斯宾格勒的《西方的没落》（1918）和莱辛的《历史作为赋予无意义之物以意义的过程》（1919）等。世纪之交的方法论争论在争取文化认同的过程中以一种新的修辞方式作为论辩方法。这种对危机的世代观念加剧了历史学方法的学术辩论，并激发了众人对历史价值之意义和可行性的广泛讨论。

作为文德尔班的学生和同事，李凯尔特致力于先验路线中的新康德主义价值理论。然而，文德尔班的学科研究与价值问题的关系仍与原初的方法论辩论相关，李凯尔特对价值哲学的辩护变成了一种全面的斗争，进而反对他所谓的"我们这个时代流行的哲学潮流"：生命哲学、历史主义、生物主义、斯宾格勒主义以及战后时代的其他危机思想的表达形式。[1] 李凯尔特

---

1 Heinrich Rickert, *Die Philosophie des Lebens: Darstellung und Kritik der philosophischen Modeströmungen unserer Zeit* (Tübingen: Mohr, 1922).

以定义理论和知识论开始了他的知识论工作——《论定义》(*Die Lehre von der Definition*, 1888) 和《认识的对象》(*Der Gegenstand der Erkenntnis*, 1892)——他在这个过程中提升了自己作为一个细致的逻辑学家的技艺。1896 年，李凯尔特第一次出版了自己的主要著作《自然科学概念构成的界限》(*Die Grenzen der naturwissenschaftlichen Begriffsbildung*)；1899 年，更短小也更容易理解的《文化科学与自然科学》(*Kulturwissenschaft und Naturwissenschaft*) 出版；1903 年，《历史哲学问题》(*Die Probleme der Geschichtsphilosophie*) 出版。李凯尔特在战后对这些作品进行了修订，并且新出版了一些更具争议性的作品，例如《作为现代文化哲学家的康德》(*Kant als Philosoph der modernen Kultur*, 1924) 和《生命哲学》(*Die Philosophie des Lebens*, 1920)。1921 年，他还完成了此前搁置的关于价值论的系统作品《哲学体系》(*System der Philosophie*) 的第一卷。[1]

战后年代，李凯尔特承认了世界观哲学、生命哲学的支持者和时兴的尼采哲学信徒对传统科学和哲学的威胁。然而，他通过建构价值理论来回应危机的先知们，并以此反对伦理相对主义，他认为这种理论破坏了后康德时期德国思想的基础。李凯尔特坚持认为，文德尔班关于诸科学差异的理论对科学研究产生了富有成效的影响。他试图建立一个确定的价值体系来克服相对主义的威胁，并以此超越文德尔班。李凯尔特的普遍价值哲学旨在为历史意义提供支撑，这是对他确定的信仰、信念和意识形态无政府主义的先验解决方案，它们从一开始就引发了历史主义的危机。在《自然科学概念构成的界限》一书中，李凯尔特甚至用一种虚无主义的方式来确定历史主义，尽管这个判断很苛刻，但他仍然可以同意其同事特勒尔齐的观点："当代历史主义的

---

1 Heinrich Rickert, *Kant als Philosoph der Modernen Kultur* (Tübingen: Mohr, 1924); *Die Lehre von der Definition* (Freiburg: Mohr, 1888); *Die Probleme der Geschichtsphilosophie* (Heidelberg: Winter, 1924); *System der Philosophie* (Tübingen: Mohr, 1921); and *Der Gegenstand der Erkenntnis: Einführung in die Transzendentalphilosophie* (Tübingen: Mohr, 1928). *Die Grenzen der naturwissenschaftlichen Begriffsbildung: Eine logische Einleitung in die Historischen Wissenschaften* (转引自 *Die Grenzen*) (Tübingen: Mohr, 1929), and *Kulturwissenschaft und Naturwissenschaft* (转引自 *KN*) (Tübingen: Mohr, 1926). 最后两本书都经过多次再版和修订。总体上，我会用到后续版本的页码，因为这些版本体现了李凯尔特战后思想的转变。

危机是我们这个时代最深处的危机；这不仅仅是个科学问题，也是个生活实践问题。"¹

在科学的世代危机的背景下，李凯尔特认定，在康德的意义上对价值的任何重估都必须具有历史意义。他的论辩性著作通篇提及"历史客观性""历史个体"和"历史发展"等术语，但他以黑格尔的方式拒绝了思辨历史哲学，因为他认为，"古老意义上的历史形而上学作为一门科学似乎是不可能的"²。李凯尔特意在为作为恢复自身科学意义之唯一合法方式的历史研究提供严格的逻辑-知识论批判，尽管他小心地警告其同时代人，"哲学家永远不可能仅仅是个历史学家；哲学决不能仅关注其自身的历史。我们应该熟知过去，因为我们只有在哲学周围引导自身时，才能把哲学当作科学来做。但我们也想有目的地研究过去，从而可以更容易地克服它"³。

像战后的诸多同代人一样，李凯尔特认为历史乃某种有待取代或超越之物，就像历史本身就是一个能被克服的方向性过程一样。实际上，他试图以某种超历史主义的方式为历史主义危机提供解决方案，即从历史经验转向先验的价值理论。"只有从我们用以衡量经验实在的绝对理想的角度，"他写道，"解读历史决定的文化生活的独特性和个体性才有意义。"⁴因此，即便在处理历史价值问题时，他也不是"从纯粹的历史角度"着眼，而是"从过去的价值应该是什么"的角度加以衡量的。⁵这让他陷入了一个令人生畏的悖论：他通过转向历史研究的知识论来"克服"历史主义的伦理危险，这种知识论本身建立在逻辑之上，并且与历史性的时间无关。最终，李凯尔特的工作代表了新康德主义者否认历史现实，并以纯粹形式的方式解决科学危机这种企图的顶点。

---

1 Heinrich Rickert, *The Limits of Concept Formation in Natural Science: A Logical Introduction to the Historical Sciences* (转引自 *Limits of Concept Formation*), trans. Guy Oakes (Cambridge: Cambridge University Press, 1986); *Die Grenzen*, 8; Ernst Troeltsch, "Die Krisis des Historismus", *DieNeue Rundschau* 33 (June 1922): 586.
2 Heinrich Rickert, *Science and History: A Critique of Positivist Epistemology*, translated by George Reisman (Princeton, N.J.: Van Nostrand, 1962), 154; KN, 140.
3 Rickert, *Die Probleme der Geschichtsphilosophie*, 3–4.
4 Ibid., 142.
5 Ibid., 131.

20世纪20年代，海德格尔对新康德主义历史哲学的现象学解构有利于揭示李凯尔特作品中的矛盾，前者重新提出了历史存在的问题，从而再次聚焦了历史知识论的形式问题。然而，在转向海德格尔的批判之前，我们必须首先理解李凯尔特思想的系统性方面。接下来，我想首先对李凯尔特作品中的基本主题进行简要讨论，然后在本章第二节中更全面地处理他与梅尼克、特勒尔齐及其与历史主义一般传统的争辩。我认为，这样的讨论表明，新康德式的知识论探究模式与历史主义者思想的基本主旨是多么抵牾，即便它旨在"解决"后者最紧迫的问题。

第二节
哲学作为与世界观对抗的科学

在《历史哲学问题》的导论中，李凯尔特评论说："哲学科学如今仍然以复辟为主题。"[1] 在他看来，20世纪哲学的特点是以将自身恢复到此前作为科学之科学的地位这个纲领性企图为标志的，这种地位随着黑格尔形而上学体系的衰落而失落了。为了确保哲学作为最基本之科学的地位，李凯尔特试图将其主题与其他学科的主题区别开来。哲学主题与关乎实在的经验科学（物理学、化学、生物学、历史学、社会学和地质学等等）不同，后者以实际存在于世（being-in-the-world）的具体经验为对象，哲学主题又和数学等纯形式科学不同，其主题是关乎科学知识的理论。用李凯尔特的话说，哲学志在成为"科学之科学"，或者是对科学探究本身进行的科学探究。[2] 在这个自身反思科学的部门中，哲学将在"逻辑、知识论和理论理性"的坚实基础上重建自身。[3] 正如李凯尔特在海德堡大学的讲座中强调的："理论哲学是逻各斯的学

1　Rickert, *Die Probleme der Geschichtsphilosophie*, 1.
2　Heinrich Rickert, *Heidelberg Ms. 59*, 4–4a. 我在本章中会反复提到李凯尔特未出版的作品，它们收藏在海德堡大学图书馆，其中包含180个不同的条目。此处引用的手稿名为"*Einführung in die Erkenntnistheorie und Metaphysik*"。在下文中，海德堡大学的全部手稿引文都会被标记为 *Hd.Ms.*
3　Ibid.

说；逻各斯则是理性、比例和理智。作为逻辑、知识论和理论哲学的逻各斯乃是科学的学说（科学知识）。而其他科学的目标则位于科学本身之外，逻辑或理论哲学则以科学本身为对象，因此，它以科学本身的自身知识为旨趣。"[1] 同样，在这一系列未发表的讲座中，李凯尔特强调，"作为科学的哲学只有以逻辑-知识论为基础才是可能的"[2]。逻辑是"哲学的基础科学"，它会拒绝以任何吹嘘的方式提供关乎生命、死亡、时间、永恒、上帝和灵魂的形而上学见解。[3] 对李凯尔特而言，像克尔凯郭尔（Kierkegaard）、叔本华（Schopenhauer）、尼采、柏格森（Bergson）和黑克尔（Haeckel）等时髦思想家如果曾为哲学研究开辟过更大的领域，从而让它对"生活"更有意义，那他们也成功地让哲学变得更加浅薄、不成系统和自我反对。在其雄辩滔滔的《生命哲学》中，李凯尔特激烈地攻击了生命主义的基本原则，并尝试对其危险作出警告。"如果它取得了主导地位，"他写道，"令人担心的是，反逻辑、时髦的生命哲学会让作为一门科学的哲学走向终结。因此，我相信，在攻击这种'生命哲学'的时候，我也是在帮助它。"[4] 终其整个职业生涯，李凯尔特都不断攻击生命主义、存在主义、实用主义、生物主义和其他世界观，并相信唯当人们从个人兴趣、社会历史偏见剥离开来后，才能开始从脱离了自我的文化和心理需求的角度看到世界的总体性。[5] 生命哲学对李凯尔特而言是一种威胁德国思想之科学性质的世界观哲学。

根据李凯尔特的解读，早在 19 世纪之时，两种世界观主宰着德国文化：自然主义和历史主义。[6] 他把自然主义定义为，尝试对自然世界进行科学研究，进而解决传统哲学的问题。自然主义者把自身限定在实在的经验研究之中，拒绝浪漫的自然哲学家们的形而上学假设，并试图把价值观和意识形态统一

---

1 Heinrich Rickert, *Heidelberg Ms. 59*, 4–4a.

2 Ibid.

3 Rickert, *Hd.Ms.* 13, 34.

4 Rickert, *Die Philosophie des Lebens*, xiv.

5 Heinrich Rickert, *Grundprobleme der Philosophie* (Tübingen: Mohr, 1934), 6–7.

6 对自然主义和历史主义更为详尽的讨论，见李凯尔特的同辈人 Ernst Troeltsch 所著，*Der Historismus und seine Probleme* (Tübingen: Mohr, 1922), 102–110。

在科学探究之中。根据李凯尔特的说法，这种科学世界观（wissenschaftliche Weltanschauung）引发了逻辑矛盾，因为它试图将历史和文化世界奠定在自然原则之上，并藉此对其作出改变。为了反对这种自然主义思想，历史主义试图在自然和历史之间作出基本的区分，这种区分质疑了自然主义原则扩张到生理化学世界之外的做法。通过强调历史现象的独特性和不可重复性，历史主义者转而将精神的自我理解作为人类实在的基础。然而，对李凯尔特而言，"历史主义的哲学化程度（曾）超过自然主义，因为历史（过去）并不是一门系统科学"[1]。如果自然主义试图把生物学范畴强加于历史进程,而历史主义转而又将生物世界历史化，这就会忽视自然科学研究的严谨性。二者都在自己特定的领域看到了新的生命哲学的基本原则。"尽管二者有很大的不同，"李凯尔特注意到，"但它们的立场却建立在同样的原理之上，即二者都希望把特殊学科的概念转化为一种完整的哲学。"[2]

生命哲学和其他世界观哲学共享了普遍化各自特殊科学有效性，并将其不加批判地应用到生活其他所有领域的倾向。但对李凯尔特而言，哲学并非其他科学的一种。它是科学本身的科学，并把知识原理作为独特的研究领域。

循着费希特的基本知识原则，李凯尔特通过关注其逻辑和知识论原理，努力实现对自然科学和历史科学的哲学理解。如果哲学试图坚持其严格的系统性，而不至于降格为单纯的"生命哲学"，那李凯尔特认为它必须关注知识的形式（formal）原则而非其质料（material）内容。为了对抗生命哲学家的僭越，当时的李凯尔特转向了康德的认识论原则，这为他的整个系统提供了准绳。对于他称之为"历史主义"的"疾患"，康德的逻辑则成为一种非常亟需的解药。[3]

---

[1] Rickert, *Die Philosophie des Lebens*, 48.
[2] Ibid.
[3] Rickert, *Hd.Ms.* 115, 3, 李凯尔特在其中坚持认为，本就不该有历史主义！类似的口号也能在以下文本中找到：*Die Philosophie des Lebens*, 49, in *Hd.Ms.* 13, 27, 以及在 *Die Grenzen*, 8。

第三节
李凯尔特与康德先验观念论的关系

很大程度上，生命哲学在 19 世纪的流行归功于它的两个重要特征。首先，知识渊博的读者很容易就进入其中，因为，尽管它在气质上很哲学，却突破了技术哲学的风格。生命哲学通俗易懂，主要以克尔凯郭尔的文学风格或尼采式的格言风格为代表。它摒弃了康德或费希特那般晦涩难懂的论证，并以哲学写作的新方式而自豪。其次，生命哲学并不是抽象的或形式的，它关注的是人的存在和人类价值观问题，同时还关注道德、美学、社会问题以及历史。在其"从康德到尼采的德国哲学"课程中，李凯尔特认识到生命哲学对一般大众的吸引力，对那些非学院哲学家且未受过大学训练的知识分子尤其如此。在这些讲座中，李凯尔特承认了生命哲学的强大影响，但他认为，"19 世纪德国哲学中新的核心部分"可追溯到它对"价值问题的关注"及其与人类文化的关联之中。[1] 当时，他将尼采视为生命哲学的典范，这种哲学把自身描绘为价值哲学。尽管他以极大的兴趣和热情阅读了尼采，但最终还是得出结论说尼采不过是康德的蹩脚模仿者。

在李凯尔特的研究中，1781 年（《纯粹理性批判》出版的年份）到 1888 年（《瞧，这个人》出版的年份）代表了德国哲学空前统一的时期。他认为，在此期间，康德和尼采都将价值问题提升到了哲学的中心位置。然而，尼采的西方传统谱系却把价值建立在意志之上，从而走向了新的唯意志论世界观，康德则将理性作为价值的来源，进而为科学提供了坚实的基础。李凯尔特认为，如果人们想要恢复这种价值论传统，则一方面会受到具体科学研究的威胁，另一方面还会受到存在主义的意义和普遍价值需求的威胁，因此，人就不得不关注哲学方法问题。李凯尔特希望重新统一 19 世纪生命哲学造成的分裂局面，从而化解这场危机。换言之，他希望协调价值哲学和科学的哲学，后者根植于科学之上。在发展科学形式的价值哲学的过程中，李凯尔特认为他

1　Rickert, *Hd.Ms*. 31, 4 and 10.

会克服生命哲学家们似是而非的吸引力，并为哲学学科的特殊任务提供担保，这项任务的目的在于价值和文化，却对尼采祭出的先知衣钵持拒斥态度。在这一过程中，他想证明逻辑的价值超越了抖机灵的格言。正如李凯尔特所言，"普遍的世界观乃至生活中的所有问题，都在我们面前转化成了逻辑和知识论问题"[1]。

在尝试呈现李凯尔特自己的价值哲学（他认为这对于理解自然和精神科学之争至关重要）之前，我想探讨他与康德的关系，并展示他的康德渊源如何帮他确定了理解自然和文化的方法。我在此的目的并非要对李凯尔特全部哲学进行系统论述，也并非要分析其发展阶段；相反，我的讨论会专注于康德思想对李凯尔特新型的历史逻辑的影响。建立体系的哲学家和生命哲学的追随者都把注意力集中在科学方法的世代争论上。正如我们在第二章所看到的，文德尔班拒绝了大学中科学研究的实质分工，并试图以形式化路线澄清各具体科学学科的关系。但对他而言，最终的问题本质上仍是分类问题。李凯尔特希望超越文德尔班提出的纲领性概要，进而从哲学的角度处理这个问题。通过把形式和质料（matter）的分类问题重新构造为真正的哲学问题，李凯尔特希望呈现新康德主义思想的范围和力量。

谈论自然和历史的形式而非实质差异已经透露出某种知识论偏见。在19世纪的德国哲学行话中，这一区分带有"批判"性质。康德的批判方法一开始由其哥白尼转向造成，它改变了人们关于自然和意识的浅陋见解。在《纯粹理性批判》中，康德集中全力解决知识论中的形式问题，即学术范式问题，而非关乎事实的经验问题。[2] 李凯尔特在序言中提到了"哥白尼的主要假设"，其革新性的天文学颠覆了地球与太阳系的关系，并帮助伽利略及其追随者发现了现代的物理形态。[3] 康德试图在哲学中实现类似的革命，特别在数学和自然科学方面。与英国的洛克学派和经验主义者不同，他们提出了基于感官印

---

1 Rickert, *Die Grenzen*, 11.
2 Immanuel Kant, *Critique of Pure Reason*, trans. Norman Kemp Smith (London, Macmillan, 1929), 120–122.
3 Ibid., 22.

象的知识的模仿理论,康德试图证明,并非我们的概念要符合自然对象,相反,自然对象要符合我们的概念。[1] 通过整合这种新的哥白尼式洞见,康德相信哲学可以抛弃旧的研究方法,从而采用新的"批判"或"先验"方法。为了更全面地理解这种批判方法对李凯尔特的重要性,我们有必要更细致地审视康德的术语。

对康德而言,"先验的"(Transcendental)知识"与我们知识模式的关系超过了它与知识对象的关系,因为这种知识模式是先天(a priori)可能的"[2]。相应地,先天知识与全部关乎经验、生理、心理、形而上学或怀疑论的理论正相反对。康德的目的既不在于否认我们全部知识的经验起源,也并非怀疑所与对象的存在,而是要说明如何科学地构思这些物体的存在。为了实现这种科学的确定性,我们必须承认自己的知识始于经验;但康德并未得出结论说我们的知识是以经验为基础的。为了科学地理解自然,康德坚持认为,我们必须区分经验、后天、纯粹或先天的知识。[3] 他主张,我们的知识始于经验,但在先天有其根源。事实上,这个先天要素乃全部经验依赖的条件,它为我们对世界的所有判断提供了"必然性和严格的普遍性"。[4] 在这个意义上,先验知识就是一种基于我们的经验,却摒弃了单纯经验内容(也即质料组成)的知识形式,它专注于把这些经验组织成有意义整体所需的思想形式。这是先验逻辑的任务,它提出的问题是,"先天综合判断何以可能?"[5] 或者,用我们现代的方式提出这个问题就是,"科学何以可能?"[6] 对康德在1781年的写作而言,科学意味着数学和物理学,因此,他对先天知识可能性的先验批判所采取的形式是,对作为纯粹理性最高形式的纯粹数学和纯粹自然科学的批判。一个世纪之后,在不同于康德的科学背景下写作的李凯尔特认为,康德式的

1　Immanuel Kant, *Critique of Pure Reason*, trans. Norman Kemp Smith (London, Macmillan, 1929), 120-122.
2　Ibid., 59.
3　Ibid., 42-43.
4　Ibid., 44.
5　Ibid., 55.
6　这个问题源自以下两卷本研究著作:Karl Vorlander, *Immanuel Kant* (Leipzig: Meiner, 1924), 1:270.

探究必须超越自然和数学，进而将历史的先验逻辑包含在内。

在《未来形而上学导论》（1783）中，康德从质料和形式意义层面提出了自然可能性的问题。[1] 一如既往，康德的问题并不关注自然本身的现实，就好像它的存在与人类无关一样，而是关注它作为人类知识的可能对象的方面。康德主张，实质上讲，自然乃感觉经验的产物；形式上讲，它是我们理性理解或意识的产物。正如他解释的：

就其由普遍规律决定而言，自然乃事物的存在。如果自然意味着物自体的存在，我们就永远无法先天地或后天地了解它。无法先天地了解，因为我们何以可能知晓属于物自身的东西，这绝不可能通过概念解析（以分析命题的形式）完成。因为我不想知道自己对一个事物的概念（这属于事物的逻辑本质）所包含的东西，但事物的现实性超越了我的概念，物自身由此脱离了概念而为其存在所决定。[2]

在其《批判》的先验美学中，康德证明了自然在质料的形式上由我们的感性产生。在先验逻辑部分，康德主张，自然在形式方面由概念的工作所构建。因此，仅当感官直觉被置于意识的概念装置之下，自然的知识才得以可能。在这种先验－逻辑的意义上，自然成为由意识或指导我们理解的规则所构成的对象。在这个自然世界的对象－建构过程中隐藏着李凯尔特自己的先验哲学的根源。

与康德一样，李凯尔特对客体的实在性与客体的概念作了范畴区分，他在《科学与历史》中写道："概念的内容和实在的内容之间存在一道鸿沟，它好比普遍与特殊的差异，无法弥合。"[3] 尽管生命哲学家试图通过构思人类意识与自然世界的统一来弥合它，但李凯尔特始终强调二者的裂缝。为了真正从

1　Immanuel Kant, *Prolegomena to Any Future Metaphysics*, trans. Paul Carus (New York: Bobbs-Merrill, 1950), chap. 2.
2　Ibid., 42.
3　Rickert, *Science and History*, 44; KN, 43.

科学层面理解自然，李凯尔特声称，人们必须与经验拉开距离，从而把注意力集中在概念的构成上。正如他在《生命哲学》中解释的："若无概念思维则无科学，而这正是每个概念的意义所在：它将自己与生命的直接实在拉开距离。所有对象最有活力的部分已不再如它们最初被构想时那般鲜活了。实在和概念的二元论永远无法被克服。克服它就是克服科学本身。科学的本质在于，直接经验或真实生活与关于生命或实在之理论的紧张关系。"[1] 用康德的逻辑作为欧洲科学的新工具之后，李凯尔特决心为自然科学和精神科学划定新的界限。但它首先需要重新考虑文德尔班的旧方法。

文德尔班在他的科学理论以及相应的通则和个案逻辑区分中，声称同一个对象可以被自然科学研究和历史研究共同关注。研究人员的主观兴趣则成为对象意义的最终标准。但李凯尔特感到文德尔班并未在学术判断和科学概念的构成之间作出足够细致的区分。作为研究对象的"事实"并未直接给予；它们最初由科学概念的工作给出，而我们在作出判断之前必须考虑这些概念。紧扣文德尔班主张的知识论意义，李凯尔特回到康德的《纯粹理性批判》，并重新强调概念的构成对判断活动的逻辑优先性。这种区分让我们有必要将自然科学和精神科学的差异视为分类问题，而非概念构成的问题。[2] 李凯尔特在其《科学和历史》中再次指出："决定了科学方法的形式特征必须隐含在它借以把握实在的概念构成方式中。"[3] 因为这种概念构成的想法在李凯尔特的整个科学理论中占据十分中心的位置，我们也需要谨慎地看待这个术语。

概念构成代表了李凯尔特对现实世界中的感觉材料进行组织、为其制定秩序以及对之理性化的过程。正如我们看到的那样，概念和实在对李凯尔特而言乃理解一个对象的两种完全不同的元素。离开了人类而存在的实在是非理性的；只有通过概念化的过程，我们才能将其理性化。所有完全"如其所是"——即忠实于存在的全部细节对其进行概念表达——地描述实在的企图

1　Rickert, *Die Philosophie des Lebens*, 110（强调系本书作者所加）.
2　Rickert, *Science and History*, 55–56; *KN*, 53–54.
3　Ibid., 38; *KN*, 37.

也因此注定是要失败的。[1] 李凯尔特强调了他的主张的两个理由。首先，自然界中任何过程的广泛空间细节都是无限复杂的。他认为，经验实在并不表现出明确而绝对的界限："大自然不会陡然一跃；一切都在流变。"[2] 实在的各个部分之间存在不间断的联系，这是有限的思想无法把握的。李凯尔特称这个空间广延上的无限为"一切实在的连续性定理"[3]。接着，李凯尔特将注意力转向了经验世界中任何一个过程的密集细节，并且发现没有任何完全相同的事物或事件，事物或事件之间充其量只有相似性。每个事物或事件的所有空间和时间组成部分都不相同，无论它们相隔是近还是远："换言之，一切实在都表现出明显而独特的个体印记。至少无人能说他曾遭遇过实在中任何绝对同质的东西。一切都各不相同。"[4] 李凯尔特将每个部分的"密集无限性"标记为"一切实在的异质性定理"[5]。

李凯尔特指出，如果我们把连续性定理与异质性定理相结合，则无论我们查看世界上的任何地方，都会发现"持续的差异"[6]。通过将实在理解为非理性的异质连续体，李凯尔特重申了经验世界对人类为其做出的全部描述、再现或表象方面的根本抵抗。李凯尔特在《自然科学概念构成的界限》中强调了这一事实。"作为一个原则问题，"他写道，"有限的心灵通过将所有具体现象按照其实际存在的方式表象到个人头脑中而获得关于世界的知识，这是无法完成的任务……无论谁从一开始就把'世界的知识'理解为其实际再现，都必须放弃科学近乎表象了作为整体的世界的知识这种观念。"[7] 异质连续体在知识面前就是实在。如果知识真的存在，事物的无限多样性则必须被"消除或

---

1 Ibid., 32; *KN*, 31 (cf. *Die Grenzen*, 36).
2 Rickert, *Science and History*, 33; *KN*, 31.
3 Ibid., 33; *KN*, 32.
4 Ibid., 33–34; *KN*, 32–33.
5 Ibid., 34; *KN*, 33.
6 Ibid., 34; *KN*, 33.
7 此处的翻译来自：Thomas Burger, *Max Weber's Theory of Concept Formation* (Durham, N.C.: Duke University Press, 1976), 21, 并且参考了此前一个版本：Rickert, *Die Grenzen der naturwissenschaftlichen Begriffsbildung* (Tubingen: Mohr, 1902), 34。其他来自 *Die Grenzen* 一书的引文都出自前文提到的1929 年版。

克服",这只能经由概念实现。[1] 概念简化了实在;它们把心灵中遇到的现象集合简化到可控制的比例,并将这种实在转变成为某种人为造成的理性对象。正如李凯尔特十分清晰地说道的:"若无概念……任何关乎最小和最简单物质实在的知识都是不可能的。概念的形成……必然与语词对实在的所有判断联系在一起。"[2]

李凯尔特的概念构成原理遵循了笛卡尔-康德以降的整个现代主义思想传统,其基础是主体与客体之间的知识论区分。恰当地说,在《知识的对象》一书的第一句话中,李凯尔特便毫不含糊地说道:"除了认知的主体以外,认识的对象也属于知识的概念。"[3] 然而,李凯尔特认为,与幼稚的现实主义和自然主义的主张相反,对象绝不可能从其作为实在之组成部分的物自体的角度加以认识,而只能作为概念的重建形式加以认识。于是,实在的知识绝不可能被认为是存在的知识,也不与其一致,因为情况总是,主体首先奠定了存在的意义。在这些康德式旨趣的推动下,李凯尔特开始相信整个哲学事业都转向了与知识基础相关的知识论问题,而非关乎存在之理据的存在论问题——这种区分对其科学方法论产生了深刻影响。

第四节
自然科学方法与历史方法

一、自然科学概念和历史概念之构成原理

在李凯尔特的科学纲领中,实在本身与自然和历史皆无关系,它存在于人类意识之外,是一种异质的连续体,无限多样和广泛,也是一种无断裂的构造。李凯尔特自己经常使用赫拉克利特式的永恒流动的溪流隐喻。[4] 他解释

---

1 Rickert, *Die Grenzen*, 42.
2 Ibid.
3 Rickert, *Der Gegenstand der Erkenntnis*, 1.
4 Rickert, *Science and History*, 33; *KN*, 32; *Die Grenzen*, 35.

道，每当使用自己的理性时，我们都会对这种毫无断裂的构造进行少许切割；我们人为地阻止河流的流动。在决定分析河流时，我们选择要检查的部分；同样，在切割对象时，我们决定在哪里下手。我们的选择取决于我们认为对自己的任务而言重要和不重要的东西。就整体的知识理论而言，对实在的经验世界进行结构化、转化或概念化，就是从中选择有价值的东西。然而，为了确保这种选择行为并非心血来潮或突发奇想，选择的规则必须存在。李凯尔特认为，这些规则恰好就是科学的原则，哲学作为科学之科学的目标在于确保其逻辑完整性。然而，这种完整性只能借助先验观念实现。"如果科学所表现的实在建构不是随意的，"李凯尔特写道，"则它们需要某种'先天'判断，从而有助于科学本身将实在划分为不同的部分……也即是说，科学需要一个选择原则，进而把所与材料中的基本要素和非基本要素区别开来。"[1]

事实选择的"先天"原则担保了所有现实建构的科学性。也即，这一原则并非从事实本身的角度为选择提供理由，而是按照科学家必须如此构建事实的先验逻辑规则为出发点。这种担保反对所有的任意选择。李凯尔特指出了在基本和非基本要素之间作出选择的两种逻辑方法，即自然科学方法和历史科学方法。他认为，理解自然科学或历史的本质涉及对其概念构成原则的深入研究，而非对任何被归类为自然或历史的所谓物质对象的分析。正是基于这种形而上学的知识论，李凯尔特与历史主义者之间的争论才发生转变。

二、个案化和通则化的科学

在李凯尔特的计划中，概念形成的过程取决于人们从实在之流中选择基本要素的目标。这个目标反过来又塑造了选择的对象。李凯尔特用这个见解来解释19世纪学术研究中两种主导方法的差异。他认为，众人对现实的每一种解释在其试图达成的目标上都存在形式上的差异：要么关注实在的一个片段与其他片段共享的普遍特征，要么关注这些片段的差异。在《概念形成、科学和历史的界限》等许多文章中，特别是《知识论的两种方法》中，李凯尔特强调只存在两种知识路径。人们要么把实在的"异质连续体"转化为"同

---

[1] Rickert, *Science and History*, 36; *KN*, 35.

质连续体",要么将其变成"异质的分离体"。¹ 也就是说,人们可以在相似的普遍概念或相异的特定概念中看待全部实在。一种方法定义了自然科学的规程,另一种则定义了历史学的规程。

在李凯尔特看来,自然科学概念以关注某个中心特征的方式,将特定而不连续对象的无限多样性减少到可管理的数量:这些东西之间的共同点。正如他解释的:"用柏格森的一个恰当隐喻来说,自然科学仅制作既适合张三也适合李四的衣服,因为这些衣服并非为他们量身定制。如果它们想要在'量身定制'的基础上操作,则必须为每一个研究对象制定一个新概念。"² 然而,为每个对象制定一个单独的概念在逻辑上是矛盾的,因为每当自然科学想要把注意力转向个体范例时,它们都会寻找某个方法将其纳入一般原则。这样做可以简化单个事物本身的复杂元素。因此,李凯尔特认为,"实在世界的特殊性和个性在所有情况下都构成了自然科学中概念形成的最终界限"³。

利用这种概念形成的逻辑方法,李凯尔特希望证明存在一个必然而绝对的边界,从而能将自然科学和历史的逻辑本质区别开来。作为一门科学的历史学的目标是从连续的实在之流中提取独特、特定而不可重复的元素,进而参考其个体意义来呈现它。正如李凯尔特在《自然科学概念形成的界限》中解释的:

> 每一门科学,甚至历史都必然改造其知觉的材料,并将其置于概念之下。因此,我们希望以这种方式构造自然科学和历史学的对立关系:当我们从其普遍特征看待它时……经验实在就成了自然;当我们从其特殊的个性出发看待它时,就成了历史……方法层面的最终差异只能在用以理解实在的各种概念中找到,因此,逻辑上的关键之处在于,我们需要查看每一种方法是寻找实在中的普遍元素还是特定元素。第一项任务属于自然科学,第二项属于历史学。⁴

---

1 Rickert, *Die Grenzen*, 36–37; *Science and History*, 34–35; *KN*, 33–34. 有关这个概念的解释也可参见李凯尔特的重要文章: "Zwei Wege der Erkenntnistheorie", in *Kant Studien* 14 (1909), 169–228.
2 Rickert, *Science and History*, 45; *KN*, 44.
3 Ibid., 46; *KN*, 45; 参考 *Die Grenzen*, 219。
4 Rickert, *Die Grenzen*, 227.

按照其逻辑任务不同而对自然科学和历史科学作出区分后，李凯尔特一方面希望克服密尔及其德国追随者们的自然 / 精神、身体 / 心灵二元论主张，另一方面，他还试图避免实证主义者仅采纳一种普遍方法的主张。孔德和巴克尔用科学方法本身确定了自然科学方法，并试图借用生物学、化学和物理学原理将历史转化为科学。然而，李凯尔特拒绝了实证主义计划，转而尝试在先验哲学的形式逻辑原则上建立自己的论证。[1] 循着康德的足迹，李凯尔特强调科学方法并非根植于物质对象，而是形式概念。

自然科学中的概念构造建立在通则方法的普遍化基础上，正如文德尔班谨慎地主张的那样。自然科学的研究寻求构建经验的普遍规律。因此，康德可以将自然定义为"事物的存在，只要它是根据普遍规律确定的"[2]。然而，李凯尔特意识到，自然本身并不遵循规律（在某种意义上，它遵循牛顿的物理规律），相反，我们根据科学规律，以自然科学研究的方式建构自然。这种概念的形成根据它们与规律的一致性，进而从实在的无规律异质连续体中选择基本事实。这是普遍化方法的唯一目的：给物理过程的混乱注入规律。

在精神科学中，这种方法在逻辑上是不一致的。如果历史要成为一门科学，就必须遵循基于个案化学科之个性化方法的逻辑。借用自然科学相同的概念构成原则，并将其"法则"用于人类历史研究，这代表了逻辑上的错误。根据李凯尔特的说法，巴克尔和其他试图发现"历史探究法则"（从而将历史转变为科学）的实证主义者对科学"定义"这个问题感到困惑。[3] 科学可以是概括的、通则的、寻找规律的，它也可以是个性化的、个案化以及特定的，但它就是无法二者皆备。为了澄清这种逻辑混乱，李凯尔特专注于概念形成的问题，并将其作为定义了历史科学中的选择原理的方式。通过将价值哲学问题作为全部选择原理的基础，他希望提供一条摆脱传统科学理论困境的出路。

---

1 李凯尔特在下述作品中扩展了这个论证：*Die Probleme der Geschichtsphilosophie*, 27–37.
2 Kant, *Prolegomena*, 42.
3 实证主义历史编纂学的例子，可见 Henry Thomas Buckle, *History of Civilization in England*, vol. 1 (New York: Appleton, 1870), 尤其是 3–4。

三、历史方法的价值问题

在包括科学在内的全部生活领域，李凯尔特发现，我们被迫在重要和寻常之间作出选择。在《自然科学概念构成的界限》中，他通过对一块普通煤炭和钻石的价值作出对比，从而提供了这种选择的一个例子。[1]他用这种方式阐明了历史概念形成的过程。他指出,经验世界中的煤炭比钻石多得多。然而，一块煤炭和一颗钻石一样，它也是和岩石、树木、鸟儿、花朵等所有其他尘世对象不同的独特物体。更重要的是,这块煤炭因其在时间和空间上的独特性，而又和其他煤炭有所不同。然而，区别一块煤炭和一颗钻石的却不仅仅是独特性的印记。仔细查验之后，我们发现，其中的关键之处在于"价值"这个概念本身。单个煤炭分成多个部分并不会减损其价值，然而，我们不能对钻石作出同样的描述。作为不可分割之物，钻石的价值完全取决于此。正如李凯尔特解释的："钻石的意义取决于附着于其不可替代性的价值之上。钻石不应该被分割，因为它是有价值的，这个原则同样适用于'个别'物体。"[2]将同样的个体价值论原理用于历史和文化领域后，我们能够更好地理解历史概念形成在李凯尔特思想中的作用。

对李凯尔特而言，价值或存在是理解历史科学的核心概念。但人可能正当地提问，这个价值来自何方？其源头为何？它成立的理由是什么？严格遵循康德的原则，李凯尔特从纯粹先验的角度回答了理由的问题。他认为，价值观并非某种存在论上的"存在"；它们既不具有物质实质（material substance），也不占据存在世界的空间，而是基于形式原则而成立。它们成立的理由是逻辑的或者价值论的，而非存在论的——用李凯尔特的话说，存在（being）是"是"（is/ist），价值是"应该"（valid/gelten）。[3]然而，在其旨在

---

1 Rickert, *Die Grenzen*, 315–318.

2 Ibid., 317.

3 对价值哲学之基本原理的精彩讨论见：Herbert Schnädelbach, *Philosophie in Deutschland, 1831-1933* (Frankfurt: Suhrkamp, 1983), 199–224; Johannes B. Lotz, "Sein und Wert", *Zeitschrift für katholische Theologie 57* (1933): 557; August Messer, *Deutsche Wertphilosophie der Gegenwart* (Leipzig: Reinicke, 1926); J. E. Heyde, *Wert: Eine philosophische Grundlegung* (Erfurt: Stenger, 1926). 对这种立场的批判见：Parvis Emad, "Heidegger's Value- Criticism and Its Bearing on a Phenomenology of Values", in John Sallis, ed., *Radical Phenomenology* (Atlantic Highlands, N.J.: Humanities Press, 1978).

成为"价值哲学"新工具的最重要作品《哲学系统》中，李凯尔特承认，就像所有"基础"概念一样，价值的概念不可定义。[1] 人们可按照价值思考，但价值的概念本身无法被思考。[2] 为了澄清此点，让我们更仔细地查看李凯尔特关于煤炭和钻石的例子。

正如我们之前看到的，李凯尔特的钻石价值（与煤炭的共性相反）并不存在于钻石本身的材料特性之中。相反，价值通过某些商定的文化概念附着在钻石上，这些概念塑造了这块岩石在存在论上的独特性，并使之具有价值。当考虑历史对象的价值时，我们可以注意到类似的逻辑也在起作用。就其本身而言，拿破仑和法国大革命的存在对我们所谓的"历史"都必不可少。然而，经由它们，我们认识到对自己来说重要的某些价值观。仅当与这些价值观产生联系后，历史对象才真正走进历史；若无这些价值观，历史对象则不过是人类活动混乱过程中的又一个单一事件，其重要性不甚于面包的烘焙和刷牙——这些主题如今对历史文化学家而言比较重要，但对李凯尔特而言，他所在的聚焦于政治历史和传记的传统对此几乎毫无兴趣。历史的文化任务在于为关联非重要事件与基本价值的事业注入自主的标准。正如李凯尔特在其《历史科学的逻辑》一章中解释的：

（一个对象）独特而具体的含义……与普遍的价值概念最接近的关系是，我们附加了个性且具有历史意义的对象，无一能在不诉诸普遍价值的情况下获得历史意义和重要性。具体的意义首先是在历史中经由普遍价值"构成的"。真实物体中发现的具体意义以及选择的历史原则，并不在于现实存在的领域，而在于价值的领域，而且正是从这里开始，个体价值相关的方法和历史中有意义的材料之间的关联必须得到理解。[3]

---

[1] Heinrich Rickert, *System der Philosophie* (转引自 *System*), (Tübingen: Mohr, 1921) 114。
[2] Johannes Berger, "Gegenstandskonstitution und geschichtliche Welt", Ph.D. dissertation, University of Munich 1967, 181. 这篇博士论文对这个立场提出了批判。
[3] Rickert, *Die Probleme der Geschichtsphilosophie*, 70.

如果我们回到自己关于价值观及其与历史概念形成之关系的最初考察，我们会发现，对李凯尔特而言，价值观并无历史来源；相反，历史因价值而存在。这些并不实存也无历史基础的先验和绝对价值，无法从其本身加以理解；人只能通过附着在其之上的对象才能接近它们，它们是李凯尔特在文化领域发现的东西。由于其在历史概念形成中的独特作用，李凯尔特将"文化"概念作为重构精神科学之价值问题的重要起点。

第五节
文化科学与自然科学

李凯尔特对"文化"作为理解历史科学的指导性原则的坚决强调，必须在其自身的历史背景中加以解释。就在狄尔泰写作《精神科学引论》40年之后的1926年，李凯尔特试图引入自然和文化之间的术语区分，进而重新建构狄尔泰关于自然和精神之知识论区分的讨论。李凯尔特夸赞狄尔泰是一位细心而博学的思想史家，他的"'复兴'和'同情'历史的天赋在他那个年代可能是独一无二的"。但李凯尔特也观察到，"这位令人尊敬之人在严格的概念推理方面却不具有同等程度的天赋"[1]。狄尔泰用物理或物质为标准来识别自然科学，以及用心理或精神为标准识别人文科学的做法过于关注物质和本体元素了。这种区分忽视了价值观和概念形成的形式特征。因此，当狄尔泰用黑格尔的精神概念来锚定自己的科学知识体系时，李凯尔特认为它不适于历史研究，并为其贴上"过于狭窄"的标签。[2] 李凯尔特的回应是沿着更严格的逻辑路线重构传统的自然/精神二分，并反过来在自然和文化之间提供价值的界限。

康德把自然界定义为"受普遍规律支配的存在物"，如果说这个定义充分

---

1 Rickert, *Hd.Ms.* 31, 203.
2 Rickert, *Die Grenzen*, 526.

描述了自然科学概念形成的作用方式,但它没有为所有科学提供某种详尽的模型。[1] 李凯尔特知道自己必须在文化科学价值导向的研究中反思康德的定义,进而人们能够把文化定义为"受价值支配的存在物"[2]。在《科学和历史》中,李凯尔特为价值和文化建立了联系,并以此为他的上述定义提供了原理:"文化理念为历史科学提供了在其概念形成的过程中选择实在基本方面的原理,就好比在自然科学中,人从普遍规律及相关概念的视角看待作为实在的自然一样。可被视为意义复杂性之真实表达的历史个别性概念,首先由附着在文化上的价值构成,其次则以之为参照而存在。"[3] 因此,自然科学和文化科学并非根据其对象的特殊性而区别开来的,而是根据其方法上的逻辑差异,这是一种纯形式上的区别。[4]

李凯尔特认可文德尔班关于自然科学的方法在于普遍化,而历史学的方法在于个案化的主张,但他相信,这种区别过于宽泛和不精确。在李凯尔特的历史逻辑中,他试图证明存在两种独特性:一则表面的不同(比如一块煤炭),一则是本质上的不同(有价值的钻石),这两种特征只能通过价值概念才得以区别开来。我们只能在决定了文化概念的价值区分基础之上才能理解历史方法论的问题。在《自然科学概念构成的界限》一书中,李凯尔特写道:"文化和历史的概念是相互制约的,并且在双重意义上彼此关联:文化价值本身就让作为一门科学的历史成为可能,历史发展本身也带来了文化价值得以附着的对象。"[5]

1　Kant, *Prolegomena*, 42.
2　Herbert Schnädelbach, *Die Geschichtsphilosophie nach Hegel* (Freiburg: Alber, 1974), 151.
3　Rickert, *Science and History*, 83–84; *KN*, 81–82.
4　Rickert, *Die Grenzen*, 523.
5　Ibid., 522–523.

第六节

历史科学的价值和客观性

与文德尔班对自然和精神科学的分类学修订相比,李凯尔特为文化科学提供新理论的策略显得更为激进。从非常实际的角度出发,李凯尔特试图为历史考察提供能确保其科学严谨性的逻辑理论。如果人们要确保历史作为文化科学的地位,则必须承受观念论者、实证主义者以及旧历史学派的实践者们的批判。李凯尔特对这些批评很敏感,事实上,在重写其主要作品《自然科学概念形成的界限》和《科学与历史》等书时就多次尝试将这些批评纳入其中。前一本书出过五个版本,后一本出过七个版本。[1] 每一次,李凯尔特都尝试回应比彻、弗雷绪耶森-科勒(Frischeisen-Köhler)、特勒尔齐、狄尔泰、齐美尔和梅尼克等思想家的各种批评。[2] 接下来,我试图集中讨论当代批评中的独特一面——价值观和历史客观性——以澄清李凯尔特立场的独特性。

在研究了从培根、开普勒、伽利略、牛顿和笛卡尔以降的科学史后,人就会注意到哲学家和科学家是如何寻找科学方法之客观、系统的普遍标准的。这些思想家已经从根本上提出了一套新研究模式,他们会优先将客观性的理想作为推进真理的最系统方式。李凯尔特的价值理论似乎与这种长期而古老的传统背道而驰,因为他的价值原则似乎与科学客观性的要求并不一致。然而,李凯尔特试图提出一种新的科学逻辑以克服这种明显的矛盾,它将在客观性和主观性的竞争主张之间实现知识论的平衡。正如他在《哲学体系》中解释的:

> 与科学本性不一致的似乎是,价值观应该在其发挥作用的领域起到决定性作用,甚至应该成为其概念构成的原理。人们正确地希望历史学家"客观地"提供一些东西,即便这个目标无法完全实现,但它仍然提供了一种逻辑理想。

---

[1] Rickert, *Die Grenzen*, vii–xxxi.
[2] 李凯尔特对比彻的评论见:*Die Grenzen*, 476, 613;对狄尔泰的评论见:125, 181-183, 488;论齐美尔见:272, 574;论梅尼克见:xxvii, 335;论特勒尔齐见:xxvii, 539。

这与历史方法的本质在于将对象和价值观相互联系的争论有何关系？难道研究现实世界组成部分的每个学科想一直保持实在之科学的地位，就必须与其他所有学科保持距离（除了逻辑价值）？[1]

李凯尔特试图在"自然"和"文化科学"概念形成的方法之间作出逻辑区分，从而回答这些问题。他认为，没有人能够认真地主张，对实在的某种绝对而价值无涉的观察是可能的。[2] 在一定意义上，每一次观察和研究中的对象都必须"吸引"观察者。在承认这种吸引力的前提下，人也必须承认价值的意义。然而，从逻辑上讲，这个价值并非片面主观的，它能反映观察者的客观兴趣。例如，自然科学家的兴趣在于他们关注每个个体范例共享的一般特征，在此，共性的价值起决定作用。然而，对历史学家而言，概念形成的过程有所不同，他们反而会关注个别范例中具体的独特性。正如我们在煤炭和钻石的例子中看到的，李凯尔特眼中有两种截然不同的个体性，它们都具有价值：表面的不同和独特的个性，或者换言之，"无关紧要的"和"重要的"。但在《哲学体系》中，李凯尔特声称这种区别并非任意的："个体只能参照价值才能成为'重要的'。"[3] 在这种区分的基础上，李凯尔特认为，他可为历史相对主义问题提供知识论解决方案。

在李凯尔特的自然科学和历史的选择系统中，价值乃自然中的一种形式的、先天的原则，它是有效的 (geltend)，而非实存的（seiend）——它作为绝对的参照点，世上全部对象都可根据它得到判断。从具体的历史条件讲，这意味着人们藉以判断事件的价值本身并不受时间的约束。李凯尔特通过将这些价值引入文化来解释这种悖论。李凯尔特反对历史主义者和生命哲学家的主张，他拒绝时间性和历史性的意义，并坚称价值是超越历史的和跨文化的，其有效性是绝对的和不变的。它们并不单独存在，而是在宗教、艺术、国家、社区、经济组织、道德规范等文化载体中表现出来。随着文化价值观的分离——

---

1 Rickert, *System*, 219.
2 Ibid., 218.
3 Ibid., 219.

其基础是先验的，但其表达是历史的——李凯尔特确信他已经找到了克服主观、价值负载的文化和客观、价值无涉的文化科学之间分歧的手段。

在将这些洞见应用于历史研究的具体问题时，李凯尔特明确区分了"估价"与他所谓的"价值参照"。他的论点如下：对从事特定领域研究（如法国大革命）的历史学家而言，他们必须首先对自己的主题感兴趣。然而，这种兴趣并不需要破坏其客观性，因为一个人可以对某个主题产生实际的兴趣，但又能达到理论上的客观性。法国大革命的实际价值不必与理论上参照的价值混淆。事实上，在很多情况下，历史学家的兴趣实际上属于某种文化，而非仅仅出于个人旨趣，这取决于文化共同体的共识——其语言、宗教、教育、艺术、经济结构、法律、文学、科学等等。因此，作为研究者，历史学家可能会共享同样的文化价值。例如，法国历史学家们可能对大革命在政治或社会方面的某些影响莫衷一是，但仍然热衷于它们对现代世界的影响。然而，在评价革命的时候，人需要从无数个历史事实中选择那些似乎有些相关的。选择这些史实的时候，史学家们会以某种叙事传统为引导，并决定政治批判、文化批判、经济批判或知识分子批判何者优先。每种不同的观点都会产生不同的解释；尽管如此，每一个都对历史研究人员的特定群体有价值。用李凯尔特的话说，从法国历史的异质连续体中选择一个片段，并将其融入更大的历史叙事之中，历史学家们参考的是价值观，而非某种自行决断。

李凯尔特一直坚持认为，"实际估值和对价值的理论参考是两个逻辑上截然不同的行为"[1]。人可以清楚地确定一项具体的行为（路易十六的死刑）对法国大革命史的重要性，而不承认这种行为是促进还是阻碍了特定文化价值（政治自由）的实现。为了澄清他的立场，李凯尔特解释道：

> 人将某个对象视为价值上重要的东西或者文化产品的实现形式，这并不意味着后者受到了重视，因为评价必然要么正面要么负面。附着在实在组成部分之上的正面或负面价值可能是个有争议的问题，尽管它援引某些价值而

---

1 Rickert, *Science and History*, 89; KN, 97.

具备的历史意义是毋庸置疑的。例如，历史学家因而本身无法决定法国大革命对法国或欧洲到底是有益还是有害。这种判断需要评估……简而言之，评估必须始终包含赞扬或责备。援引价值观则两边都不靠。[1]

仔细区分评估行为和援引价值观的行为后，李凯尔特希望为历史主义的客观性问题提供合理的解决方案。例如，兰克就曾呼吁作为一名科学的历史学家应该保持严格的公正。在方法论上，李凯尔特试图达到"消灭自我"的境界，这能为"如其本身"重新创造历史上划时代的事情提供担保。[2] 虽然李凯尔特对兰克有关历史客观性的渴望表示同情，但他无法不加批判地接受兰克的理想。当然，人们需要克服自己对历史事实的所有任意扭曲；然而，他认为，"这并不意味着，事情就像兰克所认为的那样，历史客观性只是在没有任何有序原则的情况下，人对事实的单纯复制"[3]。李凯尔特声称，历史学家作为一名文化科学家，总是要将事实与价值观联系起来。如果人们没有选择的标准，对自己的研究也缺乏特别的兴趣，则一切都将没有意义，一切也都将简化为价值无涉的"自然"。

李凯尔特并未把这种兴趣视为无意义或者不恰当，相反，他承认，兴趣在历史学术的实际世界中确实左右了价值判断。李凯尔特十分现实主义，这足以让他看到，没有什么历史作品可以"完全摆脱正面或负面的评价"[4]。然而，他还坚持认为，历史学家对公正判断的提出以及学术客观标准的维持负有严格的责任。历史学家可能会对法国大革命提出自己的意识形态解释，但这样做却超越了历史科学的恰当范围。作为文化科学家，他们的任务是援引价值观，而非作出判断。但李凯尔特的观点并不像真正的历史学家那样令人信服，他们中的许多人认为，李凯尔特专注研究逻辑让自己错失了历史现实的基本经验。

---

[1] Ibid., 90; *KN*, 88–89.
[2] 对兰克的立场更加全面的讨论见 Leonard Krieger, *Ranke: The Meaning of History* (Chicago: University of Chicago Press, 1977).
[3] Rickert, *Science and History*, 85; *KN*, 83.
[4] Ibid., 91; *KN*, 89.

第七节

因果关系和价值观：李凯尔特的先验哲学和梅尼克的历史主义

李凯尔特在《自然科学概念构成的界限》中的理论贡献在于其涉及科学研究之优点的持续讨论。他在这本书中试图把历史价值问题重新塑造成作为科学之科学的哲学知识论问题。从这个意义上说，李凯尔特的作品标志着历史主义发展的新阶段，或者更确切地说，其作品是对历史主义传统产生的问题的哲学回应。因为，如果1880年到1930年代表了历史主义哲学问题自身意识的觉醒，则新康德主义和狄尔泰之间的争论也会强化这种自身意识。这里值得注意的是，新康德主义者的逻辑和狄尔泰关于历史客观性、评价和偏见等问题的解释学之间的冲突，是如何有助于强化现代主义的基本哲学预设，又是如何让主体/客体的形而上学的矛盾及其对科学确定性的需求成为焦点的。在海德格尔对新康德主义者的逻辑的解构过程中，这些形而上学主张作为历史经验的一种实体化（hypostatization）的破产以一种新的方式被揭示出来。然而，对其全部问题而言，新康德主义思想也起到了积极的作用。海德格尔主张，仅在这种实体化的形式中，主体/客体的形而上学困惑才能真正显现。因此，对于海德格尔来说，尽管新康德主义对历史主义危机的"解决方案"失败了，但这种失败却引发了人们对整个历史主义问题之缺陷的关注。另一方面，海德格尔认为狄尔泰的作品在新的意义上开启了历史主义的整个问题。在他看来，狄尔泰对历史存在的探究与李凯尔特一样，他们都没有把历史真理的问题简化为单纯的历史概念形成问题，而是开辟了历史经验的现象性和历史性。在接下来的两章中，我会更充分地讨论这种转变的含义，但我首先要讨论的问题是李凯尔特与历史主义遭遇中那些重要的哲学问题。我以李凯尔特的历史逻辑为起点，看看他的作品是如何被当时的梅尼克接受的。

1928年，梅尼克在《历史杂志》撰文，试图为李凯尔特关于历史客观性的讨论提供替代方案。在名为《历史中的因果关系和价值观》的文章中，梅尼克用必然和自由的康德式二律背反确定了原因和价值的根本对立，并主张这些范畴最终与哲学逻辑相关，后者用以区分科学中的通则方法和个案方法。[1] 梅尼克在一开始就确定了德国思想中试图解决因果关系和价值关系问题的三大传统：经验主义中的实证主义－自然主义学派，关于理解（Verstehen）的生命哲学理论，以及新康德主义的历史逻辑传统。[2] 梅尼克认为，实证主义传统试图用客观科学抹掉主观价值，而生命主义者则以牺牲严谨的方式强调价值；新康德主义者则试图通过将康德的因果关系类别用于价值科学来解决这个问题。梅尼克对李凯尔特的知识论工作表示了极大的同情，甚至支持他的科学目标，但最终，他批评李凯尔特过分强调因果关系而牺牲了历史学家的生活兴趣和个人身份。

为反对实证主义者和生命主义者，李凯尔特试图以科学的方式把因果关系和价值观结合起来，进而证明如果没有原因这个概念，作为一种科学形式的历史必然会终止。他质疑实证主义者的假设，即历史因果关系可从寻找规律的自然科学因果范畴角度解释。李凯尔特认为，历史因果关系是单独的，而非普遍的，它是原因上有序的事件之独特过程（缺乏普遍必然性）的结果。[3] 例如，弗里德里希·威廉四世拒绝德意志王权的原因就是独特而不可重复的。在单个奇特事件的基础上，人无法构建某种普遍的帝国继承理论。但历史研究仍然可通过把独特的原因与政治权力等普遍价值联系起来等方式对事件展开科学解释，从而保证历史学家绝非出于个人原因而对某事件感兴趣，其兴趣由历史本身的因果过程决定。在这个意义上，历史就是永恒普遍价值观的客体化表达。在选择相关材料时，历史学家不是在表达主观意见，而仅仅是在援引价值观。梅尼克回应了李凯尔特的论点，并声称这种推论并未充分反映历史学科的现实情况。

梅尼克同意李凯尔特的观点，即历史学家会根据普遍共享的文化价值原

---

[1] Friedrich Meinecke, "Kausalitäten und Werte", in *Zur Theorie und Philosophie der Geschichte* (Stuttgart: Koehler, 1959), 61–89.
[2] 梅尼克对这三个传统之批判的进一步讨论见 Walter Hofer, *Geschichtsschreibung und Weltanschauung*, pt. 1 (Munich: Oldenbourg, 1950), 39–318。
[3] Rickert, *Die Grenzen*, 376–377.

则选择时间线上的无数事件:"在寻找因果关系的背后,总是直接或间接地寻找价值,寻找称得上是文化的东西。"[1] 然而,他并不接受李凯尔特的如下主张,即作为文化科学家的历史学家只会参考价值,而非真正地评价过去的事件。[2] 在回答历史学家是否满足可完全消除全部主观倾向的条件时,梅尼克简单地回答说:"这不可能。"[3] 他坚持认为:"如果没有评价,哪怕援引价值对事实作出选择也成为不可能。正如李凯尔特认为的,事实得以参照的价值观主要在宗教、国家、法律等普遍领域才是可能的。但历史学家不仅会根据这些普遍范畴选择材料,而且会根据他对材料具体内容的实际兴趣作出选择。他将这些材料作为或多或少有价值的东西紧握在手,并且对其进行评价。"[4]

对于梅尼克而言,评价"不仅仅是历史学家活动的多余副产品"。他同意李凯尔特的观点,"历史学家可以不对其研究的对象作价值判断",但他指出,"缺乏此种评价的历史记录要么仅仅是史料的堆积和为真正的历史写作做准备,要么声称自己是真正的历史,却很乏味"[5]。梅尼克认为,历史学家必须对历史材料的评价有自己的立场,而这样的评价必然是主观的。一个人的立场的主观性是其研究方法的组成部分,它也是从人们的行为将其界定为文化科学家的东西。在第五版的《自然科学概念构成的界限》(这一版特别为回复梅尼克的反对意见而做了修订)中,李凯尔特回应说,任何对主观性的让步都会破坏科学的逻辑理想。[6] 主观地评价历史是为了摆脱科学对客观性的要求。然而,李凯尔特与梅尼克就逻辑和客观性问题发生争执的核心,乃是他们对构成哲学"主体性"之适当领域的根本分歧。尽管李凯尔特遵循康德式先验主体的概念,但梅尼克(遵循历史主义者的"理解"观)则从生命主义的角度把主体性定义为"进入那些依照艺术直觉行动的灵魂,从而为逝去的生命

---

1 Fritz Stern, ed., *Varieties of History* (New York: World, 1958), 273; Meinecke, *Zur Theorie und Philosophie*, 68.
2 Rickert, *Die Grenzen*, 335.
3 Stern, *Varieties of History*, 273; Meinecke, *Zur Theorie und Philosophie*, 68–69.
4 Ibid.
5 Ibid., 497; Meinecke, *Zur Theorie und Philosophie*, 68.
6 Rickert, *Die Grenzen*, 335.

注入活力——如果没有输入自己的生命血液就无法做到这一点"[1]。在梅尼克的解读中，主观性本身就构成了独特的价值，它为个人提供了普遍原则和规律之外的存在理由。根据赫尔德的新古典主义人性理想，梅尼克认为，每个单独的个体都是根据自己的价值观成长和被塑造的，这价值反过来又总是与历史发展相关。尽管抱有自由人文的历史主义乐观腔调，但梅尼克明白，这种价值相对论可能仍会成为"相对主义、无政府主义、偶然性和任意性"等危险的牺牲品。[2] 他始终坚信，防止相对主义的虚无主义后果占领德国生活的唯一办法，则是深入献身于道德良知和"信仰"。[3] 历史真相可能是相对的，但梅尼克仍然相信，存在一种"未知的绝对"，它是"全部价值观的创造性基础"。即便"历史主义和相对主义同属一体"，梅尼克也承认，相对主义不一定就是有害的。[4] 对个人主观性的要求"可能要么是肯认生命，要么是否定生命"[5]。无论如何，其后果是道德的，且涉及生活问题，而不仅仅与科学有关。最终，对梅尼克而言，价值和文化问题是宗教和形而上学的，它永远无法通过逻辑或知识论解决。摆脱相对主义、主观主义和历史主义危险的办法在于接受"灵魂中原始而非理性的基础"[6]。

第八节
李凯尔特对历史主义问题的回应

梅尼克的文章因个人对历史学术的重要性而作，该文的关切体现了他对

---

1 Stern, *Varieties of History*, 283; Meinecke, *Zur Theorie und Philosophie*, 82.
2 Ibid.
3 Ibid.
4 Friedrich Meinecke, *Die Entstehung des Historismus*(Munich: Oldenbourg, 1965), 94, 577; *Zur Theorie und Philosophie*, 203.
5 Meinecke, *Zur Theorie und Philosophie*, 204.
6 Meinecke, *Die Entstehung des Historismus*, 95. 尤其参阅 Jörn Rüsen 的精彩文章，"Friedrich Meineckes Entstehung des Historismus"， in Michael Erbe, ed., *Friedrich Meinecke Heute* (Berlin: Colloquium, 1981), 76–99。

尼采的文章《论历史对人生的利与弊》的解读。[1] 与尼采一样，梅尼克谈到"历史对创造性生活的用处"和"历史思想对现在的用处"，并把歌德作为创造性历史感性的象征。[2] 然而，尼采把过量的历史文化视为颓废的表现，认为它不健康且虚无，梅尼克则将其肯定为生命主义的重要倾向。他承认历史主义可能导致相对主义和虚无主义，但他也试图指出这些后果的积极影响来抵消相关担忧。梅尼克深信，历史相对主义会迫使人们在当下面对道德选择。用他的话说："这让我们在精神上更富有，进而旋即让我们与过去的人民和宝藏发生直接的'生命接触'，这教会我们理解人类和国家命运中永恒的变化和转变节奏——所有这些不仅具有破坏性元素，而且必须拥有自身的创造力。"[3] 因此，在其对历史相对主义危机的反思中，梅尼克称历史主义是"最高意义上的生活问题"。[4] 人若把历史相对主义视为文化的威胁，就是对其道德价值的严重误解。梅尼克在《历史主义的兴起》中写道："我们可以看到，它（历史主义）是人类理解力方面迄今所能达到的最高阶段，并相信它能充分发展以解决我们仍旧面临的人类历史问题。我们相信它有能力治愈它自身把所有价值相对化所带来的创伤，前提是它能找到可把这种'主义'转化为真实生活用语的人。"[5] 对李凯尔特而言，梅尼克提问的基础，或者他提出历史主义问题的条件，在哲学上是不可接受的。

梅尼克强调生活作为历史探究的起点，这似乎对李凯尔特显得稀奇且有破坏性。在其《生命哲学》（1922）中，李凯尔特拒绝了梅尼克的生命主义预设，并坚持认为，"在对生命的哲学化方面，单纯的生命哲学是不够的"[6]。哲学需

---

1 见 Friedrich Meinecke, *Historism*, trans. J. E. Anderson (London: Routledge, 1972), l–li. 中的导言部分。也见：Friedrich Meinecke, *Vom geschichtlichen Sinn und vom Sinn der Geschichte* (Leipzig: Koehler and Amelang, 1939), 13; Friedrich Nietzsche, *Untimely Meditations*, trans. R. J. Hollingdale (Cambridge: Cambridge University Press, 1983), 57–123.

2 Meinecke, *Vom geschichtlichen Sinn*, 13, 97.

3 Ibid. 在 "Values and Causality in History" 中，Meinecke 写道，"如果没有对价值的强烈渴望，因果探究就成了毫无生气的任务。" Stern, *Varieties of History*, 276.

4 Meinecke, *Zur Theorie und Philosophie*, 341.

5 Meinecke, *Historism*, lvii.

6 Rickert, *Die Philosophie des Lebens*, vü.

要逻辑和科学的严谨。作为知识论原则具象化的鲜活经验对二者都起了破坏作用。在确定生命价值的来源，以及良心和信仰对生活的道德要求时，梅尼克屈从于所有价值的相对化。他对生命、浪漫和尼采式价值解读的强调仅仅成功地再现了历史主义的陈词滥调，这让它成为"世界观"的代名词。

李凯尔特通过对历史方法展开先验批判，来反对梅尼克的生命历史主义。李凯尔特拒绝接受"理解"（Verstehen）的解释学理论，他认为，一个对象的知识并非直觉地经验它或者同情地确认它而获得，而是根据概念构成原则从形式层面得以建构的。对李凯尔特而言，理解是一种逻辑（而非心理）过程，它可诉诸非历史的主体的方式来克服历史经验的主观性：比如康德的先验自我。在《哲学体系》中，李凯尔特试图通过参考"第三王国"——即"前物理"王国——来为价值建立逻辑基础，这个领域的形式合理性独立于心灵和身体、精神和自然等领域，旧有的科学分类就仰赖于此。在这个形式的价值王国——逻辑学家的乐土——李凯尔特相信他可以为梅尼克的历史主义毒药提供补救。

对李凯尔特而言，前物理世界不同于传统形而上学世界，它并非"高于"物理世界，也并非对之的"超越"，而是"先于"它。然而，用李凯尔特的话说，先天性（priority）并非在时间的意义上理解为按时间序列在物理世界之前。相反，前物理意味着这个领域在概念上先于物理世界。也就是说，与对象和主宰其存在之必然条件紧密联系的经验世界不同，前物理世界是先于客观性的，并且不具有必要条件。例如，李凯尔特主张，我们对客观实在（树木、岩石和花朵）的全部知觉，以及我们对抽象意义复杂性的理解（也即意义构型，比如句子的语义、贝多芬慢板的意义、数学函数等等）之间尽管存在多种差异，但它们都享有一个共同的功能：每一个就像东西一样距离我们很远，而不像主体那样。这些主体都在特定的时空连续体中受到因果必然性的约束。李凯尔特主张，作为具备身体和心理属性的经验主体，我们也遵循相同的因果律。但让我们能够弥合经验主体和经验客体之裂缝的东西，则是非经验、先验的领域，它在概念上先于经验，并且以先天有效性为基础来理解我们所有的知识。在李凯尔特的哲学中，价值建立在一个先于物理学的先验领域，其中仅有价值论的有效性而没有存在论的存在。我们在时间维度中的全部经验最初都基于这种先验基础而得以可能，这与引导自然的因果律相反，它允许自由的维度。正如李凯尔特在他的《系统》中解释的，"行为的自由先于受因果条件限定的对象实在。它让全部实在'成为可能'……因果关系统治了对象的实在世界和心理世界；然而，如果没有自由领域，这个世界将没有任何基础，我们必须经过自由王国才能把握它"[1]。李凯尔特接着说道，如果没有自由，全部的因果联系和客观性都是不可能的。仅在一开始让对象世界存在的主体自由行为，进而让我们能够设想这样一个世界，知识才成为可能。在对第三个先于物理的自由领域呼吁时，李凯尔特认为，他可以克服梅尼克的历史理解中的生命主义和诠释学倾向，并为彻底批判历史主义原则铺平道路。历史主义者的"理解"（Verstehen）仅仅从主观的角度推论了方法论规则之地位，并从实际的角度对理论价值参考做了评价。李凯尔特指责说，这种做法"十分可怕"[2]。

在《历史哲学问题》中，李凯尔特明确反对历史主义，并将其视为整个魏玛文化危机模式的组成部分：

实际上，这种看似积极的历史主义证明了自己只是导向虚无主义的一种相对主义……这种历史主义如果真的合乎逻辑，就必须承认每一个时间中的对象都值得进入历史，而这个东西也因此能够不必依附在任何具体的事情上，因为它必须依附在所有事情上。因此，历史主义在没有原则的情况下制定了一个原则，并将其上升到世界观的高度。就此而言，历史哲学和一般意义上的哲学都应该与之对抗。[3]

李凯尔特在自己未发表的讲座中继续攻击历史主义，称之为"非系统的""相对主义的"和"反哲学的"。[4] 在《自然科学概念形成的界限》中，李凯

---

[1] Rickert, *System*, 305.
[2] Rickert, *Die Probleme der Geschichtsphilosophie*, 129.
[3] Ibid., 129–130.
[4] Rickert, Hd.Ms. 115, draft no.1, 3; Hd.Ms. 115, draft no.2, 4; Hd.Ms.13, 27; Hd.Ms. 31, 760. 这些措辞反复出现在不同的手稿中。

尔特明确表示自己"果断地拒绝一切形式的历史主义",并称之为"危险和单一的";历史主义"要么是相对主义和虚无主义的,要么通过选择这种或那种形式的历史生活来覆盖其消极性和空洞无物,从而找到其世界观的内容"[1]。在《哲学体系》中,他回应了类似的观点。[2] 梅尼克、特勒尔齐和其他历史主义者的问题在于,他们拒绝超越单纯的"历史"维度。[3] 正如李凯尔特一直坚持的,"历史无法为自己解决哲学问题"[4],答案必须来自哲学。任何有关历史知识的危机的解决方案本身都必须与历史相对主义无涉。因此,正如李凯尔特所看到的,如果哲学想要真正"克服"历史主义的危机,它首先必须重新定义历史探究的基本问题。为了做到这一点,李凯尔特转而求助于康德的道德原则。

如果梅尼克和其他历史主义者的价值观代表了良心和信念层面的个人决定,那么,李凯尔特永恒而绝对的价值则构成了普遍人性的伦理律令。这些价值观本身与历史无涉,也缺乏内容,就像历史世界本身没有价值且道德中立一样。李凯尔特的任务是展示这些历史无涉的价值观是如何成为先验主体之基础的,这个主题与历史世界中的经验-心理主体正相反对。在实践中,李凯尔特承认,历史主体试图以实现某些项目、目标和目的的方式来让道德要求具象化,我们称这种现象为文化。众人试图在文化中弥合"实然"与"应然"(Sein and Sollen)、无意义的存在与有意义的历史之间的鸿沟。然而,这种和解永远无法完成,因为历史现实与价值理想之间总有一些不完美的距离。然而,历史生活的意义就在于想要克服这种距离,从而实现普遍的价值——按照李凯尔特的理解,这是一项"不可完成"的任务。因此,历史哲学永远无法提供最后的真理。它尝试加以系统化的价值观作为一种"康德式的观念,它的实现成了全部文化的目标,尽管如此,这些文化必须在知道自己的目标永无止境的情况下努力实现它"[5]。这些先验价值观具备双重作用,因为它们引导科

---

1 Rickert, *Die Grenzen*, 8, 736.
2 Rickert, *System*, 19, 321.
3 Rickert, *Die Grenzen*, 697.
4 Ibid.
5 Rickert, *Die Probleme der Geschichtsphilosophie*, 119.

学家寻求客观性，并为历史过程本身提供文化意义。从这个角度讲，它们通过证明主体也在实现道德目标的律令，进而为历史知识和意义问题提供实际的解决方案。正如李凯尔特在《哲学基本问题》中所写的："如果没有两种存在形式——即如果没有实然与应然的二元性——的紧张关系，则生命绝对毫无意义。没有这种紧张，人们实现文化对象之独特价值的努力也不会成为现实。"[1] 李凯尔特坚称，正是这种道德律令指导着自然科学家和历史学家们的工作，因为科学活动不过是在试图弥合实然与应然的鸿沟。作为科学最高价值的真理要求科学建立在自由而非必然性之上。只有这种从实然到应然的自由能让真理实现为价值的表达。因此，李凯尔特总结道："我们必须把所有自认为能拒绝自由观念的理论视为无效的。其中的关键原因在于，科学即便在考察因果联系时，它本身也是需要自由的。只有不依赖因果关系的理论（先验）主体可以对真理的价值采取立场。仅当我们为这个主体担保可能性时，我们才能认识到真实而有意义的东西。"[2]

在意识到自由在科学中道德律令中的首要地位后，李凯尔特认为自己已经把文德尔班的方法论研究转化为真正的价值问题了。抛开知识论方面的考虑，李凯尔特也能同意自己的对手尼采的断言："价值问题比确定性问题更加基本，后者仅在假定价值问题已被回答的前提下才真正成为问题。"[3] 在自由领域，李凯尔特认为他已经克服了形式主义的指责，因为自由意味着自治，而自治意味着行动。最终，他的历史哲学的根本目标并非理论或形式上的方法，而在于实际的重要事实。李凯尔特对历史主义危机的最终回答在于肯定费希特先验主体的首要地位，这个主体可经由其自身的自由和自身实现（Bildung）的实际要求来确立自身，从而为历史存在（sein）的无意义世界提供伦理意义（Sinn/Sollen）。

---

[1] Rickert, *Grundprobleme der Philosophie*, 228–229.
[2] Ibid., 231–232.
[3] Friedrich Nietzsche, *The Will to Power*, trans. Walter Kaufmann and R. J. Hollingdale (New York: Random House, 1968), 322.

第九节

李凯尔特的历史哲学

尽管李凯尔特试图在他的作品中克服形式主义的指责，但很多人认为他对历史生活问题的态度依然过于抽象和理论化。例如，特勒尔齐便批评李凯尔特在价值系统方面及其对具体历史经验的理解上均过于形式化了。他还认为，李凯尔特的先验逻辑把所有心理事实都解释为空间–物理层面的"异质连续体"的组成部分，而并未承认非理性的作用。[1] 这种方法的影响在于，它破坏了让历史学家得以理解过去的联系。正如特勒尔齐所言，"只要从观念和标准为起点，人就会跌入非历史的理性主义，并丧失自身与经验历史及其实践之间的联系"[2]。梅尼克在特勒尔齐去世几年后撰写的一篇文章中也表达了类似的观点。尽管梅尼克赞扬了李凯尔特值得注意的方法论贡献，但他仍试图证明，哲学只是在解释历史现实方面才会走这么远："现代哲学的首要关切点在于对价值的本质作出决断。历史学家可能会从这种讨论中获益，但他不必也无法拒绝在自己的经验基础上构造价值之本性的想法。从哲学家的观点看，这种观念看起来过于粗略，含糊不清，因此不够充分。但因为它得自历史探究的实践过程，因此与更符合逻辑的抽象程序中得出的观念相比，它可能具备更多的内在确定性。"[3] 梅尼克的批判得到许多与他同时代的人的赞同。

在撰写关于历史探究之逻辑的著作《历史哲学问题》一书时，齐美尔就对人们从过于抽象的层面处理历史研究的实际经验提出过警告。这样做会造成一种"人为的隔绝局面，知识论的转换或者置换方法不可避免会与实际的

---

[1] 特勒尔齐对李凯尔特的批判尤其参考 Ernst Troeltsch, "Die Geisteswissenschaften und der Streit um Rickert", *Schmoellers Jahrbuch* 46(1922): 35–64。

[2] Troeltsch, *Der Historismus und seine Probleme*, 162. 对李凯尔特先验价值理论的另外一种讨论可见 Alfred Stern, *Philosophy of History and the Problem of Values* (Berkeley: University of California Press, 1962), 134。

[3] Friedrich Meinecke, "Values and Causality in History", in Stern, *Varieties of History*, 277–278; Meinecke, *Zur Theorie und Philosophie*, 74.

实践研究相关……因此，这些科学的知识论分析似乎与它们的实际结构并无紧密的联系。通过反思研究过程，抽象层面的研究似乎创造了属于自己的科学结构，一种可以投射到各门科学真实形式中的结构"[1]。许多人因为感觉到李凯尔特忽视了历史实践的实际环境而批判他，齐美尔、梅尼克和特勒尔齐只是其中的一小部分代表。这些生命哲学家和历史主义者想要探究知识之根本及其历史性的基础，而这正是李凯尔特及其先验价值体系严重忽略的领域。但最有先见之明的评论则来自狄尔泰，他与李凯尔特一致认为价值乃历史科学的关键。在其未发表的"遗著"中，狄尔泰写道："如果历史材料和历史过程中缺乏价值决断，则历史现实和历史研究都无从想象。"狄尔泰解释说，仅当"这些价值并非先验价值，而是生命价值时"，它们才有历史意义。[2] 李凯尔特希望把历史生命价值解释为类似于康德哲学中的范畴的表达，即"先天的客体目的论价值"，但他在这样做时犯了错误。[3] 狄尔泰坚持认为，历史价值并非从它们作为活动的先验基础的理想地位得来，而是从它们对历史存在的实际影响中得来。[4]

在其"历史理性批判"中，狄尔泰试图往精神的历史发展中植入精神科学的方法，并以此克服李凯尔特的"先验形式主义"。与李凯尔特一样，他也热衷于提出新的历史知识理论，从而确保历史探究真正的科学品格，同时又让它独立于所有自然科学方法之外。但正是在李凯尔特模仿康德对自然科学和数学做出先验批判的地方，狄尔泰则强调了一种根本的诠释学逻辑。在狄尔泰的解读中，自然和历史的差异无法仅仅追溯至概念构成的形式对照层面。相反，他认为，让我们得以理解历史的经验本身已经超出了自然科学方法所能处理的限度。他同意李凯尔特的观点，即处理历史的合适方法必定是科学的，但他的目标是建立一个以历史为基础的科学。狄尔泰认为，人类"属于历史"，而人类

---

1 Georg Simmel, *Problems of the Philosophy of History* (New York: Free Press, 1977), 147.
2 此处对狄尔泰的引用部分来自其未发表的"遗著"，但这些内容已经被下列作品先行引用：Michael Ermarth, William Dilthey: *The Critique of Historical Reason* (Chicago: University of Chicago Press, 1976), 194.
3 Ibid.
4 Ibid., 193–197.

对历史世界的知识也建立在这种"归属感"之上。因此，对于狄尔泰而言，历史绝不仅仅是一个对象，它绝不是高于主体或者与主体分离的对象。坚持历史客观性的科学理论也永远无法把握到人类与过去的这种独特联系。[1]

新康德式的知识论根植于康德的问题，即客观经验何以可能？循着康德自然科学知识理论的基本原理，李凯尔特相信，自己能够提出具备知识论担保的历史真理理论。但在将康德的自然批判用于历史的先验批判时，狄尔泰声称，李凯尔特遗漏了历史经验的根本特征，即其历史性。对李凯尔特而言，历史对象就像我们称之为"自然"的对象一样，它对历史观察者直接就是"给定"之物，其实在性已经由心灵范畴产生的先验概念构造所决定。按照康德划定的大纲，李凯尔特认为，历史科学必定从其逻辑结构的角度研究历史对象，这条路径定义了新康德主义思想的方法。但像梅尼克和特勒尔齐等历史主义思想家则对这种新康德主义策略抱有严重的疑虑。尽管他们承认，通过强调价值的观念和个体性，李凯尔特把握到了历史思维的根本，但他们相信这种做法也否认了真正的历史发展的可能性。[2] 在梅尼克等人看来，李凯尔特过分强调康德式因果范畴的倾向，只能消除历史生成的动态和活生生的过程。历史本质上是过去的历史，而非等着历史学家去"认识"的"现成"之物，李凯尔特完全忽略了这一点。实际上，时间的距离并非李凯尔特的历史概念构成理论中的逻辑问题。[3] 他的兴趣主要在于科学地呈现形式和历史材料的逻辑综合。李凯尔特压根没有注意到，历史个体并非现成的"知识的事实"（就像赫尔曼·柯亨的数学－逻辑式的事实知识一样），它本身受到时间性存在和解释可能性的多重变化的影响。[4] 正如特勒尔齐注意到的，"他只知道或仅了

---

1 把历史定义为"对象"，就是把它视为一种惰性的"事实"，而非与当下有着生动、有机联系的关联体——也即某种经历的事物。实际上，这是狄尔泰对历史的诠释学理解和李凯尔特对历史知识的逻辑看法的主要区别。

2 Troeltsch, *Der Historismus und seine Probleme*, 236.

3 这种基本的批评是海德格尔式的，伯格在其出色的专题论文"Gegenstandskonstitution"中已经提到这个批评，他从诠释学的角度处理了李凯尔特的知识论。

4 对柯亨更加全面的讨论见 Klaus Christian Köhnke, *Entstehung und Aufstieg des Neukantianismus: Die deutsche Universitätsphilosophie zwischen Idealismus und Positivismus* (Frankfurt: Suhrkamp, 1986).

解康德式的数学时间概念，而并不知晓历史时间或具体而持续的时间概念"[1]。最终，李凯尔特把康德式因果关系应用到历史中时，就会得出一个没有任何发展的静态历史对象组成的世界。在这个缺乏时间变化的离散对象组成的世界中，仅有事实，没有历史性。

李凯尔特的批评者也担心他盲目地无视人类的历史性。他们坚持认为，李凯尔特对先验主体的看法错失了历史意识的本质属性，因为基于逻辑而非历史现实的主体很难理解文化变迁的具体动态。与李凯尔特无时间性的先验主体相对，特勒尔齐和梅尼克提出了"时间主体"的概念，后者认为历史为人类提供了理解过去的"视野"。在肯认人类思想无法逾越的边界的积极意义上，特勒尔齐和梅尼克紧随尼采的步伐，后者在《不合时宜的沉思》第二部分中谈到，人类意识的"历史视野"在于增强生命的可能性。[2] 尼采认为，所有知识都披着解释的外衣，我们只能从有限的角度接近真理，这些角度在时间上受到历史视野的束缚，在空间上则受到文化传统的限制。尼采写道，我们陷入到了一个历史性时刻，乃至于我们越是积极地想要走出这种偏见丛生的境况，进而否认当下时代的局限性，就越是远离了主张人类价值的任何知识。但李凯尔特并未被尼采的批评和特勒尔齐、梅尼克等历史主义者的著作触动。为了"克服""视野"的局限，李凯尔特试图把历史奠定在一个绝对有效的永恒体系中。在背离了当时的配景理论（perspectivism）的情况下，他提出了一种先验的历史理论，但这个理论并未真正解决历史主义思想的潜在危机。

对李凯尔特的作品的最强有力批判来自他在弗莱堡大学的学生马丁·海德格尔，后者指出了他的先验提问方式是站不住脚的。[3] 海德格尔紧随狄尔泰的步伐，强调历史科学的基础并非逻辑，而是人类存在的时间范畴。并且，

---

[1] Troeltsch, *Der Historismus und seine Probleme*, 236.
[2] 尼采在其对历史的"不合时宜的沉思"的第二部分提到过这种观念，但这个概念在整个德国传统中具备丰富的意义。对这个概念更加现代的看法，参见：Hans-Georg Gadamer, *Kleine Schriften, vol. 1* (Tübingen: Mohr, 1970), 7; Ludwig Landgrebe, *Major Problems in Contemporary European Philosophy*, trans. Kurt Rein hardthardt (New York: Unger, 1966), 17，后者把"视野"定义为"人在任何特定的时间内都发现自己能沉浸其中的情境"。
[3] 1916年，海德格尔在李凯尔特的指导下写出了自己的教授资格论文；几个月后，李凯尔特入职海德堡大学接替文德尔班，海德格尔也开始更加紧密地与胡塞尔开展合作。海德格尔对李凯尔特的批判的更多细节，请见第五章。

海德格尔进一步确认，客体"走进"历史并非逻辑的概念－构成的结果，而是因其扎根于时间之中造成的。因此，历史对象不应仅仅被视为历史科学中的"现成事实"，而应被理解为具备时间距离特征的存在形式。把历史简化为单纯的对象会让它失去与过去的根本联系。正如海德格尔在《存在与时间》中所解释的：

即便"历史"的问题是根据科学理论的方式加以处理的，这样做的目的不仅在于对理解事物的历史方式做出"知识论层面的"澄清（齐美尔）——或者在于展现历史概念构成的逻辑（李凯尔特），而且这种方式关注的是"对象的侧面"，因此，只要问题以这种方式提出，我们就只能从科学对象的角度研究历史。于是，历史的基本现象（它先于历史科学任何可能的主题化）则无可挽回地搁置了。而历史成为历史科学的可能对象的原因，我们只能从属于历史的存在中总结——从其历史性及其扎根于时间性的方式中寻求。[1]

到 1927 年，海德格尔已出版了其《存在与时间》，新康德主义已逐渐式微。李凯尔特的职业生涯行将结束，其影响力也在减弱。历史主义者和生命哲学家们对"形式主义"和"先验抽象"的指责依旧在继续，但此时，人们对李凯尔特历史逻辑的全新批判已开始出现。随着海德格尔对存在之历史的全新强调，新康德主义者的根本问题已发生改变。正如路德维希·兰德格里贝（Ludwig Landgrebe）指出的，海德格尔对有关历史主义危机的辩论的真正贡献在于，他证明了"如果缺乏新的存在论，精神科学就无法获得其哲学基础"——这个证明也是《存在与时间》的任务所在。[2] 就像在其名为"时间概念史"的马堡讲座（1925）中一样，海德格尔在这本书中也批判了文德尔

---

[1] Martin Heidegger, *Being and Time*, trans. John Macquarrie and Edward Robinson (New York: Harper and Row, 1962), 427; *Sein und Zeit* (Tübingen: Niemeyer, 1976), 375.（本书中涉及《存在与时间》的译文，大多参引了陈嘉映、王庆节所译《存在与时间》，三联书店 2000 年版，部分会根据作者行文做出更改——译者注。）

[2] Landgrebe, *Major Problems in Contemporary European Philosophy*, 119.

班和李凯尔特,原因在于他们的"空洞的方法论"。[1]为了强调知识的先验条件,他主张:"他们已不再探求这些实在本身的结构了。他们的主题仅仅局限在科学展现出的逻辑结构上。而且这一步走得太远,乃至在李凯尔特的科学理论中,我们已无法识得他处理的科学的面目了。他只是制定了科学的计划。这种扭曲狄尔泰的提问方式,并使之平凡化的做法会导致可疑的结果,比如隐藏其真正的意义,并且阻碍其至今为止的积极后果。"[2]

按照海德格尔的说法,狄尔泰的正面成就在于,他摆脱了新康德主义者们对"空洞方法"的关注,并且把哲学的注意力转移到了实在本身。为了反对巴登学派纯粹的形式主义,狄尔泰在其作品中转而把生命的时间-历史维度作为精神科学研究的基础。然而,在李凯尔特和文德尔班对狄尔泰的提问方式的轻视中,海德格尔在学院哲学中发现了一个僵局或困惑,而这有助于激发历史、哲学和其他科学的危机。自海德格尔的《存在与时间》时期开始,人们便能够谈论德国哲学中的"存在论转向"了,而这种转向对传统人文科学方法又产生了深远的影响。随着哲学家们对狄尔泰和海德格尔作品中历史意义的全新强调,历史真理问题的形式就逐渐从李凯尔特的知识论探索转变为对历史存在的存在论关注了,我们会在接下来的两章中主要关注这个问题。

我想在对这种存在论解读的关注中表明,与伊格尔斯、吕森和其他学者提供的标准解读相比,理解历史主义的危机要求一个更广泛的提问方式。这些学者的杰出工作有助于澄清历史主义思想家的学科基质和专业目标。通过揭示历史主义思想中的意识形态预设和政治忠诚,这些历史学家成功开启了19世纪末和20世纪初的整个方法论争议。但世人从学科层面对历史专业的关注模糊了哲学家对历史主义传统的真正贡献。新康德主义者和狄尔泰对研究问题、方法论和客观性的强调不应该掩盖他们世代辩论的根本意义,我认为,这种辩论最终是哲学的而非历史的。吸引哲学家的问题是历史主义者的立场在知识论、价值论和存在论层面的后果,当它们与科学真理的问题相关时尤

---

[1] Martin Heidegger, *Prolegomena zur Geschichte des Zeitbegriffes, Gesamtausgabe 20* (Frankfurt: Klostermann, 1979), 20.
[2] Ibid.

其如此。历史主义在科学的框架和结构中占据突出地位，它还挑战了传统上把自然科学的逻辑理解为真理之普遍标准的观点。在这个意义上，历史主义的"危机"实际上不过是科学探究本身在时间、历史、文化和制度层面的自身意识的反映——我们现在合宜地把这个主题称为"后现代主义"。但因为历史主义的科学诉求而起作用的形而上学矛盾却同时揭示了现代主义视野中的核心矛盾。在这个新兴的现代主义传统时代著书立说，海德格尔和狄尔泰都意识到了人们对"危机"的整个讨论中的重要之事。

海德格尔对主体/客体思维做了解构，这后来成为李凯尔特和狄尔泰提出的科学-历史问题的回应。正如他试图在自己对斯宾格勒的批判中表明的，要理解历史思维，仅仅从历史(history)和历史学（Historiography）的角度是无法做到的，我们始终要将其与时间视野中的人类存在的形而上学解读相联系才行。在这种时间的意义上，历史首先是某种"持续展开"，某种历史颁布的现象，而非文化对象或科学来源。狄尔泰的著作有助于让历史存在的这种过程性特征变得清晰，但他的批评的真正焦点并非如此这般的历史研究，而是历史性对人类存在的意义。因此，任何把海德格尔和狄尔泰的工作与史学（Historik，对历史研究实践的学科反思）传统建立联系的尝试都是成问题的。他们的工作的核心是认识到，历史主义危机——或者更恰当地说，这场危机中的核心问题——代表了现代性计划的内在紧张：即科学探究中的主客传统，这个传统可追溯至笛卡尔在哲学研究中对可靠方法的要求。这些矛盾在狄尔泰的著作中清晰可见，他的著作为20世纪头25年中的德国哲学提供了危机思维的模型。

第四章

威廉·狄尔泰的
"历史理性批判"

> 历史相对主义之刃……把形而上学整个切成了碎片，宗教必须对其加以治疗。只是我们需要更彻底一些，我们必须让哲学成为它自身关注的对象。
>
> 威廉·狄尔泰：《世界观理论》

第一节
狄尔泰的计划

1871年，狄尔泰在《普鲁士年鉴》上撰文向自己的一位同事致敬，后者是刚去世不久的哲学史家弗里德里希·于贝韦格（Friedrich Überweg）。狄尔泰在文中对19世纪德国哲学的状况做出了一些思考，在赞扬了于贝韦格精彩的多卷本《哲学史》和《逻辑系统》后，狄尔泰进而提出了一些批评意见。狄尔泰解释说，尽管于贝韦格博闻强识且学风严谨，但他并未解决"当今哲学的基本且最重要的一个任务：建立有效的科学知识理论"[1]。与同时代的李凯

---

[1] Wilhelm Dilthey, *Gesammelte Schriften*, vol. 15 (Göttingen: Vandenhoeck & Ruprecht, 1970), 156. 狄尔泰的著作集共计20卷，首次出版于1914年，并且因为各种原因而中断了20年左右。著作集的头两卷于1956年重印，这之后才增加了其他章卷。第十九卷出版于1982年，第二十卷出版于1990年。弗里斯乔夫·罗迪编辑的六卷本的狄尔泰选集中的其中两卷已经由普林斯顿大学出版社出版。对狄尔泰的计划的书目史更为详尽的讨论见 Ulrich Herrmann, *Bibliographie Wilhelmband Dilthey: Quellen und Literatur* (Basel: Beltz, 1969)。而狄尔泰相关文献更加晚近的讨论见 *Dilthey-Jahrbuch* 中的年度评论卷1-8。对狄尔泰的诠释的近期趋势的有用综述见 Hans-Ulrich Lessing, *Die Idee einer Kritik der historischen Vernunft* (Freiburg: Alber, 1984) 第一章，以及 Hans-Ulrich Lessing and Frithjof Rodi, *Materialien zur Philosophie Wilhelm Diltheys* (Frankfurt: Suhrkamp, 1984) 的引论，以及 Ernst Wolfgang Orth 编辑的两卷本优秀论文集：*Dilthey und die Philosophie der Gegenwart* (Freiburg: Alber, 1985) 和 *Dilthey und der Wandel des Philosophiebegriffs seit dem 19. Jahrhundert* (Freiburg: Alber, 1984)，它们都来自1983年的狄尔泰会议论文，这次会议旨在庆祝狄尔泰的《精神科学引论》出版一百周年。下列著作也很有用：Hans-Ulrich Lessing 为 *Wilhelm Dilthey: Texte zur Kritik der historischen Vernunft* 一书所写的导引 (Göttingen: Vandenhoeck & Ruprecht, 1983), 9–24; Otto Pöggeler 为 *Wilhelm Dilthey, Das Wesen der Philosophie* 一书撰写的导言 (Hamburg: Meiner, 1984), vii-xlvi; 以及 Rudolf Makkreel 和 Frithjof Rodi 为 Wilhelm Dilthey, *Introduction to the Human Sciences* 一书撰写的导言 (Princeton, N.J.: Princeton University Press, 1989), 3–42。在接下来的注释中，所有提及 *Gesammelte Schriften,* 20 vols. (Göttingen: Vandenhoeck & Ruprecht, 1957–1990) 的地方都会标注为"GS"外加相应卷数和页码的形式；当我使用"GS"标记英文翻译（以分号隔开）时，我指的是对应的德文版本。

尔特和文德尔班一样，狄尔泰深信，建立这种"有效的科学知识理论"是摆在德国哲学面前的重大任务。

随着《精神科学引论》(1883)的出版，狄尔泰也提出了自己对这种知识理论的初步设想。在接下来的 30 年中，他曾致力于心理学、人类学、逻辑学、诠释学、文学、社会思想和历史等方面的研究，以提供全方位的人文科学知识论。尽管相关作品的主题各异，从荷尔德林的诗歌到笛卡尔的形而上学，再到布伦塔诺的心理学和克拉德尼乌斯（Chladenius）的诠释学，不一而足，但其中关于人文科学知识"基础"的核心问题形式却是一致的。[1]狄尔泰问道，我们如何才能确保人文知识具备真正的"科学"品格，就像自然科学中的自然知识一样？即便我们能够在科学知识中做到这一点，但我们能够保证人类精神的真理性吗？况且，我们在这样做的时候，人类精神的活力和直观性是否能不受到死气沉沉的理论倾向的折损？狄尔泰一生都在重新阐述、重构并转换这些问题，并且从哲学、美学、教育学和心理学研究等各种角度对它们作出了探讨。如果我们正确地理解狄尔泰与历史主义的关系，则需要牢记历史知识在这个更大的提问背景中的地位。

---

[1] "精神科学"（Geisteswissenschaft）一词对狄尔泰而言至关重要，我们也需要在 19 世纪德国思想的总体层面加以理解。该术语在不同场合又被译为"人文科学"（human sciences）"人文研究"（human studies）或者"人文学科"（humanities），这个词可以追溯至席尔（Schiel）把密尔的《逻辑体系》（*System of Logic*）翻译成德语的 1849 年。讽刺的是，这个德语词最初的含义大致相当于密尔的"道德科学"（moral sciences）一词，但后面这个概念的含义仍旧过于狭窄而无法囊括前者的完整含义。黑格尔用的是"精神科学"（*Wissenschaft des Geistes*）一词，而正是黑格尔的精神观念（它与"心灵哲学"或"精神哲学"的历史、文化和形而上学意蕴联系紧密）影响了狄尔泰。罗特哈克尔曾撰写过系统阐释德国精神科学传统的著作：*Die Logik und Systematik der Geisteswissenschaften* (Munich: Oldenbourg, 1926). 非常重要的相关作品则是：Erich Becher, *Geisteswissenschaften und Naturwissenschaften* (Munich: Duncker & Humblot, 1921); Otto Bollnow, *Die Methode der Geisteswissenschaften* (Mainz: Gutenberg, 1950); Hans-Georg Gadamer, "Wahrheit in den Geisteswissenschaften", in *Kleine Schriften*, vol. 1 (Tubingen: Mohr, 1967), 39-46. 对狄尔泰而言，这个术语表示人类文化精神的系列研究：历史学、心理学、经济学、社会学、语言学、人类学、政治学、宗教和文学等等。我们应当小心地把它和自然科学（Naturwissenschaft）区分开来，后者包含了自然科学的全部领域。这两个研究分支的差异不仅仅是术语上的，更是方法论层面的。正如狄尔泰所言，自然是"需要说明的"（explained），而精神则是"需要理解的"（understood）。说明（explanation/Erklären）和理解（understanding/Verstehen）的差异表明，诠释学在人文科学理论中占据核心位置。

乍看起来，狄尔泰的作品似乎是零散的草图、笔记、草稿或未完成的手稿的零散集合。尽管就目前的情况来看，他的著作已达 20 卷之多，但在其生前仅有少数曾以完整形式出版；其余多数作品则构成了其未发表的"遗著"的组成部分，而世人也难以断定这部分作品的一致性。[1] 在某种程度上，狄尔泰的作品与尼采的作品的相似之处在于，前者也需要根据未能最终完成的未刊手稿做出重新诠释。[2] 然而，尽管文本的历史颇为复杂，但我还是要为狄尔泰的计划的潜在一致性作出辩护。在其第一部重要著作《精神科学引论》中，狄尔泰阐明了我们对历史理性展开一致性批判的必要性，其目的是"为精神科学奠定知识论基础……（这将决定）人类认识自身，以及认识由之产生的社会和历史的能力"[3]。在遵循康德的批判律令的同时，这一新的批判将力图从社会和历史现实的角度出发，为各门精神科学确立真理。

在其漫长而多产的一生诸多阶段，狄尔泰的这个计划都是评估和思考其任何新的研究趋势的参照系。因此，尽管从 1852 年进入大学不久一直到 1911 年去世，狄尔泰的思想的确经历了多次重要转向，但这些转变也仅仅是侧重点有所不同，而并非方向层面的根本转变。正如他的一位名叫安娜·图

---

[1] 许多批评者认为狄尔泰的作品不仅在文本上，而且在哲学上都显得零散。狄尔泰论述过大量主题，他的贡献似乎缺乏理论上的一致性。然而，正如我在本章始终坚持论证的，他的全部学术努力都旨在从系统层面统一精神科学中的研究活动和理论。当代研究者对狄尔泰作品的严苛评论，见 Jonas Cohn in *Logos* 12 (1923–24):297。以下作品也提供了富有洞察的见解：Michael Ermarth, *Wilhelm Dilthey:The Critique of Historical Reason* (Chicago: University of Chicago Press, 1978), 5–6; Lessing, *Die Idee einer Kritik der historischen Vernunft*, 14–15. 狄尔泰未发表的"遗著"包含其整体计划中十分重要的片段。例如，第十九卷就包含了他计划中的多卷本作品"Die Einleitung in die Geisteswissenschaften"的扩展版手稿，其中仅有第一部分出版。大约 1880—1890 年期间的第一份手稿又称"布雷斯劳手稿"，自 1893 年以后的第二部分则称"柏林计划"，它们对于理解狄尔泰对历史理性的整体批判至关重要。选集的第二十卷包含了逻辑学和知识论以及计划中的"引论"等宏观理论的重要讲义（参考 GS 19: xl–xli）。下列作品也讨论了"遗著"的地位：Ermarth, *Wilhelm Dilthey*, 6–10; Lessing, *Die Idee einer Kritik der historischen Vermunft*, 14–31; Frithjof Rodi , "Zum gegenwärtigen Stand der Dilthey-Forschung", in *Dilthey-Jahrbuch*, 1 (1983): 260–67.

[2] Werner Stegmaier, *Philosophie der Fluktuanz: Dilthey und Nietzsche* (Göttingen: Vandenhoeck & Ruprecht, 1992)，该书在 19 世纪德国哲学的背景中对狄尔泰和尼采的关系做了解读。

[3] Dilthey, GS 1:116 and GS 8:264.

玛金（Anna Tumarkin）的学生所指出的，尽管狄尔泰的研究存在明显的不连贯乃至相互矛盾之处，但其作品"却呈现出同心圆一样的有机发展线索：同样的问题会从新的角度得到更为深刻和原创的研究"[1]。循着图玛金的理解，众多研究狄尔泰的学者区分出了其思想的三个"阶段"：（1）从1852年到1876年是早期阶段，这一阶段以实证主义和自然科学的影响为特点，并在《从人类、社会、国家的角度看科学史研究》（1875）一文中达到顶峰；（2）从1877年到1900年为中期阶段，这期间以关注精神科学和心理学方法论为特征，这一阶段的研究以《精神科学引论》（1883）的出版和《描述与分析的心理学观念》（1894）的出版为标志；以及（3）从1900年到1911年的晚期阶段，这段时期也是狄尔泰职业生涯的最后阶段，他在此期间关注的主题是诠释学、关于世界观的学说以及埃德蒙德·胡塞尔的《逻辑研究》（1900）对精神科学理论与日俱增的影响。[2]思想史中的"阶段"和"转向"往往是成问题的，它更多的是为了区分哲学家的作品的重要影响，而并不旨在肯定其一致性和连续性。讽刺的是，狄尔泰在自己为施莱尔马赫所写的学术传记和研究青年黑格尔的著作中都遇到过这个问题。[3]直到最近，多数狄尔泰研究者都被这种分期的方法论所主导，并在狄尔泰的思想中找到了所谓的诠释学转向（以其1900年的文章《诠释学的兴起》为标志），

---

1 Anna Tumarkin, "Wilhelm Dilthey", *Archiv für Geschichte der Philosophie* 25 (1912): 151.
2 事实证明，学者们对狄尔泰思想发展的"阶段"问题争论不已。下列文章有助于理解这场争论的来龙去脉：Hans Ineichen, "Von der ontologischen Diltheyinterpretation zur Wissenschaftstheorie in praktischer Absicht: Neue Dilthey- Literatur", *Philosophische Rundschau* 22 (1976): 493–509; Bernard Eric Jensen, "The Recent Trend in the Interpretation of Dilthey", *Philosophy of the Social Sciences* 8 (1978): 419–438; Peter Hünermann, *Der Durchbruch geschichtlichen Denkens im 19. Jahrhundert: Johann Gustav Droysen, Wilhelm Dilthey, Graf Paul Yorck von Wartenburg* (Freiburg: Alber, 1967)，最后这本著作细致讨论了狄尔泰作品中的阶段问题，实际上，我们在其中能看见五个阶段的划分。下列作品中也提出过这个问题：Lessing, *Die Idee einer Kritik der historischen Vernunft*, 27–31; Ermarth, *Wilhelm Dilthey*, 3–12; Theodore Plantinga, *Historical Understanding in the Thought of Wilhelm Dilthey* (Toronto: University of Toronto Press, 1980) 3–23; Ilse Bulhof, *Wilhelm Dilthey: A Hermeneutic Approach to the Study of History and Culture* (The Hague: Martinus Nijhoff, 1980), 1–9.
3 Dilthey, GS 4, GS 13, and GS 14.

而这个转向则与其早期著作形成了重要的断裂。[1]例如,伯恩哈德·格雷图伊森(Bernhard Groethuysen)就主张,在朱利叶斯·埃宾豪斯(Julius Ebbinghaus)对狄尔泰1894—1896年的心理学研究作出猛烈抨击之后,后者便重新阐述了自己的思想,并且放弃了早期从"心理学"的角度为精神科学奠基的打算,进而转向从某种新的"诠释学"角度为其提供基础。按照埃宾豪斯的解读,诠释学成了后期狄尔泰眼中新的"基础科学",它为历史学、社会学、文学和其他所有精神科学研究提供了基础。

就其本身而言,狄尔泰研究中的这种"阶段主导的"方法似乎是狄尔泰哲学内在批判的支流,这只是那些从文献学角度对狄尔泰展开研究的少数学者所关心的问题。但如果从19世纪德国哲学的背景(即历史主义的危机)着眼,分阶段的观点就显得很重要,因为它把狄尔泰的诠释学视为背离了早期以认识论为基础的心理学传统。在更加晚近的批判中,汉斯-乌尔里希·莱辛(Hans-Ulrich Lessing)和弗里斯乔夫·罗迪(Frithjof Rodi)便打破了这条解释进路,转而主张狄尔泰思想中知识论-心理学-诠释学的统一性。[2]这些哲学家把狄尔泰的历史理性批判计划视为统一其思想中各种转向或转折的哲学探索,我认为这种观点很有说服力。如果狄尔泰在1900年之后以更加自觉的方式把诠释学作为一个主题,那么,我们可能不应该把这种转向视为狄尔泰与其早期作品的决裂,而应该视为重点的转换。往前回溯至施莱尔马赫的传记时期,狄尔泰曾广泛论述了理解、解释和心理学等方面的问题。[3]后来,在其《诠释学的发展》(1900)一文中,狄尔泰强调,"在知识论、逻辑和精神科学方法论的大背景中,解释的理论成了哲学与历史科学的重要纽带,并

---

1 Dilthey, GS 5: 317–331. 相关例证可见:狄尔泰的学生 Bernard Groethuysen 为 Dilthey, GS 7 撰写的导言 :v–x。
2 Lessing and Rodi, eds., *Materialien zur Philosophie Wilhelm Diltheys*.
3 Dilthey, GS 15: 395–787.

且也成了精神科学基础的核心部分"[1]。在这两种情况下，人们都可以清楚地看到诠释学思想所发挥的重要影响。

但对狄尔泰的整个计划而言，他对知识论提问方式的坚持则是至关重要的，而他的新康德学派同侪文德尔班和李凯尔特也同样坚持这种做法。他在1883年撰写的《精神科学引论》前言中写作的内容也很容易在其去世的1911年的文字中找到呼应："只有在内在经验以及在意识事实中，我才能找到思想之锚……所有科学都是经验性的，但所有经验都必须与它得以产生的意识条件和背景相关，并且从中获得其有效性，即构成我们本性的整体性。我们将这一观点称为'知识论的'，它始终承认继续追溯这些条件的源头是不可能的……现代科学也只能承认这种知识论立场。"[2] 在探讨狄尔泰的著作时，我会强调这种知识论立场的统一性和连续性，比如我在讨论其描述心理学、理解的方法、历史相对主义以及体验（Erlebnis）概念等作品时就会这样做。

第二节
《精神科学引论》（1883）的统一性

在《精神科学引论》的序言中，狄尔泰解释了他从事历史知识的哲学方法论研究的原因。他指出，这个计划是他自己努力完成两卷本的施莱尔马赫的生活和思想自传之后的直接结果。1870年，狄尔泰出版了这本自传的第一卷，

---

[1] Dilthey, *GS* 5: 330. 正如 Ernst Wolfgang Orth 在 "Historical and Critical Remarks on the Relation between Description and Hermeneutics in Phenomenology", *Research in Phenomenology* 15 (1984) 中主张的："我们把狄尔泰在其后期讨论诠释学的文章中从历史学和语言学的角度作出的论证理解为其哲学中的诠释学转向，就会导致彻底的误解。在狄尔泰那里，理解仍旧是与描述、心理学和诠释学主题相关的活动。他坦诚而出色地使用了这些主题。就狄尔泰的思维方式而言，设想传统的特殊学科可以直接成为第一哲学的工具是不同寻常的。不可否认，狄尔泰并未创造任何术语来命名他的基础学科——即他所谓的审慎的哲学。在此，狄尔泰的优点在于，他通过保留术语而避免了错误（除了含糊不清的'精神科学'）。仅仅完整的心理学系统也能被当做知识论的前提，而仅仅一套完整的诠释学体系则可以重新表述这个知识论，从而建立基础层面的存在论"（11）。
[2] Dilthey, *Introduction to the Human Sciences*, 50; *GS* 1: xviii.

其中涉及的时间段为 1768 年到 1802 年。狄尔泰打算在第二卷中对施莱尔马赫的辩证法、伦理学、美学、心理学和诠释学思想（并旨在将其与黑格尔、康德、费希特、谢林和施莱格尔等人的思想进行了比较）展开广泛讨论，但仅做了笔记，写了草稿，而并未彻底完成。狄尔泰认为，若要对"歌德时代"的思想史展开广泛研究，他需要适当的哲学工具。首先，他需要对精神科学的各个分支抱有清醒的认识，即从各门精神科学独自的贡献中概括出统一的理论。只有这样，他才能理解构成了施莱尔马赫思想世界的复杂观念。正如狄尔泰乐于承认的那样，他对精神科学的形式和结构开展方法论探究源于这本传记的写作，因为"无论在何处呈现和批判施莱尔马赫的思想体系，都要求我们研究哲学的终极问题"[1]。

狄尔泰对施莱尔马赫的研究让他明白，历史研究的实际问题总是与哲学批判的理论问题相互交织，二者是相互决定的。因此，狄尔泰在开始自己的计划时就对历史理性做了批判，他解释说，自己并不赞成采用正统的康德式知识方法。狄尔泰宣称，知识不需要理论的建构，它根植于生活本身的实际经验之中。对于精神科学而言，知识绝不可能是纯粹抽象的或理论化的，它必须反映这些科学在历史上的整个发展过程。因此，精神科学逻辑的任何建构都必须以研究其历史为起点。正如狄尔泰本人强调的那样："洞察精神科学的历史发展是真正理解其逻辑构成的经验基础。"[2] 在《引论》的序言中，狄尔泰再次强调，"对（精神科学）的历史描述为其奠定了认识论基础"[3]。

在此，人们可以清楚地看到狄尔泰与新康德主义同辈们的起点存在巨大差异。例如，与李凯尔特不同，狄尔泰并不试图为我们的人类文化知识寻求先天的基础；相反，他认为知识与它尝试理解的文化对象相互交织在一起。狄尔泰坚称，因为所有的知识最终都是自身反思的（self-reflexive），于是，哲学也无法以绝对的基础为起点，"所有起点都是任意的"[4]。然而，当他把注意

---

1 Dilthey, *GS* 1: xx.
2 转引自 Ermarth, *Wilhelm Dilthey*, 94 中所引述的未发表的"遗著"相关部分。
3 Dilthey, *GS* 1: xv.
4 Dilthey, *GS* 5: cx and *GS* 1: 419.

力转向形而上学的历史后,狄尔泰发现,西方哲学的发展过程表明,似乎存在为科学建立形而上学基础的固定起点。为了避免阿基米德式形而上学的陷阱,狄尔泰意识到必须把历史引入哲学;历史也必须以哲学为基础。在其前辈中,仅有黑格尔试图从根本上思考历史与哲学的这种关系。通过强调哲学的历史方面,并将其作为精神科学知识论解释的基础,狄尔泰成功地克服了新康德知识论的纯粹形式化和孤立性。

一开始,狄尔泰把自己在《精神科学引论》中勾勒的计划设想为一个由六部分组成的多卷本研究项目,但终其一生也仅出版了前两卷。[1]第一卷试图描述他自己所处时代的精神科学状况,同时证明了这个学科亟需新的知识论基础。这本书只是一个开端,根据方法和研究对象的不同,狄尔泰试图在该书中概述自然科学和精神科学的差异。正如他在写给同辈的信中谈到的:"与目前流行的孔德和密尔学派方法相比,第一部分的第一卷旨在寻求掌握精神科学历史发展真正的内在结构。我希望以此证明为(精神科学)进行普遍性奠基的必要性。"[2]第二卷的标题为《形而上学作为精神科学的基础:及其兴衰》,狄尔泰试图在书中对古希腊到中世纪的知识概念作出历史性分析。正如狄尔泰解释的,"第二卷证明了,形而上学已无法为个别科学门类提供普遍接受的基础……我打算对形而上学作出历史性描述,进而证明所有形而上的企图都是徒劳的"[3]。简而言之,对于狄尔泰而言,从形而上学的角度为精神科学奠基的时代已经结束。第三卷则在一般意义上延续了第二卷的主题,其涉及的时间跨度从文艺复兴时期一直到狄尔泰自己所处的时代,但该书从未完成。[4]第四、五、六卷收录在"遗

---

[1] 关于这个六卷本计划的完整细节信息,见"Vorbericht" to GS 19, by F. Rodi and Helmut Johach, 尤其是 pp. xl– xli. 就狄尔泰对自身意图的详细分析而言,1882 年的"Althoff Brief"相当重要,见 GS 19: 389–392. 正如狄尔泰所言,《引论》的基本前提在于,"发现——从精神生活的经验层面——人如何能够获得关乎人自身、社会和历史的科学"(390)。

[2] 转引自狄尔泰未发表的信件,即所谓的 1882 年"Schoene Brief", in Lessing, *Die Idee einer Kritik der historischen Vernunft*, 111。

[3] Ibid.

[4] *Gesammelte Schriften, vol. 2, Weltanschauung und Analyse des Menschen seit Renaissance und Reformation* 仅包涵盖了上溯至 17 世纪的时间段。狄尔泰从未正式完成其关于 19 世纪诠释学传统的研究。

稿"中，狄尔泰将它们看作是"为精神科学提供知识论基础的尝试"[1]。他还在这几卷中从哲学的角度为第二、三卷中提出的历史批判做了辩护。我会在本章中专注于狄尔泰的计划，它始于引论，成形于19世纪80年代早期的《布雷斯劳手稿》时期，十年后它又被称为"柏林计划"。[2] 然而，我们绝不应该认为后来这些手稿对形而上学历史的处理与其早期的研究存在目的上的差异。在《引论》的前言中，狄尔泰解释说，在他的作品中，"历史反思与知识论的自身反思同样重要"[3]。狄尔泰认为，精神科学的任何新理论首先要克服遗留下来的实际的历史理论，即形而上学方法的残余，然后才能为科学哲学的危机提供任何有用的解决方案。

第三节
狄尔泰与实证主义、观念论和历史学派的关系

当然，狄尔泰的反形而上学立场与后黑格尔时代的德国哲学氛围若合符节。兰克、德罗伊森和萨维尼等历史学派的学者都曾反对黑格尔精神哲学的理论方面。而实证主义的经验方法，以及受大学训练的学者开展的自然科学研究都强化了他们的批判。正如我们所见，在20世纪中叶后的自然科学和历史科学领域，黑格尔的哲学都受到了最严厉的抨击。狄尔泰的思想便是在这种实证主义的反黑格尔主义氛围中形成的，但他的态度在任何意义上都不像历史主义者那般反形而上学。狄尔泰高度重视黑格尔，并认为人们不能把形而上学当作人类精神中非科学的反常现象，从而随便将其抛弃，相反，我们应从历史的角度把它理解为努力为科学研究提供合理起点的尝试。

---

1 Dilthey, *Introduction to the Human Sciences*, 51–52; *GS* 1: xix.
2 我认为，*Aufbau der geschichtlichen Welt in den Geisteswissenschaften* (1910) 和 *the Ideen Über eine beschreibende und zergliedernde Psychologie* (1894)（也许这是狄尔泰除《引论》以外最出名的两本书了）乃是始于1883年的计划的延续，而非狄尔泰思想发展中新的"心理学"或"诠释学"阶段。
3 Dilthey, *Introduction to the Human Sciences*, 52; *GS* 1: xix.

狄尔泰从亚里士多德的角度把形而上学理解为第一哲学：作为科学的科学。[1] 根据狄尔泰的说法，形而上学的指导原则为"充足理由律原则"（Satz vom Grund），这个所有原则的指导原则乃所有世间现象的基础。[2] 狄尔泰试图表明，世人对这种关乎第一原则的科学的信念已经决定了自然和历史研究者们的实际做法。他甚至主张，从自然和精神的角度对科学做出的实际区分也是建立在第一哲学的形而上学原则之上的。以亚里士多德为起点，黑格尔为顶峰，狄尔泰找出了一个强大的形而上学趋势，它指引所有科学（以及更加基本的——存在的所有方面）朝逻辑上的理想状态发展：即逻各斯或理性。相应地，狄尔泰也把形而上学唤作理性科学（Vernunftwissenschaft）。[3] 但因为自然科学和精神科学在实际操作层面削弱了人们对 19 世纪自然和历史之逻辑特征的信念，狄尔泰便谈论起了"形而上学的安乐死"。[4] 在这个"形而上学终结"的时代（借用海德格尔的表达），狄尔泰转向了实证主义者和历史主义者们的经验研究，并以此展开自己的批判。正如兰克在其对黑格尔的解读中表明的，理性的形而上学已经从经验材料中抽身而出，并且否认了历史实践的现实性，它以这种方式淡化了历史经验的根本特征。因此，按照狄尔泰的理解，形而上学最初试图为所有形式的科学提供逻辑基础，但讽刺的是，它却走到了破坏科学之实践特征的地步。也正是在这个意义上，狄尔泰开始谈论形而上学和科学之间的冲突，并希望通过提出自己的历史理性批判以取代黑格尔的理性科学，进而解决这一冲突。

在某些方面，狄尔泰的反形而上学立场与黑格尔的实证主义批判相互关联，但这个立场却显得有些不公平且具有误导性，因为它高估了孔德和密尔

---

[1] Dilthey, *Introduction to the Human Sciences*, 178; *GS* 1: 129.
[2] Ibid., 221–223; *GS* 1: 388–390. 对"充足理由律原则"的详细讨论见：Dilthey *GS* 19: 43–44, 71–81; Manfred Riedel, "Diltheys Kritik der begründenden Vernunft", in Orth, ed., *Dilthey und die Philosophie der Gegenwart,* 185–210 及 volume 7 导论； *Geschichte der Philosophie, 19. Jahrhundert: Positivismus, Historismus, Hermeneutik,* ed. Manfred Riedel, 7–28 (Stuttgart: Reclam, 1981).
[3] Ibid., 228; *GS* 1: 395.
[4] Ibid., 238; *GS* 1: 405.

等思想家对其作品的影响。[1] 狄尔泰与实证主义者一样，渴望根据新的方法论理想来重构科学体系：即对经验研究的担保，而非抽象的系统化。最后，他完全否定了孔德的实证社会学，也否定了密尔的道德科学的逻辑。但他拒绝实证主义的原因却并非简单地倾向于浪漫主义的结果——就像有些人所言——而是源于他对科学理想的严格坚持，这要求他不去过度思辨，也避免了"经验主义的狂热"。[2] 甚至在其职业生涯的早期，狄尔泰也曾打算写作一篇名为"从实在和经验，而非经验主义和思辨的角度开展科学研究的导论"的文章，其中包含了他对黑格尔和实证主义者的批判。[3] 在其早期的工作中，狄尔泰力图寻找某种通往实在的方法，从而能够处理人类知识中的经验元素，某种受"经验（empiria）而非经验主义"召唤的"经验哲学"。[4] 狄尔泰的"empiria"一词指的是原初的、非科学的鲜活经验，他用这个词与形而上学的"经验主义"方法做出对照。

科学中的经验主义哲学（根植于洛克、休谟以及联想主义心理学等英国传统）认为，其方法得自严格的外部观察，并且旨在分析与意识的抽象世界相对的给定世界。例如，孔德就认为，要理解人类的心灵官能，人们就需要

---

1 索末菲（Hans Sommerfeld）的学位论文，"Wilhelm Dilthey und der Positivismus", University of Berlin, 1925; 后来，哈贝马斯在其 *Knowledge and Human Interests* (Boston: Beacon, 1971) 中也深入讨论了这个问题，Hans-Helmuth Gander , *Positivismus als Metaphysik: Voraussetzungen und Grundstrukturen von Diltheys Grundlegung der Geisteswissenschaften* (Freiburg: Alber, 1988), 也讨论了狄尔泰和实证主义的问题。实证主义对狄尔泰思想的影响也被前面引述过的埃玛斯、布尔霍夫、普兰丁格和莱辛等人的作品中讨论过。19 世纪 70 年代，狄尔泰自己也在 *GS* 5: 3-6 中讨论过自己早年与实证主义的联系。

2 Dilthey, *GS* 1: 135 和 *GS* 4: 434。在其名为"历史性和诠释学"(Vanderbilt University, 1969) 的博士学位论文中，大卫·林格认为，狄尔泰拒绝实证主义并不像一些人主张的那样，是出于对孔德和密尔的"系统"的浪漫幻想的破灭，而是由于他坚信实证主义骨子里是一种扭曲的形而上学——非经验的和教条主义方法。杰弗里·布尔诺也认为狄尔泰坚持了"经验主义"，而非下意识地朝实证主义发展。见 *Review of Metaphysics* 32, no. 4 (June 1979): 746–750; 也见 Elisabeth Paczkowska-Lagowska, "Dilthey's Reform of Psychology", *Reports on Philosophy* 7 (1983): 13–16。

3 Dilthey, *GS* 5: 434.

4 格言"经验而非经验主义"出自 *GS* 5: 434 中的《精神科学引论》手稿，狄尔泰把它用作后续手稿的章节名。而在 1877 年 11 月保罗·约克·冯·瓦尔登堡伯爵写给狄尔泰的信件中也找到了这个短语，该信件发表于 *Briefwechsel zwischen Wilhelm Dilthey und dem Grafen Paul Yorck von Wartenburg, 1877-1897*, ed. Sigrid von der Schulenburg(Halle: Niemeyer, 1923), 2。而在 *GS* 1: 81 中，狄尔泰也谈到了不带偏见的经验（即无偏私的经验方法）。

研究生理学和社会学，因为只有意识以外（而非其内部）的数据才是有意义的。他宣称，心理学这种假定的"科学"在逻辑上是矛盾的，因为内省本身就是不可能完成的任务。孔德认为，对人类生活展开真正科学的研究需要自然科学中发现的那种精确观察。因此，在尝试建立人类生活的新科学——社会学——的过程中，孔德否认了心理学作为一门科学的价值，并且认为所有从历史和社会角度开展的研究都服从于自然科学的方法论原理。在其最后的分析中，狄尔泰得出结论说，孔德对经验主义的态度遵循了"粗糙的自然主义形而上学"路径，"与黑格尔和施莱尔马赫相比，这条路径对历史事实的处理实在无法令人满意"[1]。

如果孔德的错误在于他对经验主义的非经验性处理，那么，从狄尔泰的角度看，密尔也一样。密尔并不认为心理学无法成为一门科学，实际上，他甚至试图将其作为"道德科学之逻辑"的基石，而狄尔泰也作如是观。然而，尽管密尔从反形而上学的角度为经验寻求逻辑基础，但狄尔泰还是拒绝了他那"徒劳无功"的办法，因为它将精神科学的自治性托付给了自然科学的方法论理想。[2] 狄尔泰认为，密尔诉诸自然科学而建立"道德科学"的努力，是破坏人类经验之"原初性"的另一种尝试。狄尔泰主张，精神科学需要自己独特的方法，并由此反映出其研究者的实际研究。而经验主义者所忽略的则是历史生活中"完整而连续的经验之流"；他们对社会和文化实存的真实现象做出抽象，进而建立起理论和观念的精巧大厦。狄尔泰锲而不舍地批判道："经验主义与思辨思想一样抽象。经验主义者眼中的人是经由感觉和表象构造而来的，就好比说人是由原子构成的，但这种根据其组成单位而得出的人的概念毕竟与其内在体验相互矛盾。"[3] 狄尔泰在密尔的《逻辑学》的页边注中写道："密尔由于缺乏历史教育而显得独断。仅有德国才能产生真正的经验方法，进而取代独断论的经验主义的偏颇方法。"[4] 经由不同于德国历史主义学派经验

---

[1] Dilthey, *Introduction to the Human Sciences*, 154–157; *GS* 1: 105–107.
[2] Ibid., 158; *GS* 1: 108.
[3] Ibid., 173; *GS* 1: 123–124.
[4] 转引自 Georg Misch 为 Dilthey, *GS* 5 所写前言, lxxiv.

传统的道路，狄尔泰相信自己已经发现了克服实证主义者单方面的经验主义，并最终在历史实在中为科学真理奠定基础的办法。

开始研究其哲学时，我们需要认识到，狄尔泰从未把德国历史学家的作品作为他自己的哲学著作的注解。于他而言，历史并非某个研究领域或学科范式，而是理解和揭示人类对世界的知觉的一种方式。他曾就读于柏林大学，并且参加过兰克、雅各布·格林姆（Jakob Grimm）、奥古斯特·伯克（August Boeckh）、西奥多·莫姆森和弗朗兹·博普（Franz Bopp）的讲座。[1] 从早期研习神学开始，狄尔泰就一直在分析施莱尔马赫的伦理学，也总是把"历史主义"的方法抬到"系统"方法的同等高度，并且他确信，若无历史则无系统。[2] 在这种意义上讲，狄尔泰说自己的工作是"带有哲学目的的历史研究"[3]。然而，与库诺·费舍尔或弗里德里希·奥伯维格（Friedrich Oberweg）不同，狄尔泰从未打算以历史分析的方式解决哲学问题。在狄尔泰的作品中，历史总是与批判的计划相联系。正如他在庆祝自己70岁生日的纪念仪式上解释的，他不仅"试图撰写文学和哲学运动的历史"，而且"致力于研究历史意识的性质和条件——即对历史理性的批判"，这种想法源于他对历史主义学派的解读。[4]

按照狄尔泰的说法，正是通过把个人定义为"本质上属于历史的存在"，历史学派才"确认了人类和所有社会秩序的历史性"，他称这个发现为"历史意识的解放"。[5] 在狄尔泰的解释中，这种对人类状况之历史性的新见解彻底打破了18世纪的自然法、自然宗教观念，也打破了当时抽象的政治理论和政治经济观念。从政治上讲，狄尔泰的解释复兴了德国史学上千年的传统，后来的法国哲学家及其社会系统观念一直破坏着这个传统，因此它

---

1 狄尔泰自己对历史主义学派和自己在柏林大学早期求学阶段的回忆，见 GS 5: 7–9。
2 Dilthey, *Introduction to the Human Sciences*, 47; GS 1: xv.
3 这句话是经常在狄尔泰的作品中出现的格言。参见 Dilthey, GS 5: xliii, 35 和 GS 3: 42–44, 222。
4 Dilthey, GS 5: 9.
5 Ibid., 11. Clara Misch, ed., *Der junge Dilthey* (Göttingen: Vandenhoeck & Ruprecht, 1960), 124; Dilthey, GS 1: xv. 在其对弗里德里希·施洛塞尔的研究中，狄尔泰写道，"人类的本质在于其历史性"（GS 11: 140）。

也标志着德国史学对法国大革命以及拿破仑法典精神的胜利。¹从科学的角度讲，历史学派的成就把德国科学从普遍理性的形而上学系统中解放了出来。按照狄尔泰的说法，历史学派的工作代表了"一种纯粹的体验观察模式……它旨在仅从其发展背景来确定特定事态的价值"²。这种新的历史方法的意义在于，它得以确认其学科领域和表现方式的自主性，进而为历史语文学（historicophilological sciences）提供了不同于自然科学的理想方法。然而，尽管这种方法对历史生活的具体细节有着强烈的意识，但狄尔泰发现历史学派的方法在哲学上显得比较天真。正如他在《引论》的序言中解释的："即便到现在，历史学派也并未成功突破其内在限制，这必然阻碍其理论发展及其对生活的影响。该学派对历史现象的研究和评估仍旧与历史事实和意识的分析无关，因此，它并未建立在基础可靠的知识之上。总之，它缺乏哲学基础。如果与知识论和心理学缺乏良好的联系，这个学派就无法建立解释的方法。"³因此，尽管狄尔泰依旧尊重历史主义学派在打破科学的形而上学观念方面发挥的作用，但他最终还是相信，19世纪德国学术的"历史转向"依旧缺乏真正的科学基础。

狄尔泰把历史主义巨擘兰克当做从哲学上天真地对待历史意识的示例。⁴兰克的"消灭自我"式理想对狄尔泰意味着一个"不可能的"矛盾。⁵追随兰克的研究者的深思熟虑培养了一种美学的眼光——这是一种对过去的看法，

---

1 狄尔泰对"历史主义"的解读在许多方面与梅尼克的作品 *Die Entstehung des Historismus* (Munich: Oldenbourg, 1965) 类似。就像后来梅尼克那般，狄尔泰谈到了"历史意识的解放"，这是西方思想的实证转向（GS 1: xv–xvi）。而梅尼克在其他诸多方面则紧随狄尔泰，后者认为莱布尼茨是德国历史意识的伟大发起者之一，梅尼克对此尤为认同。狄尔泰的观点见 GS 11: xv（"莱布尼茨是人们能在其作品中看到历史意识的发展的头号思想家"）。

2 Dilthey, *Introduction to the Human Sciences*, 48; GS 1: xvi.

3 Ibid., 48; GS 1: xvi.

4 对兰克的方法的详细分析，见 Herbert Schnädelbach, *Die Geschichtsphilosophie nach Hegel* (Freiburg: Alber, 1974)。而狄尔泰对兰克的赞赏，见 *GS* 7: 101–103。在 *GS* 1: 94 中，狄尔泰批判了兰克"消灭自我"式的理想，并提供了一种替代的心理学解释。对狄尔泰与历史学派及其追随者之诠释理想这整个问题的讨论，见 Elisabeth Paczkowska-Lagowska, "The Humanities in Search of Philosophy: Wilhelm Dilthey and the Historical School", in *Reports on Philosophy* 6 (1982): 1–16.

5 Dilthey, *GS* 5: 281.

它把历史定义为奇观或者博物馆作品的集合。然而，通过把客观沉思的超然理想推到极致，狄尔泰认为兰克的方法削弱了人类历史性的生命力。在其《精神科学引论》中，狄尔泰试图为"历史主义学派的原理提供哲学基础"，这会把历史性的观念与意识的知识论批判关联起来，并以此克服兰克的方法的局限性。[1] 正如他在序言中解释的："所有的科学和学术都来自经验，但全部经验从一开始便经由我们的意识（经验发生在其内部），以及经由我们的全部本性而相互关联，进而获得了有效性。我们称这种观点为——它会反复确认深入研究意识的不可能性（比如，不用眼睛观看，或者把认知关注点深入到视野背后）——知识论的观点。现代科学会同意这一点。"[2]

如果我们要弄清楚实证主义，以及历史学派对狄尔泰思想的影响，我们就需要认真对待他的以下观点："只有从内在的体验和意识事实出发，才能为（他的）思想找到坚实的锚点。"通过把体验作为知识的原初材料，狄尔泰希望以此克服德国哲学中的危机，它导致"生活与科学知识的分离日益加深"[3]。通过对康德自身的经验模型的历史性批判，并从意识的棱镜中对其展开排列和过滤，狄尔泰试图为密尔和兰克那天真的经验主义提供一种新的哲学确定性。但要做到这一点，他首先必须研究康德的批判思想对其历史批判的影响。

第四节

康德的提问方式和狄尔泰的"历史理性批判"

狄尔泰的批判与康德的批判计划存在明显的联系，但正如他与实证主义者和历史学派的关系一样，我们不应假设主题上的接近就能转化为哲学上的共识。在很多方面，狄尔泰与康德的不同恰好对我们理解前者的作品起了决

1　Dilthey, *Introduction to Human Sciences*, 49; *GS* 1: xvii.
2　Wilhelm Dilthey, *Selected Writings*, ed. H. P. Rickman (Cambridge: Cambridge University Press, 1976),（以下简称为"SW"), 161; *GS* 1: xvii.
3　Dilthey, *SW*, 161; *GS* 1: xvii.

定性作用。但这并不意味着，狄尔泰和康德在认识论的某些基本方面相互矛盾，尽管存在差异，但狄尔泰仍与笛卡尔－康德式"早期现代的意识哲学"存在联系。[1]但狄尔泰却从不同于柯亨、纳托普、兰格 (Lange)、文德尔班或李凯尔特等新康德主义者的角度对其提出了新的批判——这种批判并非形式的、先天的、生理学的、价值论或自然科学的。狄尔泰的贡献在于，他认真对待了历史学派的成就，并以之为起点批判康德的思想。也就是说，狄尔泰试图从历史学、人类学、心理学和诠释学的角度批判康德传统。他把"理性"置于历史背景之中，但又未远离康德的知识论主题。为了更充分地阐明这一立场的含义，我将首先概述狄尔泰哲学中的一些重要主题。

---

[1] 类似的分析见: Lessing, *Die Idee einer Kritik der historischen Vernunft*, 138–139; Hans Ineichen, "Diltheys Kant Kritik", *Dilthey-Jahrbuch* 2 (1984): 59–64. "早期现代的意识哲学"这个短语被我用来翻译德语概念"现代意识哲学"（neuzeitliche Bewußtseinsphilosophie），这个词目前在德国哲学中被用来指代从笛卡尔、莱布尼茨到康德的特定知识论传统。海德格尔、伽达默尔等人则按照这个传统把真理奠定在感知、反思、意见和人类的推理活动之上而非奠定在神圣的启示之上的倾向对其作出了定义。自我——或者被自我理解为自我的意识——成了科学确定性的基础。这涉及自我和世界的全新关系，它建立在把世界理解为对主体而言"现成"存在的对象这种观念之上。这种主客二分法把人类置于全部存在的中心（知识论和存在论层面均是如此）。简单讲，"现代意识哲学"在人类意识中寻找真理的基础，并将这个基础定义为笛卡尔式的我思。正如狄尔泰在其"布雷斯劳手稿"中提到的："现成存在的东西——因为它是对我们现成存在的——都屈从于意识所给定的存在条件。"见: *Introduction to the Human Sciences*, 246–247; *GS* 19: 60. 并且，不只是笛卡尔才把意识视为知识论乃至于整个哲学的核心。就现代早期而言，我思成了个阿基米德点，人能在它的基础上找到全部确定性和知识。见 Jürgen Mittelstrass, *Neuzeit und Aufklärung* (Berlin: de Gruyter, 1970), 156–166. 对我思的重点关注，以及对源自科学方法（这种方法要求普遍知识，而不仅仅是个体的主观知识）的批判和自我批判知识的严格要求的结果是，人与世界发展出了一种新的关系。"心灵"或精神被定义为思想物，而"自然"则被定义为"广延物"（res extensa，试比较海德格尔的评论，见 *Nietzsche*, vol. 4, trans. Frank Capuzzi ,New York: Harper and Row, 1982, 116;《存在与时间》也讨论了这个区分）。正如我们所见，精神和自然的知识论区分对科学中的方法论和实践发展产生了深远的影响。继伽利略、笛卡尔、哥白尼、开普勒和培根之后，自然科学便开始取代中世纪和文艺复兴时期的"人文学"作为真理的标准了。真理不再建立在权威（教会）、教理、亚里士多德或过去（历史）之上，而是建立在我思之上。对哲学之古代、中世纪、现代之阶段划分的讨论见: Mittelstrasse, *Neuzeit und Aufklärung*, 166; Friedrich Überweg, *Grundriß der Geschichte der Philosophie der Neuzeit* (Berlin: Mittler, 1897); August Messer, *Die Geschichte der Philosophie von Beginn der Neuzeit* (Leipzig: Quelle & Meyer, 1918); Johann Fischl , *Die Geschichte der Philosophie* (Graz: Pustet, 1950); Hans-Georg Gadamer, ed., *Philosophisches Lesebuch* (Frankfurt: Fischer, 1967); Rüdiger Bubner, ed., *Geschichte der Philosophie* (Stuttgart: Reclam, 1984) 等许多人。对此的批判性考察见 Wilhelm Kamlah, "'Zeitalter' Überhaupt, 'Neuzeit,' und 'Fruhzeit'", *Saeculum* 8 (1957): 313–332.

1867年，狄尔泰在巴塞尔大学的就职演讲中开宗明义地谈到，"在我看来，哲学的基本问题似乎都已被康德所决定。所有人文研究中最高也最普遍的任务是：世界以何种方式呈现在（仅存在于我们的知觉和表象中）我们眼前？"[1] 在另外一个系列的演讲（即"逻辑和哲学科学的系统"）中，狄尔泰断言，"哲学的基本问题"乃是由康德提出的："它意味着，现象世界的知识在何种条件下才是可能的？"[2] 对狄尔泰而言，这个问题依旧是他整个计划的基础。1890年，他发表了一篇名为"我们关于外部世界实在性的信念及其证明问题的解决方案"的文章。[3] 四年后，他把注意力转向了所谓的"描述和分析的心理学观念"的计划。[4] 1896年，他还出版了"比较心理学"，而在其未发表的"遗著"中还包含了该书的"对外部世界的知觉""内在知觉"和"知觉的心理背景"等章节。[5] 在其整个职业生涯中，狄尔泰持续从哲学、心理学等科学的学者们的既有研究中反思现象知识的问题，尽管特征和实质有所改变，但他依旧保留了康德的关注点。因此，尽管狄尔泰与李凯尔特、文德尔班、柯亨和其他新康德主义者（在术语使用、方法论和主题等方面）存在严重的分歧，但他们仍共享了康德知识论的一些基本的提问方式。像李凯尔特一样，狄尔泰一直坚持认为，知识的基础在于人的意识。他可能会争论意识的定义，以及人在何种情况下会选择研究它等问题，但尽管存在这些差异（以及其他诸多差异），狄尔泰依然坚定地坚持着笛卡尔–康德的方法。正如他在"哲学的系统"系列讲座的某一次中谈到的："就像笛卡尔以来所有早期现代哲学一样，康德的出发点在于以下原理：知识和知觉的全部形式都是在意识中给予我们的。意识乃知觉和知识的起点……任何超出了意识的存在都无法得到表达。"[6]

---

[1] Dilthey, *GS* 5: 12.
[2] Wilhelm Dilthey, *Grundriß der Logik und des Systems der philosophischen Wissenschaften* (Berlin: Mittler, 1865), 3.
[3] Dilthey, *GS* 5: 90–138.
[4] Ibid., 139–240.
[5] Ibid., 241–316；Dilthey, *GS* 19: 75, 174, 195.
[6] 此处引用的原文出自未发表的"遗著"，并重印于：Dietrich Bischoff, "Diltheys Kant-Darstellung in seiner letzten Vorlesung Über das System der Philosophie"，in *Wilhelm Diltheys geschichtliche Lebensphilosophie* (Leipzig: Teubner, 1935), 46–63, 尤其是 54–55。

狄尔泰认为，康德系统地证明了，全部人类知识都起源于意识，并且因此内在于我们的经验，他也因此成功地消除了形而上学的各种过度思辨。[1] 在狄尔泰看来，通过限制科学知识关注的领域，并重点考察其可能性和基础，康德不仅重新恢复了形而上学，并以此反对了学院哲学家们的空想。但即使狄尔泰能够坚持认为，康德"关于严格知识条件的问题实质就是科学的条件问题"，并且成功地把哲学转化为一门严格的经验科学，他也依旧认为康德的计划存在严重不足。[2]

康德生活在一个科学范式盛行的时代，后者很大程度上是根据数学和物理学来定义的。因此，他认为，科学知识如果配得上这个名字的话，一定是必然和普遍的。但狄尔泰认为，在德国学术界盛行历史语文学的时代，这种科学观必须大幅修改。他首先对康德在"纯粹的"和"经验的"知识之间的虚假区分提出质疑，并试图重新定义意识本身的含义，进而重新阐述康德关于人类知识条件的问题。[3] 在狄尔泰的解读中，意识从来不是"纯粹的"或绝对的，而是仅存于人类生活的背景之中，因此被时间和文化所决定。于是，意识始终是特定的意识，例如，我的意识便是我对特定历史背景的总体刻画的一部分。狄尔泰宣称，"康德的错误在于，他并未深入处理此类历史观察的广度"[4]。康德在《纯粹理性批判》中尝试援引某种先天条件解决知识论的问题，他相信这些条件开启了获取外部世界知识的可能性。但狄尔泰却不同意此种说法，他强调历史经验乃生命的唯一先天条件，生活在世界中的生命便是如此。正如狄尔泰在其未发表的"遗著"中写到的：

> 康德的先天概念僵化而死板。我认为，意识的真正条件及其预设乃是活生生的历史过程或者发展过程的组成部分；意识有其历史，而这段历史也正体

---

1 Dilthey, *SW*: 192; *GS* 1: 359.

2 Dilthey, *GS* 13: 98.

3 Immanuel Kant, *The Critique of Pure Reason*, trans. Norman Kemp Smith (London: Macmillan, 1929), 41–43.

4 Bischoff, *Diltheys geschichtliche Lebensphilosophie*, 55.

现了它们与更加确切的、归纳得出的多重感官内容的一致性。历史的生命还包括我们眼中那些显得呆板的条件。这些意识的历史条件永远无法泯灭，因为我们通过它们才能够思考。相反，它们本身处在不断发展之中。[1]

狄尔泰强调，人类生活的实际条件乃是自然或历史世界研究的必要起点。对于不断发展的关于在世界中生活的科学而言，"纯粹"的理性学说或绝对先天的知识均无法满足其需求。因为生活总是在变化，科学（也是生活的组成部分）永远无法从变化的过程中移除，后者正是其根本所在。如果理性能够为人类历史提供知识论，它首先就要放弃自身那永恒、无变化、一成不变和实体化的起点。狄尔泰坚持认为，对于任何强调人类知识的经验性而非其纯粹性的新的理性批判而言，这样做都是其前提条件。康德对人类理性的理解并不适用于狄尔泰，因为它用逻辑和数学等毫无生气的原型衡量人的意识，从而拒绝了历史存在的实际经验。此外，康德的十二范畴仅仅是从固定的认知方案限制了人类欲望的根本冲动。在《精神科学引论》的著名段落中，狄尔泰解释说：

洛克、休谟和康德所构造的认知主体身上并不流淌着鲜红的血液；他们身上流淌的只是稀释过的理性汁液，即某种单纯的思考过程。认知官能似乎经由感知、想象和思考而构造出了外部世界、时间、实质和因果的概念。然而，我从历史和心理学的角度对人类开展了整体研究，这促使我从人的意志、知觉和想象的能力的角度解释认知及其相关概念。因此，我用到了如下方法：我把当今抽象的科学思想的所有组成部分与整个人性相联系（正如经验、语言和历史研究所揭示的那样），并试图为它们建立具体的联系。结果，我的世界图景以及我对实在的知识的最重要组成部分——个性、外部世界、他人、他们的具体生活和互动——都可以从人性整体的角度加以解释，而意志、感觉和思考都不过是生活实际过程的不同方面。我们所提出的哲学问题无法通过

---

[1] Dilthey, *Introduction to the Human Sciences*, 500–501; GS 19: 44（作者自己的译文）。

严格的先天知识条件回答，而只能从历史的角度加以回答，后者以人性的整体为出发点并且勾勒出了它的发展脉络。[1]

在很大程度上，狄尔泰的态度取决于他对康德思想中的僵化和学院因素的拒斥。例如，他对康德的时间理论的抽象性和形式性提出了质疑，并声称任何试图把时间还原为某种理想的直觉现象的做法，都并未把时间的真实性作为其当下的经验。[2] 狄尔泰认为，康德的分析是根据时间的数学－物理模型（即持续不断的观察和持续的存在）得出的，因此他并未把握生活经验的时间性和历史性。尽管如此，狄尔泰仍旧提出了"康德未曾提出的历史知识论在其自身的概念框架中是否可能"的问题，并希望以此重申康德思想中有意义的部分。[3] 因此，在尝试恢复康德对科学严谨性要求的同时，狄尔泰也明白，他迫切需要瓦解康德式提问进而回到活生生的历史经验。通过展开理性的历史，并"在当时康德学派占主导的情况下重新恢复完整和充分的活生生的生活经验"，狄尔泰希望自己能够弥合生活本身与科学那僵化的基础之间的缝隙。[4] 然而，他在引用康德时出现的前后矛盾却让其计划未能成功实现，这个矛盾贯穿其整个工作始终，并且在一定程度上塑造了他对新康德主义者及其历史知识理论的态度。

第五节
狄尔泰与危机哲学

狄尔泰的位置处于康德和历史学派之间，这得自他对欧洲思想史充满想象的解读，这种解读对19世纪后期德国文化中的紧张局势很敏感。狄尔泰早

1　Dilthey, *SW*, 162; *GS* 1: xviii.
2　Dilthey, *SW*, 209–211; *GS* 7: 192–193.
3　Dilthey, *SW*, 208; *GS* 7: 192.
4　Dilthey, *GS* 8: 171.

在1873年就写道："我们目前正在经历的科学和欧洲文化的巨大危机深入而全面地占据着我的心灵，乃至于投身其中作出一些贡献这种想法早已压倒了其他所有无关的、个人的抱负。"[1]在名为《梦想》的短文中，狄尔泰重复了同样的主题，并指出困扰现代文化的"可怕的思想无政府状态"，甚至还承认，"看到哲学似乎已割裂为三个或者更多方向的奇特焦虑吞噬了我——我自身存在的统一性似乎已四分五裂"[2]。还是在其未发表的"遗著"中题为"当代文化和哲学"的部分，狄尔泰指出了"贯穿当代的深刻矛盾"，并以此嘲笑了科学的迅速发展。[3]几乎在狄尔泰的所有作品中，人都能找见这些与危机、无政府、矛盾和焦虑相关的主题，而正是这些主题定义了他的研究路径和提问方式。[4]狄尔泰对这些流行问题极度敏感，这有助于他重新塑造当代哲学学术的问题，他也因此放弃了其中严格的方法论关注，并转向了他眼中的现代思想唯一的真正关切：对历史存在的理解和解释。

当代学者，尤其是那些追随李凯尔特和文德尔班的新康德主义者，一来就假定哲学的核心任务乃是对自然知识和精神科学知识展开分类，并进一步将其合理化。作为他们的计划的一部分，文德尔班和李凯尔特基于先验的知识理论对自然和历史、文化作出了区分，而这种知识理论又根植于某种"超越了经验的主题"[5]。但狄尔泰拒绝了这种方法，他认为"先验方法意味着历史的死亡，因为它排除了富有成果的历史概念对既定现实的任何渗透"[6]。为了反对新康德主义者，狄尔泰声称，身处历史生活中的并非先验的、超历史的和超文化的"自我"，而是生活在特定历史处所和时代的活生生的人。狄尔泰对李凯尔特的方法作出了回应，他强调说："我们必须摆脱康德式理性批判的纯粹、精致氛围，以便公正对待历史对象完全不同的性质。"[7]任何历史、文化或

---

1 Misch, *Der junge Dilthey*, vii; and Ermarth, *Wilhelm Dilthey*, 15.
2 Dilthey, *GS* 8: 223–224.
3 Ibid., 197.
4 类似的主张见：Dilthey, *GS* 5: xlii; *GS* 19: 48; *GS* 10: 24; GS 6: 246. 也见 *Briefwechsel*, 156, 228.
5 Dilthey, *GS* 7: 285.
6 Ibid.
7 Ibid., 278.

精神科学都必须将其理论建立在历史生活的实际体验之中。康德式的科学理论把科学和生活区别开来。实际上，李凯尔特曾断言，所有的生命哲学都是真正的科学的末日。但狄尔泰希望通过关注人类本能、心理和社会关系所构成的人本身，并以此扭转新康德主义反历史、反生活的态度。通过强调体验（或者鲜活经验）的首要地位，他一方面希望保持科学与生活的联系，另一方面，他也试图为精神科学及其方法建立独特的知识论有效性。狄尔泰认为，"如果心灵把自身的创造物看作某种客观的经验，并且按照自然科学的外在方法对其展开分析，则心灵就会在其自身的造物面前自我疏离"[1]。而实证主义者则试图把自然科学的方法应用到人类历史和文化的研究之中，狄尔泰提醒同时代的人，与自然不同，历史"不仅仅是外在感官的表象和对现象的反应"，还是"直接得自内在体验的实在"[2]。作为内在体验，历史并不需要建立在自然过程之因果连续性上的方法，它需要的是建立在精神本身的结构及其内在统一性之上的特殊方法：即"理解"（Verstehen）的方法。

我们能够理解历史、文化和社会，这是因为我们作为人类会受制于传统、习俗、实践和制度，而它们都是以历史为前提的。这种知识与关于自然的知识不同，因为它建立在历史的人性的鲜活经验之上——这是人类意识的基本状况，它让我们能够"理解"（understand）历史，而非单纯地"说明"（explain）它。说明（explanation/Erklären）乃经验主义的知识论方法，它建立在外部观察之上；相反，理解（understanding/Verstehen）——诠释学的方法——则建立在鲜活的体验之上。狄尔泰认为，我们作为人类之所以能够理解历史，是因为我们就是它的组成部分："历史科学成为可能的第一要件在于，我自身也在历史中存在这个事实，研究历史之人也正是创造历史之人。"[3]

因此，历史知识与自然知识的巨大差异不单单在于方法论层面，甚至在知识论层面。尽管狄尔泰承认康德的方法对科学理论的有效性，但他的真正目的在于对生活本身作出诠释学理解。这种提问方式可追溯至维科及其著名

1　Dilthey, *GS* 6: 126.
2　Dilthey, *SW*, 247; *GS* 5: 317–318（作者自己的译文）.
3　Dilthey, *GS* 7: 278.

格言:"真理即创造之物,创造之物即真理"(verum et factum convertuntur)。如果对维科而言,仅有人类的创造之物(the factum)才是真理(verum),那么,对狄尔泰而言,"仅有心灵的造物才能被人充分理解"[1]。但狄尔泰的精神科学理论依赖于维科和康德的著作,因此,我们不能仅从这个背景中对其作出解释。狄尔泰不想把历史理性批判单纯地理解为人们对历史科学基础的知识论探求。对狄尔泰而言,历史理性还涉及我们对人类生活的人类学研究。具体而言,狄尔泰把他的哲学旨趣重点放在了生活中的人这个主题上,这一主题本身带有历史性,而人的存在也被其自身的历史意识所决定,而非被历史事件的乏味叙事所决定。在关注历史性的存在论结果的基础上,狄尔泰为19世纪末的科学危机提出了新的解决办法。他的诠释学提问方式有助于把历史主义问题从关于方法和逻辑的分类争论,转变为对历史存在的意义的反思。狄尔泰相信,他这样做能够为当代哲学提供摆脱新康德主义的认识论局限的出路,而后者也恰好标志着德国思想的危机意识。在其《近期德国哲学中的历史问题》(1943)一文中,伽达默尔对狄尔泰著作中的上述方面做出了有见地的评价,他认为这是对19世纪的科学作出现象学批判的最早迹象:"狄尔泰似乎持有与新康德主义者相同的知识论观点……即仅仅探究历史科学的可能性,并且忽视历史中的'存在'问题。但实际上,狄尔泰并未把自己局限在反思历史科学中的历史知识层面,相反,他反思了以自身历史知识为条件的人之存在。"[2]

---

1 *The New Science of Giambattista Vico: Unabridged Translation of the Third Edition (1744) with the addition of "Practic of the New Science"*, trans. Thomas Goddard Bergin and Max Harold Fisch (Ithaca, N.Y.: Cornell University Press, 1984), 96; Dilthey, *GS* 7: 148. 狄尔泰高度重视维科。实际上,在他为施莱尔马赫所写的传记中,就称《新科学》为"现代思想最伟大的胜利之一"(*GS* 24, pt. 2, 698)。专门研究狄尔泰和维科之关系的文章见:Howard Tuttle, "The Epistemological Status of the Cultural World in Vico and Dilthey", in Giorgio Tagliacozzo and D. P. Verene, eds., *Giambattista Vico's Science of Humanity* (Baltimore: Johns Hopkins University Press, 1976), 241–250; H. A. Hodges, "Vico and Dilthey", 以及 H. P. Rickman, "Vico and Dilthey's Methodology of the Human Studies", 两者都收于 Giorgio Tagliacozzo, ed., *Giambattista Vico: An International Symposium* (Baltimore: Johns Hopkins University Press, 1969), 439–456。

2 Hans-Georg Gadamer, "Das Problem der Geschichte in der neueren deutschen Philosophie", *Kleine Schriften*, vol. 1 (Tubingen: Mohr, 1967), 4.

狄尔泰对新康德主义者的计划提出了激烈的抗议，这起因于他对后者的历史研究方法的形而上学残余的基本认识。例如，在狄尔泰看来，李凯尔特诉诸价值的超历史概念来解决相对主义的危机便否认了历史的价值。拒绝科学的历史属性后，李凯尔特也否认了人类理解的任何可能，因为狄尔泰认为，科学本身（尤其是精神科学）仅在历史中才能获得理解。"就我内心深处无法逾越的深渊而言，我是一个历史的存在。"狄尔泰写道。仅在这种活生生的历史存在基础上，人们才有望理解历史。[1] 在西方思想史和人类的历史经验中，历史的本质都是过去的生活。因此，在我们对狄尔泰的历史性理解做出具体讨论之前，我们首先要探讨他的"生活"（Leben）和"体验"（Erlebnis）概念。

第六节
狄尔泰的"体验"概念及其与精神科学的关系

狄尔泰在写于 1895 年的一篇关于比较心理学文章中指出，精神科学的目的在于获取生活赋予我们的社会历史世界中的产物和表现形式，并"把它们转化为活生生的精神实在"[2]。狄尔泰认为，就其在我们的经验中呈现给我们的样式而言，生活并非偶然的感官印象或好奇心的集合，而是心理整体之组成部分的统一。与 18 世纪社会契约论宣传的一元论的、自治的和自我决断的主题相反，狄尔泰通过自我与生活、语言、习俗和传统的相互交织来定义它。正如他在未发表的"遗著"的某个片段中写到的：

> 人类只有通过历史才能认识自己，而经由内省是绝无可能做到这一点的；的确，我们都在历史中寻找自我。或者，更一般地讲，我们在历史中寻找人为何物，比如宗教等等。我们想知道这些问题的答案。如果存在关于人的科学，那这门科学就是人类学，它旨在从结构性背景中理解经验的整体性。在

---

1 Dilthey, *GS* 7: 278.
2 Dilthey, *GS* 5: 265.

人类的发展过程中，个体总是仅意识到一种可能性，每当需要作出重要决定时，这种可能性就总会有所不同。人类仅在其现实可能性方面才对我们触手可及。[1]

对狄尔泰而言，自我知识并不来自内在的独白或严格的内省，而是经由"世界和自我相互交融的一致性"而获得的，其中并不存在与被知觉的"外部"物体相分离的意识过程。[2] 在生活的关联体之中——只有通过体验的即时性才能获得——狄尔泰发现了历史理解的结构统一性。

为了全面分析"体验"这个概念对狄尔泰理论的意义，我会朝两个方向展开研究。首先，我会探究狄尔泰的意识理论及其"生命哲学"的关系。其次，我会尝试解释，狄尔泰对"体验"这个概念的解释（并与浪漫主义传统的意义形成鲜明对照）如何可能被用作某种新的精神科学理论的起点。

在其《布雷斯劳手稿》中，狄尔泰试图把生活关联体的问题和人类意识理论联系起来。他首先研究了所谓的哲学"第一原理"，即"现象性的原理"，他把这个原理追溯到了笛卡尔和莱布尼茨的现代早期意识哲学中。[3] 根据现象性原理，与我有关的所有对象和个人都是"唯我论的存在"，他们仅仅是我的意识中的事实。正如狄尔泰解释的："我似乎只生活在与我的意识无关的事物中间；实际上，我的自我把它自身与意识相关的事实区别开来，这种构造的核心在我内心。我的意识是一个包含这种看似不可测量的外部世界的中心，其中的对象相互重叠地交织在这个世界中……对象只是以这种方式呈现，经由某种有待研究的过程，我把意识的这个事实置于内心之中。"[4] 在《我们关于外部世界实在性的信念及其证明问题的解决方案》一文中，狄尔泰甚至走得更远，他提出"哲学的最高原理是'现象性原理'，据此，一切'唯我的存在'均处于我的意识的一般条件下。即便所有外部事物仅作为事实的联系或意识的过程而给予我。对象或事物只是'唯'意识的存在，并存在于意识之中"[5]。

---

1 Wilhelm Dilthey, *Pattern and Meaning in History: Thoughts on History and Society*, ed. H. E Rickman (New York: Harper and Row, 1962), 138（译文有所改动）; Dilthey, *GS* 7: 279.
2 Dilthey, *GS* 19: 167.
3 Dilthey, *Introduction to the Human Sciences*, 245; *GS* 19: 58.
4 Ibid., 245–246; *GS* 19: 58–59.
5 Dilthey, GS 5: 90.

遵循这种早期的现代意识哲学，狄尔泰拒绝了如下天真的信念，即认为对象世界与意识相割裂，而意识只是从外部切中了它。相反，正如狄尔泰所见，对象只有通过它们被认识的条件才得以为我们而存在。但与此同时，"意识的事实"则不单单是与世界割裂开的纯粹逻辑对象的表现。如果的确如此，狄尔泰的知识论第一原理则会导致极端的现象主义，即仅在主观层面呈现纯粹的图像。相反，狄尔泰把意识的这些事实定义为"体验"（Erlebnisse），它们无法经由纯粹的认知而被人了解，而只能在世界的中介背景中才能被认识。

因此，为了克服纯粹现象性的唯我论意义，狄尔泰增加了哲学的第二原理，即经验的整体性原理。这第二条原理（与第一条原理密切相关）认为，全部所谓的意识事实只能作为我们生活关联体的一部分加以理解。[1] 因此，正如狄尔泰所解释的那样，"包含意识事实的关联体——包括对事实的知觉、记忆、对象和表象，乃至于最终的概念——都是心理层面的，即它包含在我们的整个心理生活之中"[2]。我们意识的所有事实，从最简单的童年记忆到最复杂的物质科学理论，都是统一的体验的组成部分，而且永远无法从中抽象出来，并简化为

---

[1] 狄尔泰把这条原则称为"the Satz von der Totalitat des Erlebens"（见：*GS* 19:75 ff.），对这条原则以及狄尔泰哲学其他"基本"原理的分析，见：*Satz von Phänomenalität*，以及 Otto Pöggeler 为狄尔泰撰写的出色导论，*Das Wesen der Philosophie* (Hamburg: Meiner, 1984), viii–xlvi, 尤其是 xvii–xix。下述著作对研究狄尔泰与诠释学的关系很有帮助：Pöggeler, *Heidegger und die hermeneutische Philosophie*(Freiburg: Alber, 1984), chap. 4, 256–263. 也见下列两本文集：Erwin Hufnagel, "Hermeneutik als Grundlegung der Geisteswissenschaften", in Ulrich Nassen, ed., *Klassiker der Hermeneutik*(Paderborn: Schöningh, 1982); Heinrich Anz , "Hermeneutik der Individualität: Wilhelm Diltheys hermeneutische Position und ihre Aporien", in Hendrik Birus, ed., *Hermeneutische Positionen* (Göttingen: Vandenhoeck & Ruprecht, 1982). 其他对研究狄尔泰与诠释学的关系有帮助的文献包括：Paul Ricoeur, "The Task of Hermeneutics", in Michael Murray, ed., *Heidegger and Modern Philosophy* (New Haven, Conn.: Yale University Press, 1978), 141–160; Michael Ermarth, "The Transformation of Hermeneutics", *Monist* 64, no. 2 (April 1981): 175– 194; Hans-Georg Gadamer, "The Problem of Historical Consciousness", *Graduate Faculty Philosophy Journal* 5 (1975): 3–52; Richard Palmer, *Hermeneutics* (Evanston, Ill.: Northwestern University Press, 1969); 以及 Manfred Riedel 的两篇出色文章："Einleitung", in Wilhelm Dilthey, *Der Aufbau der geschichtlichen Welt in den Geisteswissenschaften* (Frankfurt: Suhrkamp, 1970), 9–80, 以及 *Verstehen oder Erklären? Zur Theorie und Geschichte der hermeneutischen Wissenschaften* (Stuttgart: Klett-Cotta, 1978). 我还应该提到奥托对狄尔泰研究的杰出贡献：Stefan Otto, *Rekonstruktion der Geschichte: Zur Kritik der historischen Vernunft*(Munich: Fink, 1982).

[2] Dilthey, *Introduction to the Human Sciences*, 264; *GS* 19: 75.

"纯粹"的数据。任何试图把这些体验作为研究的历史事实或抽象对象的现象表现的人类世界理论，都不可能把生活关联体的真正意义当作一个统一体。就其整体性而言，生活是表演性、互动性和反思性的；否认这些活动并尝试把意识隔离在抽象的我思框架中的认识论，只会把哲学理性与其生命的源头隔绝开来。为了重新回到这种基本而紧迫的鲜活基础中，狄尔泰紧紧把握住了体验这个观念，并将其作为克服哲学学科的呆板理论化的方式。

从狄尔泰的角度看，"体验"永远无法从理论的角度加以理解，而必须以其完全而具体的表现形式而被视为会思考的、有意志的、会感觉的活生生的人的产物。早在1883年，狄尔泰在《引论》中就谈到了经验（Erfahrung）与"意识条件"存在"原初的关联"[1]。在体验中——"生活的基本单位"——实在呈现在我们面前，它是我们认识世界的媒介。[2] 根据狄尔泰的说法："某种体验的意识与其构成是一致的：唯我论式的存在和唯我论式的体验之间并无区别。换句话说，体验并不像对象那般与体验它的人相互区隔，但体验本身却与它自身呈现给我们的东西并无区别。"[3] 狄尔泰的洞察在19世纪后期的德国哲学背景中具有深远的意义。为了反对实证主义和自然主义的主张，狄尔泰认为自然对我们而言仍是外在且顽固的，因为它并非我们自己创造的。另一方面，历史又以我们理解的方式向我们敞开，因为我们早已置身其中。历史的结构是诠释学（hermeneutical）的。也就是说，它以解释（interpretation）的过程向我们敞开。为了充分理解我们的生活与历史的原初关系带来的影响——这种关系也被狄尔泰视为精神科学理论的基石——我们必须首先了解狄尔泰用"生活"（Leben）这个术语所表达的含义。接着，我们才能够继续探索生活的诠释学意义，并将其与狄尔泰的历史意识理论联系起来。

在《布雷斯劳手稿》中，狄尔泰从如下角度给出了生活的定义：

"生活"一词表达的含义对所有人而言都是最熟悉和最切近的东西，但同

1　Dilthey, *GS* 2: xvii.
2　Ibid., *GS* 7: 161.
3　Ibid., 139.

时又是最晦暗乃至最难以理解的事物。生活的意义是无法解开的谜团。所有的反思、探索和思索都起源于这种最难以理解的事物。所有的知识都根植于这永远无法全然知晓的存在。人们可以描述它，也可以强调其独特的特征。人们可以追求它的基调、节奏和动听的旋律，但人却无法对生活进行分解；它无法简化到分析的层面。生活无法用简单的公式或说明（explanation）来表达……思想无法完全深入研究生活，因为它是生活的表达。[1]

由于生活本身难以还原为任何可行的哲学表达，于是，狄尔泰便通过各种方式，在各种语境中传递他的意思。他写道："生活是首要的——我们所有的表达、思想和看法都在其中相互交织。"[2] "生活就是它自身的证明"——除了它本身，人不能把它的基础建立其他任何事物之上。[3] "在任何地方任何地点，生活对于思想都是不可思议的，思想无法成为生活的基础。"[4]

尽管狄尔泰的诸多表述都隐含着神秘和浪漫的色彩，但他从未打算将其生活观念往形而上、非理性或者思辨的方向推进。对狄尔泰而言，生活始终意味着世界上的人过的生活，即"人类的生活"[5]。正如他在手稿《生活的范畴》中解释的，"我在作品中使用'生活'这个术语尤其指的是人类世界的生活"[6]。与19世纪法国和德国生活哲学产生的生物学、宇宙论和美学含义相反，狄尔

---

[1] Dilthey, GS 19: 346–347. 埃尔马特（Wilhelm Dilthey, 197–209）和帕尔默（Hermeneutics, 108）都认为狄尔泰的体验理论是20世纪现象学的前奏。Orth, Dilthey und die Philosophie der Gegenwart, 尤其是 pt. 1, "Beziehungen zur Phänomenologie", 29–182; Rudolf Makkreel , "Husserl, Dilthey, and the Relation of the Life-World to History", Research in Phenomenology 12 (1982): 39–58; 以及 Ludwig Landgrebe 的早期研究，"Wilhelm Diltheys Theorie der Geisteswissenschaften", Jahrbuch für Philosophieund phänomenologische Forchung 9 (1928): 238–266。上述文章都表明狄尔泰晚期思想与年轻胡塞尔之间的明显关联。狄尔泰关于生活、体验和生活情境的理论远远超出了19世纪非理性主义者的浪漫想象。狄尔泰的意识理论是严格的科学，他对"经验"和客观有效性等研究的偏好表明，他与胡塞尔在20世纪早期身体力行的那种哲学存在明显关联。如果对狄尔泰的"浪漫主义"身份抱有疑问，则应仔细阅读他写给胡塞尔的信件，"Der Briefwechsel Dilthey-Husserl", Man and World 1 (1968): 423–446, 海德格尔的学生沃尔特·比梅尔还撰写了导言。

[2] Dilthey, GS 19: 345.

[3] Dilthey, GS 5: 131.

[4] Dilthey, GS 19: 347.

[5] Dilthey, GS 8: 78 and 121.

[6] Dilthey, GS 7: 228.

泰把自己的目标设定为"建立描述和分析心理学的基础，它试图从我们的心理生活出发，在有条理的科学中为当代生命哲学家们所面对的问题寻找更加谦逊、严格和确定的解决方案"[1]。因为体验本身并不能让我们了解生活的全部维度，而只能让我们了解特定时空背景中所经验的生活结构单位，于是，狄尔泰建议哲学家从事他所谓的"描述心理学"研究。

从目标和功能的角度看，描述心理学都会成为一门新的学科。狄尔泰认为，它会取代德国大学中自然科学化的心理学，后者以实验心理研究和生理学研究为重点，而描述心理学则关注意识的"生命统一性"。正如狄尔泰在其《描述和分析的心理学观念》中写到的：

> 自我发现其自身处于各种状态中，这些状态是经由人的身份意识而得以确认和统一起来的。同时，每个自我都发现自身受到外部世界的制约并对其作出反应。接着，自我在意识中理解了这个世界，并通过感官对其有了确定的认识。因为这个生活着的统一体发现自己受到社会环境的制约，它生活在其中并作出相应的反应，因此其内部也出现了一个清晰的组织状态。我称之为心理生活结构。理解这种结构之后，描述心理学发现了一致性原则，它把心理事件的序列连接为一个整体，而这个整体就是生活。[2]

此前的自然科学化的心理学"尝试在死板的抽象中解决从社会历史主干及其互动中分离出来的个体的原初构成问题"，狄尔泰的心理学则试图把我们的全部体验奠定在产生它们的社会历史背景之中。[3] 在这个意义上，他的描述心理学旨在研究人类意识在时间和历史生活中的客观化进程。狄尔泰在《观念》中解释道：

---

1 Dilthey, *GS* 5: 371. 类似的态度也见：*GS* 19: 37–43.
2 Wilhelm Dilthey, *Descriptive Psychology and Historical Understanding,* trans. Kenneth Heiges and Richard Zaner (The Hague: Martinus Nijhoff, 1977), 81–82; Dilthey, *GS* 5: 200.
3 Dilthey, *GS* 5: 63.

我们在语言、神话、宗教仪式、习俗、法律和社会的外部组织等人类意识的集体产物（黑格尔语）中发现，人类意识被客观化了，因此可以得到分析。人不会通过沉思自身，或者经由心理学实验而理解自己，只有通过历史才能做到这一点。对人类精神产物的这种分析——旨在让我们了解到心理联系的起源、形式和作用——除了分析历史产物以外，还必须观察和收集一切能够抓住构成这种联系的历史过程。正是这两种方法的结合，我们才得以对人类心理联系的起源、形式和作用做出全方位的历史研究。[1]

自然科学化的心理学从原子层面把人理解为隔离于历史和社会的心理自我。它试图以物理和力学研究的方式分离出心理生活中的普遍元素，从而得出关于人类知觉的理论。但狄尔泰坚持认为，就像所有心理功能一样，知觉永远无法与知觉物相分离。万物都是由零散的单位组成的结构统一体，其中心便是体验的社会环境。狄尔泰的任务是得出结构统一性的理论，而这些"体验"的复合物就能为特定的体验提供一个普遍的框架。而在个人生活中，这种统一则是由个体自身的生活历史提供的。就单个体验的背景而言，人能够在整体结构的框架中反思性地理解其组成部分。例如，人能够联系其他经验进而理解钟声；它能让人回想起周日清晨的服务员，也可能让人想起某个公众人物的葬礼。但无论出现何种记忆，每一个体验都超出了个体自我的边界。人们各自的生活史必然是更大的文化生活关联体的组成部分，而个体也只有在这个广袤的结构中才能获得意义。哪怕语言这个自身反思的工具也是这个更大的文化结构的产物。因此，狄尔泰开始把个人生活——或自传——视为理解（让历史得以可能的）人类世界的重要模式。但这个关注点在任何意义上都并非唯我论的或心理主义的，因为狄尔泰总是从整体结构与其内部组成之关系的角度看待个人的鲜活经验。通过强调这种部分与整体关系的核心地位，狄尔泰得以从专注于"结构"的描述心理学转向历史的诠释学理论，后者把生活理解为"现象"。

---

[1] Dilthey, *Descriptive Psychology*, 62–63; *GS* 5: 180.

李凯尔特和文德尔班也提出过意识理论，该理论把先验的主体定义为不受外部影响的僵化实存（entity），即从康德的范畴得出的笛卡尔式虚构。狄尔泰试图打破学院讲坛哲学的封闭传统及其讲坛式断言。与李凯尔特的概念构成理论相反，狄尔泰转向了诠释学方法，从而不仅可把自然和历史理解为意识中的"现成"对象，还将其理解为生活历史的统一性中的体验模式。但狄尔泰还小心地避免了在意识中直接切中对象的幻觉，也避免了意识在笛卡尔式我思中的直接可及性幻觉。为了克服这种极端的主观主义，狄尔泰试图在自己的生活史及其文化和历史背景中思考意识。因为生活本就是更大的整体（人类生活的历史）的组成部分，狄尔泰坚持认为，人要理解生活，其思考的材料就要超出自传、回忆或自身反思的范畴；而在研究精神科学的过程中，人也需要理解生活的历史对象化过程。用狄尔泰的话说："个体体验的生活是充实、多样和相互作用的——并且处于某种连续过程之中。生活的主题与历史相同。历史的所有节点上都有生活，历史正是由各种多样化的环境中的生活组成。从人类整体的连续性看，历史仅仅是生活。"[1]通过对个体生活和人类生活的历史进行情境化处理，狄尔泰希望为专注于人类的历史本性或历史性的哲学人类学奠定基础。在《梦想》一文的一段著名章节中，狄尔泰主张，"人为何物只能从其历史中获得答案。"[2]同样，他在"生活哲学导论"中也解释道："人是什么，人的渴望及其经历仅会体现在其本性在时间长河中的发展过程之中；仅在鲜活经验中才能找到这些问题的答案，而在普遍概念中则绝无可能，而整个存在的深处才是鲜活经验的源头。"[3]但从人类生活的科学研究角度看，狄尔泰对个体历史性的强调却是成问题的。因为，如果依旧坚持严格的知识论，那么从有限人类经验的有限历史视角看，人如何能够获得超越了个体鲜活经验的更大范围的科学真理呢？

1　Dilthey, *Pattern and Meaning*, 163; *GS* 7: 256.
2　Dilthey, *GS* 8: 226.
3　Dilthey, GS 6: 57. 狄尔泰在不同语境中都作出过类似的判断：参考 *GS* 1: 98, 271, *GS* 2: 170, *GS* 3: 210, *GS* 4:528, *GS* 5: 425, *GS* 8: 4, 166, *GS* 9: 173. 人类本性的历史性观念（也称人类历史性）是狄尔泰反复讨论的主题，我们也会在本章后续部分作出更为详细的研究。

何种科学标准，何种形式的探究，哪种特定的方法可为精神科学的主张提供些许确定性？狄尔泰意识到了这个问题的广泛影响，并且提出了一个决定性的问题："我们如何克服精神科学随时都会面临的困难，即从个体极为有限、极为不确定、极为封闭且不适宜分析的内在体验中，如何得出普遍有效的命题？"[1]这个问题本身并不新鲜。如何建立历史方法，进而在主观相对主义的危险面前确立客观性的标准，这也是早期历史主义传统面临的问题。狄尔泰试图超越早期历史主义仅仅关注历史学的做法，但他的办法是从诠释学的方法论要求出发，让"精神科学最深刻的事实——即精神生活的历史性在人类造成的每一个文化系统中的表现"相互协调。通过避免新康德主义的非历史性倾向和历史主义在哲学上的贫乏，狄尔泰希望克服科学知识和历史生活的根本性分歧，后者标志着科学的危机。当他重新考虑这些关系时，狄尔泰便转向了诠释学的哲学复兴。

第七节

历史性和诠释学

狄尔泰的作品标志着学者们对历史主义的哲学反思的重要转变，就像新康德主义者在德国大学中占统治地位时期的状况一样。如果李凯尔特和文德尔班的方法论贡献巩固了历史研究的科学地位，那他们也对历史主义精神从实际历史的根源处的深刻异化作出了贡献。与这种抽象的理论相反，狄尔泰的一贯倾向在于承认人类历史性的重要性，并将其视为理解生活的诠释学标志，而非知识可能性的先验条件。在与亲密朋友保罗·约克·冯·瓦尔滕堡（Graf Paul Yorck von Wartenburg）的持续对话和往来过程中，狄尔泰从新康德主义科学理论的方法论关注转向了历史理解的诠释学。在狄尔泰的解释中，

---

[1] Dilthey, GS 6: 107.

理解不仅意味着精神科学的特定程序,也是人类历史生活的根本活动,其开端无法从知识论层面加以分离。新康德主义者尝试为历史探究和历史理解确保逻辑起点时犯了错误。但狄尔泰强调知识从中途开始。在个人生活范围内,人们以循环的方式从熟悉的背景(即对自己的理解)过渡到了全部生活关系的大范围联系(即对他人的理解)中。正如狄尔泰所说:"理解就是在他者那里重新发现自我的过程。"[1]

狄尔泰认为,我们经由共同的心理结构理解他人的情感、行为、冲动、欲望、思想和表达。通过人类日常的表达方式——姿势、面部动作、言语和语调等等,人的心理世界便呈现在了我们面前,以供理解。理解这些符号、表达和生活客观化的其他例子被称为"理解"(Verstehen)。[2]"理解"(Verstehen)在这种特殊的意义上不仅意味着理解某个个人或心灵(精神),还意味着理解心灵的社会和文化产物,后者具象化在艺术、诗歌、文学、音乐、法律、科学和哲学等领域了。狄尔泰把这些表现形式称为客观精神,这是他从黑格尔那借来

---

[1] Dilthey, *GS* 7: 191.
[2] 狄尔泰对"理解"(Verstehen)的定义如下:"理解和诠释是所有人文研究中通用的方法。它统一了所有这些研究的功能,并且包含了它们全部的真理。理解打开了世界。我们对他人以及他人的表达的理解在经验和自我理解以及后两者的持续互动中得到提升。也因此,理解并不是逻辑建构或心理分析,而是知识论的分析。我们现在必须证明理解对历史知识的作用"(译文来自 H. P. Rickman in *SW*, 219; Dilthey, *GS* 7: 205)。他还写道:"每个人的人生都是不断抉择的过程,而这个过程会不断限制人的可能性。人之本性的结晶总会决定他进一步的发展……但理解为他打开了广阔的可能性,但这些可能性并不体现在他在实际生活中作出的抉择之中。对我以及当今多数人来说,个人生活中经历宗教思想状态的可能性受到了极大的限制。然而,当我查看了路德的信件及其著作、他同代人的解读、宗教会议和委员会的记录和路德的正式合同的报告之后,我发现了一种极具爆发力的宗教现象,其能量之大,乃至于其中的问题生死攸关,它超越了我们这个时代的人经验可能性。但我能够再次体验所有这些现象……因此,这个过程为我们打开了路德的宗教世界,也打开了他那些宗教改革同辈们的宗教世界,这扩展了我们的视野,因为我们获得了只能从这个过程中获得的可能性。因此,有着内在本性的人类能够在想象中体验多种其他的存在方式。尽管他会被当下的环境所限制,但他永远无法触及的世界和地区的异域美人却向他敞开了怀抱。概括地说,受生活现实约束并非被其决定的人不仅可以通过艺术(这一点常被提及),而且可以通过对历史事物的理解而获得自由。"(翻译取自 Plantinga 在 *Historical Understanding in the Thought of Wilhelm Dilthey*, 23 中的译文;Dilthey, *GS*, 7: 215–216。)

的术语。[1] 在其《历史理性批判》的手稿（值得我们详细引用）中，狄尔泰把客观精神及其与他的"理解"理论的关系作为精神科学的核心事实：

> 我已经证明了客观精神对人文研究中的知识可能性的重要程度。我是说，个体共享的多种形式都已在感官世界中具象化了。在这种客观精神中，过去对我们而言便是永远持续的现在。它的领域从生活方式和社会交往形式一直扩展到了社会为自身创造的目的体系，比如习俗、法律、国家、宗教、艺术、科学和哲学等。因为即便天才的作品也代表了某个时代和环境中常见的思想、感受和理想。自我从这个客观精神的世界中获得了初生时的养料。而这个世界也正是理解他人，以及他人的表现的发生之所。对于精神的一切具象化产物而言，它们与你我共享一些东西。每一个广场都种着树，所有的房间都安排了座椅，我们打小就理解这些现象，因为人类的计划、安排和评价——我们所有人共享的东西——都能在每一个广场和房间中的每一个对象中找到痕迹。小孩在与其他成员共享的家庭秩序和风俗中成长，他也在这种情况下接受母亲的诫命。在学会说话之前，他已经完全沉浸在这种共同的媒介之中了。小孩要学会理解手势和面部表情、动作和感叹、语词和句子，只是因为他总是在形式、意义和表现的关系相同的情况下面对它们。因此，个体能在客观精神的世界中为自己寻找方向。
>
> 由此得出的结论对于理解的过程显得很重要。通常，个人掌握的生活表现方式并非孤立的，它充满了共享的知识和精神内容的相互关联。[2]

---

[1] 狄尔泰对客观精神的讨论，见 GS 7: 208-210。狄尔泰的客观精神跟黑格尔的有所不同，因为它主要来自鲜活的生活经验，而非形而上的历史发展过程。尽管狄尔泰的确从黑格尔那里借用了"客观精神"这一概念来看待全部人类实在，但他也是从诠释学的角度而非形而上的角度构思这个概念的。我们所有的理解都基于构成我们生活的文化产物：宗教、社会、语言、习俗和其他种种，但在特定的时空背景下，理解首先让我们认识到客观精神和我们主观鲜活经验的统一。鲜活经验意味着客观的精神；客观精神又意味着鲜活经验。我们的理解结构是循环或诠释性的。但这里的论述跟"精神科学"这个概念也存在重要联系，因为它们都研究人类生活——不仅是我的生活，而且是"人类"的生活，后者被重构为全部人类生活在客观精神中相互交织的背景。正如狄尔泰在未发表的"遗著"中所言，"精神科学自身具备广阔的实在——即客观精神"。（译文来自 Ermarth, *Wilhelm Dilthey*, 277。）

[2] Dilthey, *Pattern and Meaning*, 120–121; GS 7: 208.

对于日常生活的理解是在印象和参照点不断变化的背景下发生的，客观精神的理解则需要更加严格的方法。后者的表达方式被既有的形式所"固定"：诗歌的计量、音乐的节奏、建筑的穹顶和文学的散文等。要理解和解释这些"固定的生活表现形式"（正如狄尔泰所称的那样），需要带有特定规则和程序的方法，该方法重点关注文化发展和变化的概念：即诠释学方法。从诠释学的路径切入"理解"（Verstehen）概念，狄尔泰试图提供一种科学上可验证的程序，该程序能够阐明客体精神的表达方式。如果成功了，这种诠释学的方法将担保"普遍有效的解释的可能性"，进而解决困扰精神科学的相对主义问题。[1] 狄尔泰在《诠释学的兴起》（1900）中指出："在人文研究的知识论、逻辑学和方法论背景中，解释理论（即诠释学）成了哲学和历史科学的重要纽带，后者乃人文研究的基础组成部分。"[2]

传统的诠释学——以阿斯特、沃尔夫、埃内斯提、米迦勒和塞姆勒等人为代表——侧重对古典文本和圣经的解经式批判。[3] 对他们而言，诠释学主要是一种具备文献应用和抱负的技术。然而，借助施莱尔马赫的浪漫主义诠释学，狄尔泰对这些早期批评家的语法、句法和问题重点作出了修改，从而对历史背景中的心理分析赋予了新的意义。狄尔泰在其早期学术生涯中主要研究了施莱尔马赫的知识背景，他承认心理学解释对于理解历史文本而言十分重要。但他走得更远。对于施莱尔马赫而言，诠释学主要是文本性的——在这个意义上，它被用于理解文学作品、法律法规、历史文献、商业合同以及信件等等；而狄尔泰则把它作为理解生活本身的一种方式。"生活"——从狄尔泰赋予它的意义的角度讲——是一段文本，其组成部分是心理学主题中的体验。生活的每个部分，每种体验都具备整体意义。并且，整体决定了每个部分的重要性。

---

[1] Dilthey, *GS* 5: 329.
[2] Ibid., 331.
[3] 对诠释学传统更为全面的研究，见：Jean Grondin, *Einführung in die philosophische Hermeneutik* (Darmstadt: Wissenschaftliche Buchgesellschaft, 1991), 以及伽达默尔的经典作品：*Truth and Method* (New York: Crossroad, 1989), pt. 2. 狄尔泰自己对诠释学传统的思考收录在他为施莱尔马赫所作的多卷本传记中；以及 GS 13, 尤其是 GS 14: 595-787; 以及他的论文："The Rise of Hermeneutics," in *GS* 5: 317-331.

生活在意义的背景中向我们敞开，后者的统一性建立在这种部分－整体关系之上，这符合某种诠释学结构。[1] 因为"生活"并不只是个人的生活，它也是历史力量和环境的产物，因此，我们不能仅仅在个体的生活关系中对其作出解释。为了恰当地理解生活，我们必须理解生活"在世界（即语言、文化和历史）中"的各种表现形式——狄尔泰相信，这一点只能从客观精神的分析中得出。以这种方式把人类世界视为需要解释的"文本"，狄尔泰从根本上改变了德国哲学中的诠释学维度。对于萨维尼、兰克和博克而言，诠释学一直是用来保证文献和历史理解之科学严谨性的方法论工具，但对狄尔泰而言，它则成了"精神科学基础的核心组成部分"[2]。

狄尔泰为理解历史主义而采用了诠释学原理，这有助于历史主义将其提问的重点从方法论层面转向历史经验本身。作为精神的诠释者，狄尔泰试图把历史研究的全部方法论看作建立在个人和世界的部分－整体相互作用基础之上的东西，这种意义共享的背景以语言、文化和心理等多种形式向我们敞开。狄尔泰认为，这种体验层面的普遍诠释学结构让学者能够实现一定程度的历史理解。在《历史理性批判》的一份重要手稿中，狄尔泰解释道："历史科学的原理在抽象理论中并无对应……我们的存在的整体性就在于体验本身。这便是我们通过理解重构的东西，而个体的共性原理也体现在这里。"[3]

在狄尔泰的解释中，"历史意识"——或者某人的历史性意识——成了对历史主义者的事实收集和早期现代意识哲学的突破，具体则是兰克的"消灭自我"和笛卡尔的我思。与尼采不同，后者在《历史对生活的利与弊》中基于病态且让人厌倦的好古癖而嘲笑了历史意识，狄尔泰也坚持认为，"历史意识终究是没有'用处'的；它毋宁是适合看待所有现象的方式"[4]。然而，即便狄尔泰把历史意识提升为最高级别的反思意识，他依旧是在致力于确保科学

---

[1] Dilthey, *GS* 7: 130–138.
[2] Dilthey, *GS* 2: 115; *GS* 5: 331. 狄尔泰经常会在诠释学和他的历史理性批判之间建立这种联系，见 *GS* 1: 116, *GS* 7: 191–294, *GS* 8: 264–266。
[3] Dilthey, *GS* 7: 278.
[4] Dilthey, *GS* 11: xix.

知识确定性的笛卡尔方案。如果历史意识对他而言代表了自身知识的最高形式——掌握鲜活经验的唯一真实手段——那么，它也意味着科学意识无法超越的限度。狄尔泰的工作特点是，科学知识的普遍有效性的主张与暂时的历史性存在的有限性之间的持续紧张关系。为了调和这些相互竞争的主张，狄尔泰转向了源于亚里士多德和康德作品中的哲学"范畴"问题。

狄尔泰观察到，范畴是"表达或建立背景、关系或联系的概念"，可以分为"形式的"或"真实的"（real）。[1] 形式的范畴以理性本身为基础，它是一种抽象、永恒的意识形式，例如身份、差异、因果关系、实质（substance）等等。另一方面，真实的范畴"并不建立在理性的基础之上，而是基于生活联系本身"，因此，它们是"生活范畴"，而非纯粹理性僵化的形式关系。[2] 狄尔泰强调，形式类别和生活类别之间的本质区别在于它们与时间的关系。而康德的范畴则是"僵化和死气沉沉的"，生活的范畴表达了认知主体和世界之间动态、互动的过程，这也是建立在时间背景基础上的诠释学关系。在狄尔泰的作品中，"生活与时间的充盈存在密切联系。其整体的特性，它与腐朽和无常之间的联系，以及它所形成的具备一致性的联系（即自我）都是由时间决定的"[3]。这首先意味着，我们全部的体验，"现成在场的一切，都只是当下给予的。哪怕体验已逝，它对我们也是一种现成的当下体验"[4]。作为时间之流中的具体体验的组织、综合以及赋予意义的方式，当下的优先性共同为狄尔泰提供了把生活的一致性和整体性理解为"时间性"的概念方式。他认为，时间性是"生活的无条件规定性"，它为其他全部范畴提供了基础；时间性不仅提供了一个一致的关注点，进而把我们自身体验的全部各种方面融合在一起，还让人们能够理解作为文化和历史共同体中的其他人。[5] 但人类的时间性却永远无

---

[1] Dilthey, *GS* 19: 360. 狄尔泰的"生活范畴"概念是对康德的范畴的改造，按照狄尔泰的说法，生活范畴是固定和严格的（*GS* 19: 44, *GS* 7: 228），这些新的"生活范畴"旨在从历史的角度看待康德，并关注人在历史中的实际生活、气息和感受。它们并不是"形式"或"抽象的"，而是"真实的"。对这个计划的专业评价，见 Lessing, *Die Idee einer Kritik der historischen Vernunft*, 249–257。

[2] Dilthey, *GS* 19: 361.

[3] Dilthey, *GS* 7: 229.

[4] Ibid., 230.

[5] Ibid., 192.

法简化为任何背景中的当下理解。理解总是与我们自己的生活以及与过往其他人的生活联系在一起："人类世界的知识在于人类共同的生命力和个性的关系，也在于个性与历史性概念的关系。"[1] 狄尔泰认为历史学"构成了精神科学的基本事实"，它有助于定义个人生活与整个历史之关系的时间结构，而这种关系则强调了我们在知识方面的局限性，以及我们根深蒂固的时间本性。[2] 正如狄尔泰指出的，这意味着"总有墙围着我们；我们一直在焦躁地试图摆脱这堵墙……（但我们必须意识到）这种尝试是不可能成功的，因为此处和其他所有地方一样，人面对的是所有人类意识的基本特征：历史性"[3]。

---

1 Dilthey, *GS* 5: 266.
2 Dilthey, *GS* 6: 108.
3 Dilthey, GS 8: 38. 狄尔泰的历史性概念在其思想中占据重要位置。尽管按照黑格尔传记作者卡尔·罗森克兰兹（Karl Rosenkranz）和鲁道夫·海姆的说法，该术语和概念出现在 Hegel, *Sämtliche Werke,* 20 vols., ed. Hermann Glockner (Stuttgart: Frommann, 1961)，尤其是 vol. 17, 189 和 vol. 19, 137，但这个词第一次的重要使用出现在狄尔泰与约夫·约克的往来信件中。1888 年 1 月，约克致信狄尔泰："历史性的起点并不是心理－生理的材料，而是生活。"(*Briefwechsel*, 71.) 但狄尔泰和约克同意"历史性"和"时间性"是生活的范畴，而不仅仅是抽象的形而上学（见 *Briefwechsel*, 91,; *GS* 6: 314)。

狄尔泰的历史性指的不仅是所有事物都被历史所决定，还意味着，人类本身的地位也是被历史决定的。这意味着，历史研究的对象（历史）和生活时间经验的真正主题（即人性）在根本上都是历史性的。正如伽达默尔所言，这种历史性的观念不仅意味着历史的承认，也意味着人类本身的历史性存在方式乃是人类生活的基本结构。或者如狄尔泰所言，"人的本性在于其历史性！"(GS 8: 224) 而正是人类历史性这个存在论条件，而不仅仅是被历史决定的知识论条件对我们理解精神科学至关重要。大卫·林格写道："由于人从根本上是历史性的，因此，我们不可能在先验的元历史基础上建立我们的生活知识。因为其本身的历史性，人的知识对人而言就是他自身在历史中的知识"("Historicity and Hermeneutic", 116)。于是，人与历史的关系是循环的、反思性的或诠释学的，这个洞见对海德格尔的《存在与时间》产生了深远影响，尤其体现在他讨论狄尔泰和约克关系的漫长章节中。

历史性的含义见: Hans-Georg Gadamer, "Geschichtlichkeit", in *Religion in Geschichte und Gegenwart*, vol. 2, 1496-1498; Leonhard Renthe-Fink, "Geschichtlichkeit", in *Historisches Wörterbuch der Philosophie*, vol. 3 (Basel: Schwabe, 1974), 404-408; Renthe-Fink, *Geschichtlichkeit: Ihr terminologischer und begrifflicher Ursprung bei Hegel, Haym, Dilthey, und Yorck* (Göttingen: Vandenhoeck & Ruprecht, 1964); Renthe-Fink, "Zur Herkunft des Wortes 'Geschichtlichkeit'", *Archiv für Begriffsgeschichte* 15 (1971): 306-312; Gerhard Bauer, *Geschichtlichkeit* (Berlin: de Gruyter, 1963); Linge, "Historicity and Hermeneutic"; Heribert Boeder, "Dilthey 'und' Heidegger: Zur Geschichtlichkeit des Menschen", in Orth, ed., *Dilthey und der Wandel des Philosophiebegriffs seit dem 19. Jahrhundert* (Freiburg: Alber, 1984), 161-177; David Hoy, "History, Historicity, and Historiography", in M. Murray, *Heidegger and Modern Philosophy*; Otto Pöggeler, "Historicity in Heidegger's Late Work", *Southwestern Journal of Philosophy* 4 (1973): 53-73.

从诠释学的角度对人类知识的基本问题重塑后，狄尔泰对意识的历史性的洞察也改变了康德的形式范畴概念。对于狄尔泰来说，所有的知识都以循环、反思的方式从自身的有限视角（部分）推进到了全部人类（整体）的普遍性视角。人永远无法跳出时间，进而从绝对的视角看待世界，我们也无法设想个人的视角可以为人类科学探究提供基础。个人并非语言、习俗或传统的发明者，他只是在世界中发现了它们，进而将其主张和要求推往各处，空留人陷入"恶性循环"之中。当我们尝试把自己的目标、抱负和志向整合进与自身有关的更广阔世界中时，便经历了以循环的方式从自我走向世界，然后再回到自我的过程。[1] 康德式的绝对时间概念所主导的自然科学方法绝不可能充分把握这种在时间关系中形成的理解的循环运动。康德式的认识论认为科学探究的对象是静态且现成的，"静候"人的分析；但狄尔泰则耐心地强调，生活的时间性和历史性破坏了任何知识对象的确定性。

历史经验的存在论建立在人们对"人类的本性在于其历史性"的认识之上，狄尔泰尝试从这种存在论出发证明传统主/客形而上学的破产。传统的诠释学通过证明所有知识都是以部分－整体的形式呈现给我们，从而开启了这种批判之路。但浪漫主义学派较早的方法则是关注意识中的对象的结构，并在对象自身确定的历史背景中看待它们。兰克甚至主张"消灭"主体，进而力求消除所有个人偏见。然而，尽管兰克在理解对象的历史性方面堪称楷模，但他对主体的处理办法却不太成功；他的历史理论的作用在于把主体孤立在实体化和非历史的沉思中。相对于这种方法，狄尔泰的诠释学则试图关注意识和世界的相互作用，并将此视为全部历史解释的基础，进而融合客体和主体的历史性。在狄尔泰看来，意识本身具有与历史世界相同的时间性和历史性。

---

1 狄尔泰谈到人与世界、生活与历史之间的循环或诠释学关系是一种结构化的关系，这种关系在多种语境中都以部分－整体的关系为基础，尤其见狄尔泰的文章《历史理性批判手稿》（见 GS 7: 262–264 and 277–280）。诠释学与生活的历史性之间的紧密关系也是下列作品的研究对象：Helmut Diwald, *Wilhelm Dilthey: Erkenntnistheorie und Philosophie der Geschichte* (Göttingen: Musterschmidt, 1963), 198–203; Linge, "Historicity and Hermeneutic", pt. 1; John Maraldo, *Der hermeneutische Zirkel: Untersuchungen zu Schleiermacher, Dilthey, und Heidegger* (Freiburg: Alber, 1974), 65–88; Peter Hünermann, *Der Durchbruch geschichtlichen Denkens im 19. Jahrhundert: Johann Gustav Droysen, Wilhelm Dilthey, Graf Paul Yorck von Wartenburg* (Freiburg: Herder, 1967) 156.

但最终，狄尔泰并未成功地把时间性和历史性的范畴整合为连贯的基础科学，进而把描述心理学、诠释学、历史科学和知识论等学科的洞见统一起来；尽管如此，他仍然坚持认为，我们有必要采用一种更加原初的提问方式来消解和克服传统哲学思想中的主/客预设。他的诠释学方法指向了全部科学探究的重要基础；然而，即便他把生活纽带视为精神科学的原初关注，他仍被知识的内在历史性所困扰，这破坏了它作为真理的价值。为了对狄尔泰的工作作出评价，我们需要从 21 世纪初与历史主义传统纠缠不清的相对主义的角度出发，更加全面地考虑这一历史性问题。

第八节
历史相对主义的危机

在其《历史理性批判》中，狄尔泰曾竭力避免他眼中的两种知识论传统呈现的矛盾：科学理性的康德理想和历史意识的兰克式实践。在很多方面，狄尔泰的精神科学历史都试图从诠释学的角度重塑科学知识，从而调和这些传统。狄尔泰本能地认识到，历史主义"危机"的根源在于人们对科学方法提出的相互对立的要求，这反映了诠释学对真理历史性的洞见。狄尔泰拒绝了新康德主义者建立价值的先验逻辑理论的努力，后者会克服单纯的"历史"判断包含的相对主义特点。通过把历史定义为价值范畴下的事实总和，并且把自然定义为规律范畴的材料总和，李凯尔特和文德尔班错过了人类经验和历史生活的实际源头。[1] 抽象的知识论分离自它自身的历史背景，并根据呆板的逻辑数学式的时间模型得以衡量，在狄尔泰看来，它并未对化解历史价值的危机提供些许希望。正如他在其未发表的"遗著"中指出的："李凯尔特希望单纯通过基于知识论主体的逻辑关系的推理就能抵达作为先验客体的实在，但他发现这行不通。这是他的方法论中的错误。真正的方法必须从经验意识出发。这种方法认识到，在抽象概念的基础上建构是徒劳的。它也认识到，实在无法被建构，也无法在逻辑上得到充分的证明，而只能在制作层面不断趋近。"[2]

如果说对李凯尔特而言，历史或者历史材料乃知识论主体建构的对象，那么对于狄尔泰而言，历史则更像是一种精神，一种活生生的生活关联，而非单个且分散的实存。狄尔泰宣称，我们认识的过去并不是独立的"材料"，而是作为我们自身存在的有意义组成部分，它在时间上与我们分离，但在心理上却是切近的。用诠释学的术语说，狄尔泰并不把历史反思当作学术判断的过程，而是把它当作人类对特定历史文化环境中个人存在之可能性和局限

---

[1] 深入的批判见 Manfred Riedel, *Geschichte der Philosophie* 7, 331–332。
[2] 摘自未发表的"遗著"，译文来自 Ermarth, *Wilhelm Dilthey*, 197。

性的思考。因此，他强调了自传和哲学人类学作为一门学科的重要性，这些学科将把人类经验置于个人生活和物种生活的双重背景之中。狄尔泰坚持认为，人类的反思以特定的历史环境为条件；人类绝不可能从历史进程中抽离出来，进而获得某种形式的绝对知识。我们的历史知识总是与我们在历史中的存在相联系，它对我们自身而言似乎总是一种知识论的关注，并且要求我们对自身的存在论状况有所认识。对狄尔泰来说，人类历史的这种存在论维度——它在存在中的体现，以及与时间的反思性关系——构成了"历史性"的真正含义：人类并不是根据得自逻辑的范畴，而是根据从其自身的诠释学状况的反思性意识 (Innewerden) 理解生活的。

与新康德主义者们从逻辑、方法论、先验或者"纯粹"理性的角度界定历史的倾向相反，狄尔泰致力于历史理性的哲学批判，其中的理性是根据其历史性加以解释的。然而，如果人类意识被反思性地抛回到自身的历史基础之上，那么，人如何可能解释历史真理呢？谁又能摆脱自身反思的诠释学循环，并克服全部真理主张的循环性？在不放弃狄尔泰的诠释学存在论洞见的情况下，人是否能够通过某种方式实现知识论的确定性？对李凯尔特来说，狄尔泰对理性历史化的尝试导致了人们混乱地肯定了一切都是相对的和碎片化的，这决计无法实现全部哲学的真正目的：绝对的系统知识。就狄尔泰而言，他拒绝了李凯尔特把真理奠定在先天价值、先验主体性、"规范意识"乃至"亲自然规律的"应然领域之上的策略。正如狄尔泰反复在不同的语境中以不同的方式提醒其同代人时谈到的，"一旦我们用整全的生活替换了黑格尔的普遍理性，就会出现科学史何以可能的问题"；与绝对的形而上整全性相对，狄尔泰强调了"生活的整全性""意识的统一性""人性的整全性"[1]。狄尔泰宣称，"并不存在绝对的支点"，但他却对离散的、具体的个人生活与整体的历史生活建立联系的渴求比较敏感。狄尔泰问道，从人类意识的特殊性出发，如何才能达到知识的普遍有效性？如果狄尔泰最终无法成功地回答这个问题，他也会

---

[1] 这些表达出现在其未发表的作品以及下列作品中："Nachlass"；参考 Dilthey, *GS* 1: xvii; *GS* 8: 180; *GS* 19:75, 140。

努力克服历史真理的纯粹相对性。

尽管存在诸多分歧和争点，但狄尔泰和李凯尔特还共享一个基本目标：提出一种能够克服文化价值相对性的科学方法，进而解决历史知识的危机。尽管狄尔泰可以承认"历史中的一切都是相对的"，从表面看，"这似乎是朝解构、怀疑论和苍白的主观性做出的努力"，但他同时坚持认为，"相对的事物必须与普遍有效之物建立更加深刻的关系"[1]。知识论（或精神科学的逻辑和方

---

1 译文来自 H. E. Rickman, in Dilthey, *SW*, 121; *GS* 8: 204。试图统一"相对"和"普遍"有效性这一点，似乎被狄尔泰的众多评论者错过了。例如，格哈德·马瑟（Gerhard Masur）在 *Prophets of Yesterday* (New York: Macmillan, 1961), 167 中认为"狄尔泰承认自己是个相对主义者"；斯图尔特·休斯（H. Stuart Hughes）辩称，"狄尔泰为了摆脱自己的思想的怀疑和相对主义后果而挣扎——但没有取得成功" [*Consciousness and Society* (New York: Knopf, 1958), 199]。

相对主义和怀疑主义的指责也被众多马克思主义路数的批评者所赞同，比如赫茨伯格（Guntolf Herzberg），"Wilhelm Dilthey und das Problem des Historismus"，diss., Humboldt University of Berlin, 1976，该作者的全部作品都把狄尔泰误解为从事非理性的生命哲学的相对主义者。对赫茨伯格来说，历史主义是资产阶级的帝国主义思想，无法避免相对主义立场自身的矛盾。类似的观点见：Robert Steigerwald, *Bürgerliche Philosophie* (Frankfurt: Verlag Marxistische Blatter, 1979); I. S. Kon, *Die Geschichtsphilosophie des 20. Jahrhunderts* (Berlin: Akademie, 1964); 而乔治·卢卡奇的作品 *The Destruction of Reason* (London: Merlin, 1980) 则用了一个章节讨论狄尔泰和生命哲学。

狄尔泰被列为"非理性的"生命哲学的支持者和他作为彻底的相对主义者的指责存在密切的关联。这个问题部分源于 20 世纪 20-50 年代德国狄尔泰接受运动。哲学史家 Willy Moog, *Die Deutsche Philosophie der Gegenwart* (Stuttgart: Enke, 1922); Ernst von Aster, *Philosophie der Gegenwart* (Leiden: Sijthoff, 1935); Hans Meyer, *Geschichter der abendländischen Weltanschauungen*, vol. 5 (Paderborn: Schöningh, 1947); Gerhard Lehmann, *Die deutsche Philosophie der Gegenwart* (Stuttgart: Kröner, 1943); Lehmann, *Die Geschichte der Philosophie*, vol. 10 (Berlin: Göschen, 1957)。甚至狄尔泰的女婿乔治·米施（Georg Misch）在其 *Lebensphilosophie und Phänomenologie* (Leipzig: Teubner, 1931) 中都试图统一狄尔泰传统中的生命主义和现象学内容——所有这些都有助于对狄尔泰归类，并把他放在相应的传统中，也即 19 世纪的非理性主义传统。甚至狄尔泰早期一位最富洞察的评论者 Otto E Bollnow, 在 *Die Lebensphilosophie* (Berlin: Springer, 1958) 和 *Dilthey: Eine Einführung* (Stuttgart: Kohlhammer, 1955) 中就试图从这些传统的角度看待狄尔泰。当然，正如我们所见，海因里希·李凯尔特早些时候在 *Die Philosophie des Lebens* (Tübingen: Mohr, 1922) 中就批判狄尔泰的非理性主义倾向。但正如我一直坚持的，尽管狄尔泰思想中存在相对主义、历史主义、生命主义乃至非理性主义因素，但其中起统一作用的则是他的"历史理性批判"，其目的始终是建立"普遍有效的知识"（"universally valid knowledge"）(GS 8: 179) 或者"精神科学的知识论基础"（GS 1: xix）。这个任务不是"非理性的"，它建立在"知识论、逻辑和方法论"（GS 8:179）之上。对狄尔泰思想中的知识论理想和"相对主义后果"之紧张关系的讨论，见：Franco Bianco, "Dilthey und das Problem des Relativismus", in Orth, ed., *Dilthey und die Philosophie der Gegenwart*, 211-230。狄尔泰自己对这个计划的看法的归档，见：《历史理性批判文本》（*Texte zur Kritik der historischen Vernunft*），狄尔泰对"公开的相对主义者"这个指责的彻底否定，见 Dilthey, GS 8:13。

法论）的任务在于确定关于人类世界的客观有效的知识是否可能成立，因为用狄尔泰的话说，"每一门科学都有其普遍性诉求"[1]。狄尔泰在其《哲学的本质》（1907）中谈到："人类心灵的定论并非每种世界观的相对性，而是全部心灵对单个心灵的权威——与此同时，关于世界的整全实在的正面意识如何以不同于心灵的方式存在于我们头脑中的。与相对主义（哲学）相对……世界观哲学的任务在于把人类的思想与世界、生活之谜联系起来。"[2]

狄尔泰被一些学者误解了，他们坚称他是一位彻头彻尾的历史相对主义者。[3] 当然，他的确承认"所有世界观都有其历史条件，因此也都是有限和相对的"[4]。在本章中，我们看到了历史主义思想产生的影响是如何对狄尔泰的作品提供了启发。但在1911年写给胡塞尔的信中，他明确否认所有关于自己是"历史主义者"或者笃信历史相对主义之人的指控。狄尔泰写道："我并不是凭直觉思考的哲学家，也不是历史主义者和怀疑论者。"[5] 实际上，在写给胡塞尔的第二封信中，狄尔泰重申了自己"旨在为精神科学寻求普遍有效的基础，

---

1 译文来自 H. P. Rickman in Dilthey, *SW*, 183; and Dilthey, *GS* 7: 137。狄尔泰在1884年12月31日给约克伯爵的信中写道："我的真正目标是精神科学的方法论"（Briefwechsel, 48）。这是狄尔泰各种科学努力背后的动因。

2 Dilthey, *GS* 5:406.

3 有关那些认为狄尔泰是相对主义者的作者，见：Wolfgang Müller-Lauter, "Die Konsequenzen des Historismus in der Philosophie der Gegenwart", *Zeitschrift für Theologie und Kirche* 59 (1962): 226–255; Maurice Mandelbaum, *The Problem of Historical Knowledge: An Answer to Relativism* (New York: Liveright, 1967), lxvii and 418. 有关狄尔泰被称为"历史主义者"的说法，见：Calvin Rand, "Two Meanings of Historicism in the Work of Dilthey, Troeltsch, and Meinecke", *Journal of the History of Ideas* 25 (1964): 503–518; Schnädelbach, *Geschichtsphilosophie nach Hegel*, 尤其是 115; Jörn Rüsen, "Theorien im Historismus", in Jörn Rüsen and Hans Süssmuth, eds., *Theorien in der Geschichtswissenschaft* (Düsseldorf: Schwann, 1980); 也参见 Masur, *Prophets of Yesterday*; Hughes, *Consciousness and Society*; Georg Iggers, *The German Conception of History* (Middletown, Conn.: Wesleyan University Press, 1968). 我自己的观点与伯纳德·埃里克·詹森（Bernard Eric Jensen）的观点更为一致，他在《智识史在狄尔泰的历史理性批判中的作用》这篇文章中 [*Dilthey-Jahrbuch* 2 (1984): 65-91] 认为，尽管历史主义传统对狄尔泰很重要，但他从未不加批判地接受其基本原则。在我看来，狄尔泰从未以历史主义提问方式解决其《历史理性批判》中的问题，但他采取了某种与历史主义观点一致的哲学立场，即人类的历史性立场。正如我将要论证的，狄尔泰对历史性的强调不仅是出于知识论层面的关注——即与历史科学的范围和方法相关，而且本质上还是存在论的，即涉及对人类作为历史存在的充分认知。

4 Dilthey, GS 8: 224.

5 摘自"Der Briefwechsel Dilthey und Husserl", ed. Walter Biemel, *Man and World* 1 (1968): 428–446。

并为历史知识的客观性做出描述的志向",因为胡塞尔在其讨论逻各斯的文章中提示狄尔泰是"历史主义信徒,而后者与心理主义有着紧密的联系。"[1] 跟胡塞尔一样,狄尔泰也反对从纯粹主体为中心、内含自我意识的角度反省自身反思性、意向性和现象学化的生活意识,因为它是在世界中生活,既不向内也不向外,而是与"生活是结构,而结构是生活的连贯"的意识相关。[2]

狄尔泰在《哲学的本质》一文中回应了胡塞尔的相对主义指责,他在该文中论述了世界观的问题。狄尔泰解释道:"世界观哲学的任务在于,对宗教、诗歌和形而上学的历史发展——但与相对主义截然相反——以及人类心灵与世界和生活之谜的关系作出研究,并展开系统地描述。"[3] 在提出世界观理论的过程中,狄尔泰也将其描述为关于世界关联体的哲学、神学和诗意概念,他相信自己能够化解世界观和科学之间的肤浅对立,这种对立关系主宰了胡塞尔、李凯尔特及其同代人的作品。在《世界观的种类及其在形而上学系统中的发展》(1911)中,狄尔泰力求协调各种哲学体系与其自身的历史的关系,从而克服具备历史局限性的世界观的纯粹"相对性"。例如,狄尔泰的任务并不在于人为地设置"世界观的冲突",进而决定"支持"或"反对"赫拉克利特和巴门尼德等人,而在于"检讨单个世界观中的真理,并统一这些真理"[4]。狄尔泰肯定了科学真理的可能性,而并未服膺于不同世界观的多样性和混乱的无政府状态,也没有接受相对主义哲学。狄尔泰认为,所有世界观都是片面的,但与此同时,"如果它们都旨在寻求生活之谜的完整解决方案,则所有的世界观都必然包含相同的结构"[5]。通过关注这些单独的历史世界观之间的结构相似性,并在历史世界观中把它们彼此联系起来,狄尔泰认为自己可以提供一个统一的"哲学之哲学",以调和历史主义者的个体化理想和对普遍有效

---

[1] Ibid. 胡塞尔在下述文章中也提出了这种理想主张:"Philosophie als eine strenge Wissenschaft", *Logos* 1 (1911): 289–341.

[2] Dilthey, *GS* 19: 355.

[3] Dilthey, SW, 123; *GS* 5: 406.

[4] Dilthey, *GS* 8: 148.

[5] Ibid., 82.

的科学知识的康德式要求。[1]

那些因为狄尔泰坚持历史主义者的相对主义而攻击他的人往往错失了他的立场的微妙之处。即便狄尔泰肯定了历史世界观的相对性，但他仍旧小心地将其与科学主张范围内的相对性做了区分。[2] 狄尔泰一直认为，我们对价值观所决定的世界观的执着坚持，在一定程度上不同于从科学-哲学的角度对世界观展开的反思，后者受到普遍真理之价值的启发。作为个人，我们会根据自己的性格、背景和感受性在不同的价值体系中做出选择；但作为科学家和学者，我们有责任在历史科学的发展体系中理解自身独特的价值观。但在世界观的无序状态和历史价值的变动面前，狄尔泰也会在未发表的"遗著"中的一篇手稿《现代人与世界观的冲突》中承认，"我只能生活在思想的全部客观性之中。在我最艰难的时刻，我被卢梭或卡莱尔的性格魅力所吸引，但我始终觉得自己最渴望客观真理"[3]。如果历史主义倾向在狄尔泰的世界观理论中发挥了作用，那么就必须把它理解为他对"思想的全部客观性"的明确承诺。

19世纪历史主义的盲目主张——被罗伯特·穆西尔（Robert Musil）在其《无根之人》中夸张地模仿过——会让人构想出思想的"虚构博物馆"，所有思想在其历史背景中有效且具有约束力的，却对人类意识毫无影响。[4] 无

---

[1] Dilthey, GS 8: 206–211.

[2] 对此的出色研究见 Michael Ermarth, "Objectivity and Relativity in Dilthey's Theory of Understanding", in Rudolf Makkreel and John Scanlon, eds., *Dilthey and Phenomenology* (Washington, D.C.: University Press of America, 1987), 84–88.

[3] Dilthey, *GS* 8: 233.

[4] 卡尔-奥托·阿佩尔（Karl-Otto Apel）为狄尔泰思想与罗伯特·穆西尔的"虚无"历史主义建立了令人信服的联系，见 *The Hermeneutics Reader: Texts of the German Tradition from the Enlightenment to the Present* (New York: Continuum, 1984), 320–345. 阿佩尔写道："如果认真考虑这一概念的实际（存在论上的）后果，它就会导向虚无的'历史主义'问题，狄尔泰本人已经清楚地知道了这个问题，参考了尼采的思想以后，作家穆西尔把这个观点纳入到了《无根之人》这个标题之下。的确，把全部相互关联的真理和规范合乎科学地对象化，并将其汇聚到'虚构博物馆'的共时性中的人，就像一个能获得任何品质的人，一个纯粹的'可能之人'，正如穆西尔所言，这是个能够实现自己生活的人。他会失去与传统的全部联系，而历史-诠释学本身也会把他简化为非历史的状态。他们自己——也即把相互联系的规范和真理中立地对象化的人——也会取代有效的传统乃至于取代历史本身"（333）。

论信念和承诺的意义如何，历史主义的这个版本都只是哲学上的相对真理的单纯分类。但狄尔泰强调了历史意识的反思性，它保存了与生命有关的历史真理的意义。把每种世界观都视为一个单独的、不同且相对的参照系，但又不承认它的生活意义，这是对伦理和知识怀疑论的接纳。但狄尔泰想要确认历史与生活相关的意义，并将其融入到哲学家对普遍性的承诺之中，后者既非毫无意义，也并不抽象。在其1903年的"七十大寿生日演讲"中，狄尔泰解释道：

> 我研究了历史意识的性质和条件——即对历史理性作出了批判。这项任务让我遇到了最普遍的问题：如果我们追求历史直到其最后的结果，就会出现看似无法解决的矛盾。每一种历史现象都有其局限性，无论是宗教、理想或哲学体系均是如此，因此，人类对事物相互关联的各种想法的相对性都是历史世界观的定论。一切都在流变之中；无物一成不变。另一方面，人开始从普遍有效的认知角度对思想和哲学事业提出了要求。从历史的角度看待事物已将人的精神从自然科学和哲学尚未瓦解的最后链条中解放出来。但克服那企图威胁打断我们的信念无序状态的办法又在何方？

> 我一生都在研究可一步步追溯到上述疑问的各种问题。我看到了目标。如果我未能成功，我希望年轻的同伴和学生们能完成这个任务。[1]

---

[1] 译文摘自：Georg Iggers, *German Conception of History*, 143–144; Dilthey, *GS* 5: 9.

第九节

自我矛盾的"历史"理性：真理的历史性和人对科学方法的诉求

狄尔泰从未真正解决历史意识的有限性与普遍的科学诉求之间的矛盾。他会承认说，"历史意识的发展破坏了人们对任何哲学的普遍有效性的信念"，与此同时，他还因为历史反思活动从相对领域中寻找有效性而指责它。[1] 但狄尔泰思想中的紧张并不独特，它们反映了德国哲学本身的内在矛盾。19世纪后期，人们会同时要求从历史和科学的角度看待人类世界，它们分别是历史主义和康德哲学传统的组成部分。从我称之为"历史"理性的矛盾背景中看待狄尔泰的计划，我试图揭示哲学思维中的僵局，正是它助长了历史主义的危机。

对康德而言，二律背反意味着理性本身存在矛盾。康德认为，所有事件，或者更严格地说，人类对这些事件的经验都可以理性地加以限制，并因此建立在理性的原则之上。但在少数情况下，理性的通则会出现矛盾。正如康德在给朋友克里斯蒂安·加尔夫（Christian Garve）的一封信中描述的："并非

---

[1] 1983年4月，伽达默尔在"狄尔泰会议"上的讲话概括了狄尔泰的成就。在其文章："Dilthey nach 150 Jahren: Zwischen Romantik und Positivismus"（in Orth, *Dilthey und die Philosophie der Gegenwart*, 157–182）中，伽达默尔称赞了狄尔泰普遍的广度、博学，他对德国精神史的杰出贡献以及他那"真正的史诗气质"。尽管如此，他还是指出，狄尔泰缺乏独特的"概念力量"，这种不足遮蔽了他的作品的影响力。与海德格尔不同，狄尔泰从未达至（伽达默尔补充说）哲学上的精确性，后者有助于学者们重新接受狄尔泰。我认为这种一般性的评论为狄尔泰学者之间如此多的争论和混乱提供了一些启示。狄尔泰是个历史主义者，还是一个相对主义者、生命哲学家、实证主义者、浪漫主义者，抑或是个现象学家？他是心理主义、存在主义或诠释学的拥趸吗？他是个康德主义者还是黑格尔主义者？这条探究思路有时会造成混乱，因为狄尔泰本人是在动荡和过渡的大时代写作的。他的职业生涯从19世纪50年代的黑格尔主义一直持续到了胡塞尔的现象学，横跨了19世纪后期欧洲思想的主要发展阶段。正如我在本书的研究中始终强调的，狄尔泰基本的提问模式汇集了历史主义、心理学、生命哲学、实证主义和诠释学等方面的内容。但它总是位于"历史理性批判"的范围之内，这种批判旨在对人类历史性作出存在论洞察的基础上，为精神科学建立知识论的基础。狄尔泰的措辞并不总是清晰的，他的确缺乏"概念力量"，但他的提问方式始终如一。这才是狄尔泰思想中一致的东西，而不是任何特定"主义"的担保。关于狄尔泰文本中各种方法的综述，见本章中提到的各种著作，见本章 p.121–124 中的注释；也见 Michael Ermarth, "Historical Understanding in the Thought of Wilhelm Dilthey", *History and Theory* 20, no. 3 (1981): 323–334.

对上帝存在、永生等问题的研究，而是纯粹理性的二律背反才是我的出发点：'世界有一个开端——它并没有开端等等，一直到第四条：人是自由的——反题：人不是自由的，一切都是自然的必然'；正是这个矛盾让我从独断论的迷梦中惊醒，并驱使我批判理性本身，进而消除理性与自身矛盾的丑闻。"[1]

这种"理性的矛盾"或"对立"在《纯粹理性批判》中为康德设置了重要的问题，因为他试图解释"虚假的理性独断论"问题，并试图弄清楚"在这种矛盾的情况下，理性是否可能，以及以何种方式获得确定性"[2]。但狄尔泰在自己的《历史理性批判》一书中也认识到了二律背反带来的严重问题。在其晚年的一本著作的名为"所有生活和世界观的普遍有效性主张和历史意识的主张"的一章中，狄尔泰描述了世纪之交的德国哲学的无政府状态，并且指出了科学意识和历史意识的"矛盾"。[3] 被世界观主张和科学主张撕裂的哲学本身就是展现这个矛盾的场所。

一方面，历史主义者的传统着重在历史真理的主张和科学、经验方法的需求之间建立和谐的平衡。兰克的《世界史》，德罗伊森的《历史知识理论》以及历史学派的语文诠释学－批判方法全都关注历史知识及其对人类生活之价值的紧张关系。另一方面，新康德主义者则牢牢抓住了科学何以可能成为历史相对主义的解毒剂这个问题。他们把价值理解为科学问题，其基础既不是生活，也不是历史，而是某种先验意识。狄尔泰自己的计划是试图在历史主义者的生活关切与新康德主义者的科学关切之间作出调和。追随康德的脚

---

1 *Immanuel Kant to Christian Garve, September 21, 1798*, in Immanuel Kant, *Gesammelte Schriften* (Berlin: Walter de Gruyter, 1983), 12: 257–258. "二律背反"对康德的重要性，见其 *Gesammelte Schriften*, 4:338, 341 n, 10: 252, 18: 60–62; Norbert Hinske, "Kants Begriff der Antinomie und die Etappen seiner Ausarbeitung", *Kant Studien* 56 (1965): 485–496. 其他研究康德的"二律背反"的论著见 Michael Gillespie, *Hegel, Heidegger, and the Ground of History* (Chicago: University of Chicago Press, 1984), 24–55, 183。狄尔泰对二律背反一词的使用，见 *GS* 8: 3–9; 伽达默尔的批判，见：*Truth and Method*, 192–214, 以及 "The Problem of Historical Consciousness", 21–37. 对伽达默尔的狄尔泰解读的批判见：Frithjof Rodi, "Dilthey, Gadamer, and Traditional Hermeneutics", *Reports on Philosophy* 7 (1983): 3–14; Stefan Otto, "Dilthey und der Begriff des empirischen Apriori", *Philosophisches Jahrbuch* 91, no. 2 (1984): 376–382.

2 Kant, *Critique of Pure Reason*, 394.

3 Dilthey, *GS* 8: 3–9.

步，他打算写出自己对理性局限的批判，并打算建立普遍有效的知识。但他又按照历史主义学派的方式从诠释学的角度理解自己的任务。因为理性既不绝对也不纯粹，而是受到历史和传统的约束，因此，它也受到历史性的限制。然而，对理性历史化并确认历史意识的生活来源后，狄尔泰是否同时也破坏了自己把历史知识合理化为"客观科学"的目标？他是否解决了理性的历史性和历史的合理性之间的矛盾——即历史理性的矛盾——进而为"历史主义的危机"提供了可行的解决方案？

汉斯－乔治·伽达默尔在《历史意识问题》中承认，狄尔泰受到"相对主义如何担保客观性这一问题"的困扰，但他也观察到，"尽管如此，我们向狄尔泰询问相对主义问题的有效回答也属徒劳"[1]。伽达默尔在狄尔泰的思想核心处发现了矛盾和"内在不一致"，并认为他把精神科学的基础奠定在历史和鲜活经验之上的努力并不能真正地与得自康德的自然科学客观性模型调和："他可能会强调生活本身的沉思倾向，也可能会强调与生活相关的'坚固'事项的吸引力，但他的'客观性'概念（因为他将之还原为'结果'的客观性）的源头仍旧与鲜活的经验十分不同。这就是狄尔泰无法解决他所选择的问题的原因。"[2] 狄尔泰断言"生活是一个不可解的谜题……无法分析"，并得出结论说，"因为生活对我们而言总是个谜，因此宇宙也必定如此"[3]。在柏林的未发表的"遗著"中，狄尔泰同样谈到了"生活的不可思议性"。[4] 但反过来，狄尔泰也表达了自己对"充足理由律"的执着，这个主张断言所有的现象都可以从理由或原因的角度合理地加以解释。[5] 按照这个从根本理性得出的主张，哲学的任务就成了"建立有效的科学知识理论"。[6] 正如狄尔泰在另一个情况下所说的："对全部知识连贯性的根本追求必然超越了单独的个人的思想

---

1 Gadamer, "The Problem of Historical Consciousness", 30.
2 Ibid., 37.
3 Dilthey, GS 19: 346–347.
4 Ibid. 也见 Dilthey, *GS* 8: 70, 145, 225, 226。狄尔泰在这些地方把生活视为"谜团""不可思议的""不可分析的"以及"不可解的"等等。
5 Dilthey, *GS* 1: 44.
6 Dilthey, GS 15: 156. 狄尔泰对于贝韦格的分析见本章第一页（第 121 页）。

范围，并且包含了科学结论的内在必然性……这种连贯性产生的原因——知识总体上的连贯性——正是我们必须探究的；它为真正的知识理论提供了基础……若无客观秩序，则无视角可言。这个事实最终为我们的知识的客观有效性和真实有效性提供了担保。"[1]

但历史性和对真理的诠释学理解是否与狄尔泰对"我们的知识的客观和真实有效性"要求兼容？历史经验的主观性和历史条件性能否产生严格科学的绝对确定性？狄尔泰最终并没有成功解决历史理性的矛盾，但这个问题在其作品中占据了相当重要的位置。尽管他在手稿中不断尝试，却从未觉得自己的著作能以"历史理性批判"为题发行最终版。然而，未能解决所谓的历史主义危机并不在于狄尔泰在概念上存在任何不足。至于我对李凯尔特的批判，则会关注从理解狄尔泰的处境的局限性出发提出的问题，而非给出的答案。

狄尔泰把精神科学的真理奠定在了历史主体的内在经验上。他声称，全部真理都根植于生活和鲜活的体验，也根植于历史意识的自身反思。但从这种主观经验的立场出发，他希望为经验本身趋向客观性提供担保。新康德主义者意识到了历史主观性和知识论客观性之间的矛盾，并试图构建一个先验的主体，其意识的根源并不在时间之中（狄尔泰便是如此），而是在时间之外，在先天之中——这种方法是形式的和非历史的。狄尔泰拒绝了他们的解决方案，但他同意，历史经验的真理在方法论上必然具有跟自然科学研究同等的有效性。紧随康德的批判哲学，同时又敏感于历史理解的诠释学要求，狄尔泰拒绝了康德的先验方法，并转向了建立在生活和人类历史性之上的经验方法。尽管康德的计划和狄尔泰的诠释学之间存在实质性差异，但双方却共享了来自笛卡尔的哲学遗产，后者致力于实现知识论的客观性。笛卡尔在狄尔泰思想中留下的这些痕迹也是其整个计划的标志；如果我们遵循这些标志的逻辑路径，它们能够有助于解释历史性和普遍有效性之间的内在矛盾，正是这种矛盾导致了他对历史理性的批判中出现的对立。

---

[1] 译文由 Ermarth 译自狄尔泰未发表的柏林"遗稿"，载于 *Wilhelm Dilthey*, 239。

在对新康德主义知识论的诠释学批判中，狄尔泰对人类有了新的理解，并肯定了体验在根本上的历史性。历史学派的早期拥护者曾强调对象的历史性——即对象在时间和文化的演变过程中的独特且不可重复的本质。但狄尔泰现在也强调了主体的历史性，他认识到，没有客观的方法能充分地解释"成为"历史，或者把我们自身理解为历史的存在意味着什么。狄尔泰认为，历史主义的影响超出了历史相对主义的知识论问题，并且影响到了人类自身的存在论地位。用理查德·尼布尔（Richard Niebuhr）的话说，"与客体相比，历史相对主义更强调主体的历史性；人……不仅生活在时间之中，而且时间也体现在人身上"[1]。再次强调人类的历史性之后，狄尔泰对前辈们倡导的非历史的人类学提出了质疑，但他仍在某些基本方面坚持着他们那非历史的阐释理念，即无可置疑的确定性和普遍有效性。因此，即便狄尔泰成功地克服了启蒙运动和浪漫的形而上学的确定性，他仍旧与笛卡尔、康德以及现代早期的自然哲学的知识论框架联系紧密。因此，人们总是能够注意到狄尔泰的作品在两个截然不同的立场之间的矛盾：形而上学的独断论的确定性之崩溃引发解放感，以及历史相对主义意识产生的不确定性和焦虑感。正是海德格尔认识到了狄尔泰的作品在知识论确定性和存在论的历史性之间的矛盾，并试图重新构造狄尔泰有关历史主义和精神科学方法论的基本问题。

海德格尔认为，狄尔泰的精神科学理论仍被认为是指向"科学客观性方法"的理论，就像多数早期现代科学哲学一样。对海德格尔来说，"科学知识的道路正是通过不起眼的方法实现的"。但他解释说，"此处的'方法'二字不能从作为研究方式的'方法论'的角度加以理解，而要从形而上的角度将其理解为真理本质的定义，某种只能经由人的努力才能澄清的定义"[2]。与中世纪的观点相反，其中的确定性只能在救赎的道路上才能发现，而真理则是通过教义的方式来传播的，海德格尔认为，早期现代哲学则仅仅从方法的角度构想真理。笛卡尔的《谈谈方法》(1637)便预示了这场哲学革命，该著作表达

---

[1] H. Richard Niebuhr, *The Meaning of Revelation* (New York: Macmillan, 1941), 13.
[2] Martin Heidegger, *Nietzsche*, 4: 89; 德文版, *Nietzsche*, II, 135.

了现代世界观的实质。海德格尔曾做过关于尼采的讲座，他在其中名为"主体在现时代的统治"一章强调，正是笛卡尔的我思把一种新的主体形式引入到西方思想之中；西方哲学头一次把真理奠定在自我认识的主体确定性之上。此后，这种刻画了自我认知主体的真理（即"确定性"）就成了衡量其他所有真理主张的标准："因为真理如今意味着展现或确定性的担保，并且因为存在意味着这种确定性的展现，人在基本的表现上与其角色一致，因此也在独特的意义上成为主体。"[1] 但真理的这种新形式并不直接被视为"主体性"，也即它并不奠定在个人感受、欲望、见解和信念之上，而是以自我意识的根本形式为基础，海德格尔称之为"主观主义"而非"主体性"。[2]

通过理解"主观主义的"和笛卡尔意义上的自我意识，海德格尔试图展现人对真理的渴求与对方法的依赖之间的关系。他是这样论述笛卡尔的形而上学的：

> 人是所有存在及其真理展现的特殊基础，所有的展现以及展现内容都以人为基础，如果存在有其地位和稳定性，则必须以人为基础。人是特殊意义上的主体。具备新的意义的"主体"名称和概念已成为人类的专有名称和根本语词。这意味着，所有非人的存在都成了这个主体的对象……"方法"现在承担了形而上学的意义，它依旧固定在主体性本质之上。"方法"不再简单地以某种方式排列为观察、证明、阐述和知识概要和教学等不同步骤，这种学术的总结方式有其自身的规则和重复结构。如今，"方法"是对存在进行确定、征服和组织，并将它们捕获为主体之对象的活动之名。[3]

为了寻求在自身反思中得以认知的确定性，笛卡尔的我思现在把外部世界视为等待"主体"认识其全部确定性的"对象"。在这种主客体关系中，世界的知识经由严格的笛卡尔方法迅速累积。但海德格尔坚持认为，这种思想

1　Heidegger, *Nietzsche*, 4: 117; *Nietzsche*, II: 166.
2　Ibid., 4: 96; *Nietzsche*, II: 141.
3　Ibid., 4: 119–120; *Nietzsche*, II: 168–170.

上的根本转变并非笛卡尔独有的，而是所有早期现代哲学尤其是康德哲学的根本。根据海德格尔的观点，对象在康德的思想中由其客观性组成，它先天地被我们的意识所确定，而意识则为人把它们作为对象经验提供了前提和基础。[1] 如果对康德和笛卡尔来说，所有关于客观性的有效科学主张必须是确定的，或者必须以自我认知的主体的确定性为基础，那么对于后来的哲学家来说，诸如主观性和客观性以及真理和确定性等主题便总是相互联系的。[2]

显然，狄尔泰的哲学事业是建立在自身反思的主体的笛卡尔式确定性上的。遵循早期现代意识哲学的传统，他的"现象性原则"肯定了"一切都是'唯我的存在'这个观点只是我的意识的实际情况"。[3] 狄尔泰强调："甚至所有外在事物都只是作为事实或意识过程的联系而呈现给我的。"[4] 如果严格按照笛卡尔的方式讲，狄尔泰一直在早期现代的主观－客观框架内构想历史问题，这是他从未放弃的知识论偏见。尽管他认识到笛卡尔式确定性和客观性的必要，但他也承认人类确定性的局限，以及相对主义和历史性对理解历史意识的积极意义。但主观偏见永远不可能与科学的要求相协调，因此，起源于笛卡尔，并致力于方法论客观性的科学理想的早期现代意识哲学，便被证明无法为历史主义问题提供可行的解决方案。但狄尔泰依然按照自然科学中的知识论偏见构想了精神科学的方法论。但从狄尔泰自己的论证看，他对历史知识的理解根植于鲜活经验，而非科学方法。正如他自己认识到的，任何企图清除历史主体的时间－文化视野、局限和偏见的做法都会破坏理解的有效基础的历史性。通过建立以笛卡尔式形而上学的主客二分为基础的解释模型，狄尔泰

---

1 尤其见 Martin Heidegger, *Einführung in die Metaphysik* (Tübingen: Niemeyer, 1953), 14. 也见 *Sein und Zeit* (Tübingen: Niemeyer, 1976)。对康德和海德格尔的分析见 Frank Schalow, *The Renewal of the Kant-Heidegger Dialogue* (Albany: State University of New York Press, 1992).
2 李凯尔特在名为"知识论和形而上学导论"的未刊讲座中认为，笛卡尔是哲学史上的关键人物。他认为，正是笛卡尔被视为客观实在的基础。（狄尔泰与笛卡尔的关联，见本书P135注1，在彼处，笛卡尔的意识哲学被人当做现代意识哲学的关键成分加以讨论。）李凯尔特提问说："是否存在一个独立于意识，且我们能通过意识对其加以认识？或者：是否所有可知的事物都必然包含在意识中？"与狄尔泰在《现象定理》中的断言类似，李凯尔特坚持认为，一切"唯我的存在"都只是在意识之中。
3 Dilthey, *Introduction to the Human Sciences*, 245; GS 19: 58.
4 Dilthey, *GS* 5: 90.

强化了历史主义传统的困惑——这个模型同时肯定了科学的客观目标和世界观的主观价值。考虑到历史主义思维的基本框架,及其对"证明""确定性""严格""无偏私"和"有效性"等自然科学理想的依赖,历史主义中的根本困惑也成了永远无法解决的问题。从这个意义上讲,狄尔泰的作品就成了历史主义思维在危机模式下取得的真正成就。但狄尔泰绝无可能解决危机,也无法对历史理性的自相矛盾提出独到的见解。但讽刺的是,正是狄尔泰"克服"历史主义危机而不得,才让危机本身在海德格尔的工作中具备了新的意义。

海德格尔对历史主义作出了存在论解读,其目的在于试图摆脱笛卡尔乃至狄尔泰的主客区分,后者在传统上主导了西方形而上学思维。通过把历史主义者关于历史知识客观性的知识论问题重新塑造为关乎历史存在之意义的存在论问题,海德格尔开启了解构或消除魏玛学术圈危机的进程。海德格尔着眼于狄尔泰思想的困惑时刻——他按照这种时刻与主观性的混乱关系为其作出界定——并试图以此从整体危机的角度解释历史主义的僵局。现在,危机不仅意味着历史主义内部的方法论困惑,也代表了西方形而上学本身在现时代中的困惑。对海德格尔来说,"危机"和"现代性"被认为是相互决定的特质和思想的可能性,同时也是西方哲学根本转向的文化符号,它们既是旧传统崩溃的警示(即"哲学的终结"),又暗示了可能开创新思维方式的"另外一个开端"。从笛卡尔传统的存在论意义的角度着眼,海德格尔希望治愈由"历史相对主义之刃"(狄尔泰的隐喻)造成的创伤。[1] 但狄尔泰的剑被证明是一把双刃剑。在海德格尔消除危机思维的形而上学的同时,他又引发了新的危机,即发生在政治范围内,旨在革命性地颠覆沉思的学术研究和理论的危机。

---

[1] Dilthey, GS 8: 234. 这是狄尔泰的一个著名警句,后来被梅尼克用来谈论"历史主义的危机"。梅尼克对"治愈历史主义伤痛"这个隐喻使用的研究见:*Die Entstehung des Historismus* (Munich: Oldenbourg, 1965), 4, 496; "Geschichte und Gegenwart", in *Zur Theorie und Philosophie der Geschichte* (Stuttgart: Koehler, 1959), 94. 梅尼克写道,"我们相信,(历史主义)能够治疗所有因价值观相对化造成的创伤,但前提是它能够找到把这种'主义'转变为真正生活的人"(*Die Entstehung des Historismus*, lvii),他再次强调,"历史主义必须设法治疗它造成的创伤"(418)。最后,"这是个严重的问题:历史主义(以及它产生的相对主义)是否有能力治疗它为自己造成的创伤?"(*Zur Theorie und Philosophie der Geschichte*, 94)。狄尔泰的完整表述是:"历史主义之刃同时伤害了所有的形而上学和宗教,必然也带来了一种治疗的感觉。"

从狄尔泰的困惑中觉醒后，海德格尔转向了历史和形而上学的历史，以此恢复他眼中定义了现代性计划的积极危机感。通过考察其1919—1927年间的作品，我希望证明海德格尔是如何把局限在历史主义中的学术危机转变为危机本身的危机和现代性意义的危机，并进一步把后者作为危机思维的回应的。

第五章

"时间的断裂":青年海德格尔对历史主义的解构

每一种至关重要的哲学运思都必须脱离当前的境况。

马丁·海德格尔:《直观和表象的现象学》

第一节

神学的革命性话语：卡尔·巴特的《罗马书》

作为某种世界观和学术研究的可行模式，历史主义衰落了，但并没有任何突发征兆预示着它的消亡。相反，尽管狄尔泰警告过哲学的"两面派"，即在"普遍有效的知识"和关于"生活之谜"的智慧之间无法调和的张力，但历史主义仍主导着德国思想，即便衰败了也是如此。[1] 正如神学家弗里德里希·高加腾（Friedrich Gogarten）在 1924 年的一篇文章中所写的："今天，我们的思想的历史化程度已经达到所有观念都无法幸免的地步……那么，我们的问题并不在于所有的思想是否实际上都已经历史化了……而在于已经发生的历史化进程是否合理。"[2] 一战后的德国，历史主义者在描述问题时的措辞也发生了很大的变化。1600 万人的伤亡之后，李凯尔特那错综复杂的逻辑也不再能为历史的"意义"提供前后一致的担保了。尽管特勒尔齐学识渊博，但斯宾格勒和巴特等人表述给见证过革命性动荡的一代人听的新观点仍旧改变了德国人的生活。无法想象的事情发生了：皇帝没了，德国输掉了战争。政治和社会生活的激烈动荡让内政秩序和历史连续性的恢复几无可能。许多既有帝国秩序坍塌的同时，工人和士兵委员会也匆忙建立。一派混乱之际，世人发出了除旧立新的激进要求。

---

1 Wilhelm Dilthey, "The Dream", in Hans Meyerhoff, ed., *The Philosophy of History in Our Time* (Garden City, N.Y.: Doubleday, 1959), 41; *Gesammelte Schriften*, vol. 8 (Göttingen: Vandenhoeck and Ruprecht, 1962), 224.
2 Friedrich Gogarten, "Historicism", in James M. Robinson, ed., *The Beginnings of Dialectical Theology* (Richmond, Va.: John Knox Press, 1968), 343–354.

如果说历史主义在这种新格局中有任何意义，那它更多是作为文化"危机"的指标，而非本身可行的运动。我对战后时代的历史主义的命运好奇的地方在于，它的内在逻辑和形而上学特征，如何就比其在19世纪占主导地位的时期更能清晰地显示了自身的衰落。历史主义者对人类历史的意义和连贯性的信念已经破灭。最明显的例子莫过于柏林的路障和凡尔登的城垛，中产阶级对秩序和乐观主义的描述已遭到重创。自由时代不断进步、文化和教化的信念都已终结。士兵从前线返回时，家中充斥着阴暗而不祥的气氛。1918年，慕尼黑出版的两本受欢迎的著作完美地捕捉到了这种情绪：保罗·恩斯特（Paul Ernst）的《德国观念论的崩溃》和斯宾格勒的《西方的没落》。[1]这两个标题代表了两位作者对战前欧洲那令人安心的陈词滥调的反驳。尽管很受欢迎，但斯宾格勒的书尤其备受诟病——的确如此。他那充满行话的文化"数学"，以及这种数学对"阿波罗数字"和"外延形式化"的暗示都显得粗糙和自命不凡，而他的几何学和自然科学领域的同事则让他了解到事情并非他想的那样。[2]尽管遭受到如此广泛的攻击，有时甚至是恶毒的攻击，但人们却经常忽视了这本书的真正主旨。刻画斯宾格勒作品的特点并非其数论、历史形态或浮士德式的时空理解，而是其文化悲观主义。斯宾格勒的书清楚地表明了战前世界既有且过时的价值观的崩溃和解体。斯宾格勒或"斯宾格勒现象"表明，德国文化正在经历一场关乎其基本历史和身份的"危机"，这一危机威胁了历史主义传统的意义和连续性。

历史主义从一开始就对历史有着根本的信念，这种信念也体现在兰克、德罗伊森和特勒尔齐等思想家身上，它还带有神学的维度。阿道夫·冯·哈纳克（Adolf von Harnack）等自由主义神学家则继承了这一信念，并且以批判性学术研究的方式把宗教和文化统一在伦理-历史的理想进程中。哈纳克的《文化新教主义》（*Kulturprotestantismus*）把德国新教徒在经济和政治方面的乐观主义与文化自由主义的自我满足相结合。在柏林大学（1899/1900年冬

---

1 Paul Ernst, *Der Zusammenbruch des deutschen Idealismus*(Munich:G. Muller, 1918); Oswald Spengler, *The Decline of the West*, trans. C. F. Atkinson (New York: Knopf, 1926).
2 1921年的《逻各斯：国际文化哲学杂志》对斯宾格勒的观点作出了批判。

季学期）开设的"基督教的本质"系列讲座中，哈纳克向听众保证："我们从宗教的根基处获得了崇高的理想，并且应该在历史发展的进程中将其牢记在心，并将其作为这一进程的目的和指导原则。谁又能断定人是否会实现这个目标？但我们可以并且应该进一步靠近它，而如今——而非二三百年以前——我们已经意识到朝这个方向前进的道义责任，而我们当中在经验上更加敏感的人以及先知，也因此不再把爱与和平的王国视为纯粹的乌托邦了。"[1]凡尔赛和约之后，哈纳克热切拥抱的世界改良论对那些在战争经验的现实中绝望的知识分子已毫无吸引力了。由于怀疑主义和政治上的不满，卡尔·巴特突然就在1919年以其《罗马书》引发了一场神学上的转向。

尽管巴特的观点与斯宾格勒截然不同，但他们共享了两个基本特征：从根本上"拒绝"历史意义上的历史主义信念，并且意识到德国教育和科学基础方面存在根本性"危机"。巴特的《罗马书》是一次"革命性爆发"，它通过质疑神学的字面理解而挑战了自由主义神学（以及推而广之的德国自由主义文化）的前提。[2]凭借高强度的写作，巴特以真正让人耳熟能详的方式重新表述了保罗的《罗马书》，从而让它与战后经验的理解一致。对巴特而言，《新约》的经文并不仅仅是历史文献，也是对上帝之言的生命力和权能的鲜活见证。仔细阅读保罗写给罗马人的信件后，信仰的语言从根本上被打开了。巴特在文本中讲述的上帝之言不仅是早期基督教会的历史和文化遗产，也是生活经验的现实的写照。从根本上与哈纳克及其19世纪前辈的精神和旨趣决裂后，巴特的《罗马书》重新构想了自由主义神学和历史主义神学的基本计划。他拒绝了历史主义者从保罗的字里行间重构历史立场的任务，并试图像保罗的同代人那样直面其神学立场。对巴特来说，"如果我们恰当地理解了自身，我们的问题就成了保罗的问题"[3]。如果我们能耐心地听取此话传递的信息，巴特相信保罗的书信也会向我们说点什么，或者会以当时的风格对我们下断言和

---

[1] Adolf von Harnack, *What Is Christianity?* (New York: Harper, 1957), 113–114.
[2] 相关例子可见伽达默尔的判断，载于：*Truth and Method*, trans. Joel Weinsheimer and Donald G. Marshall (New York: Crossroad, 1989), 509; *Wahrheit und Methode* (Tübingen: Mohr, 1975), 481.
[3] Karl Barth, *Epistle to the Romans* (Oxford: Oxford University Press, 1989), 451.

判断。[1] 正是上帝之言的这种判断摆脱了历史博学导致的虚伪含混，并因保罗语言的末世论力量而复兴，这有助于在神学中掀起一场真正的"危机"。

纵观巴特的评论，人们能够发现克尔凯郭尔、陀思妥耶夫斯基、尼采和尼采的朋友弗朗茨·奥弗贝克（Franz Overbeck）对他产生的影响——这些声音也不过展现了德国科学和宗教在文化上的陈词滥调。[2] 从神学上说，新的开端宣告自己诞生了：即所谓的零点时刻，巴特又借用尼采的话将其称为"重估一切价值"。旧的概念、范畴和思维框架都宣布失效，并且与上帝之言的真正启示不合。[3] 就像年轻路德的《罗马书讲义》中的情况一样，根据说出（以及理解）上帝之言的新环境，巴特发起了针对基督教教义的激进改革。[4] 在某种意义上，巴特的著作是一种"诠释学宣言"，它呼吁终结传统的研究实践，以便让鲜活的上帝之言能够在当前的环境中道出。巴特的"危机神学"（大家都这么唤它）始于上帝（《罗马书》，2：1-6）的审判（希腊语中的"危机"一词），后者超乎所有知识或科学的范畴。在其希腊语的原初意义上说，"危机"（Krisis，来自希腊语"krinein"）意味着筛选或分离，同时这也是最终经由决定而得以体现的选择或判断。[5] 在德语中，我们能从"分离"（Scheidung）和"决断"（Entscheidung）等语词中感受到同样的语言效果；从字面讲，危机是一种决定性的判断，又被理解为某种"批判性"（critical，同样源自希腊语"krinein"）的转折点。[6] 对巴特来说，危机标志着人们意识到"真正的信仰是虚无的"，以及人类必须在肉体和精神之间面临某种"非此即彼"的状态，前者"在时间之中"，而后者"超越了全部时间"[7]。上帝之言从这个虚无中爆发出来，进而宣布

---

1 在古希腊，"krisis"一词具有"判断"和"转向"的双重含义。Henry George Liddell and Robert Scott, *Greek-English Lexicon* (Oxford: Oxford: University Press, 1990), 997.

2 有关克尔凯郭尔的影响，也见 *Dostoyevsky* (Richmond, Va.: John Knox Press, 1964)，该书作者是巴特的朋友 Eduard Thurneysen。

3 巴特的《罗马书》(1919) 的第一部分第二章第 14-19 小节的标题为"重估一切价值"。

4 Martin Luther, *Lectures on Romans*, vol. 25 of *Luther's Works*, ed. Hilton C. Oswald (St. Louis: Concordia, 1972).

5 Joseph Shipley, *The Origins of English Words* (Baltimore: Johns Hopkins University Press, 1984), 177, 350; 也参见 Eric Partridge, *Origins: A Short Etymological Dictionary of Modern English* (New York: Macmillan, 1958), 130。

6 Wolfgang Pfeifer, ed.,*Etymologisches Wörterbuch des Deutschen*, vol. 2 (Berlin: Akademie, 1989), 934.

7 Barth, *Epistle to the Romans*, 33, 283, 304.

精神的真理；对保罗和巴特来说，虚无本身揭示并见证了"当前的"危机。

但"危机神学"的真正含义并非局限在神学层面，而在于它从根本上对19世纪大部分时间里维系了德国思想和文化的概念基础提出的控诉。巴特在《罗马书》中宣告了自由主义时代的结束，他把注意力转移到了统治了德意志世界的贫瘠和精神荒芜状态上。但他的任务既不在于建立新的神学模型，也不是为了自己的目的而摧毁旧的神学模型。相反，巴特试图在"当下"直面保罗的末世论消息，进而让信仰变得激进："还有，你们知道这是什么时期了，现在正是你们应该睡醒的时候，因为我们得救，现在比初信的时候更加接近了。黑夜已深，白昼近了，所以我们要除掉暧昧的行为，带上光明的武器"（《罗马书》13：11-13）。

与巴特一样，高加滕试图把保罗的消息理解为身处危机时代的人对革新的真正呼吁。对高加滕来说，巴特的著作（就像斯宾格勒的著作一样）标志着一个历史时期的结束，也标志着大家对新危机的认识。作为对历史上自由主义价值观崩溃的反应，高加滕写道：

身处时代之间，这是我们这代人的命运。我们从不属于目前行将结束的这个时代；我们是否属于即将到来的时代也有待商榷……因此，我们处在一个之间的位置——一个空位。我们前后不着调……因此，我们对斯宾格勒的著作感到欣喜。无论细节上是否为真，它都证明了，这种精致的智识文化（intelligent culture）凭借自身的智识（intelligence）发现自身问题的时刻已经到来，这是个相信进步，并且把文化抛诸脑后的时刻。斯宾格勒的著作并非唯一的征兆。任何人都能在几乎所有的著作和文章中发现这种标志。[1]

在这个"时代之间"的空白处，斯宾格勒和巴特的作品便标志着战争引发的德国文化危机。不管是《西方的衰落》还是《罗马书》都没有给科学或信仰提供新的起点，它们都致力于破坏和颠覆的工作。巴特尤其感到，为眼前的断壁残垣建立新的基础会显得冒昧。但巴特认为，废弃和荒芜的经验一

---

[1] Friedrich Gogarten, "Between the Times", in Robinson, *Beginnings of Dialectical Theology*, 277-280.

旦发端并且持续，最终可能比所有匆忙革新的尝试都更具价值。而神学可能仅存的意义则在于，努力消解其内在结构，并重新用生动的上帝之言表达真实宗教经验的原初性。1918年11月初写给"来自前线"的朋友的信中，年轻的海德格尔也呼应了巴特的一些担忧。海德格尔唾弃学院生活中的"零敲碎打"，并坚称"理论讨论收效甚微，只有亲身经历才能带来明晰性"。海德格尔在这封信中还继续对学术（科学）提出了一些警告，并告诫友人从过于学术的角度对待生活语词的危险："你要找的东西就在你的身上；这条路经由原初的宗教经验通往神学，但绝不是从神学抵达原初的宗教意识。"[1]

第二节
信仰危机

海德格尔从饱受个人危机的战争中回到家乡时的年纪为29岁。自打上学以来，他一直是一个严格而虔诚的天主教徒。作为梅斯基希一座教堂的管理员的孩子，海德格尔本人最初是在费尔德基希的一个耶稣会里见习时接受神职培训的，后来因为健康问题而被迫退出。[2] 他于1911年离开神学院前往弗莱堡大学，在此学习了四个学期的天主教神学，并开始从事哲学研究。1915年，他完成了以研究神学家司各特为主题的教授资格论文（*Habilitationsschrift*），不久之后便开始与天主教同事恩格尔贝特·克雷布斯（Engelbert Krebs）教授一道"讲授面向神学家的哲学课程"。[3] 在1909—1916年的7年间，海德格尔

---

[1] Martin Heidegger and Elisabeth Blochmann, *Briefwechsel*, 1918–1969, ed. Joachim W. Storck (Marbach: Deutsche Schillergesellschaft, 1989), 9–10.

[2] 海德格尔早期履历以及对其早期教育和职业生涯的深入讨论见：Thomas Sheehan, "Heidegger's Lehrjahre", in John Sallis, Giuseppe Moneta, and Jacques Taminiaux, eds., *The Collegium Phänomenologicum: The First Ten Years* (Dordrecht: Kluwer, 1988), 77–137.

[3] 海德格尔的入职论文由罗宾斯（Harold Robbins）翻译，后者以此作为他在德保罗大学的博士学位论文的一部分，其博士论文题目为《海德格尔论邓·司各特的范畴和意义理论》（1978）；Martin Heidegger, Frühe Schriften, *Gesamtausgabe* 1 (Frankfurt: Klosterman, 1978). 最初，*Gesamtausgabe* 一书的每一卷都会完整引用，下文的引用格式会是 GA 加上卷号和参考页码。海德格尔早年在弗莱堡大学接受的宗教训练经历见：Bernhard Casper, "Martin Heidegger und die Theologische Fakultat Freiburg, 1909–1923", in *Kirche am Oberrhein* (Freiburg: Herder, 1980), 534 ff.

的学术和宗教兴趣逐渐相互交织，并且在 1916 年被任命为弗莱堡大学的天主教哲学教席职务。[1] 自 1917 年以来，断断续续的军队征召让他被迫中断教学近两年时间。在此期间，海德格尔的生活也发生了巨大变化。1917 年 3 月，他与年轻的路德宗信徒埃尔弗里德·彼得里（Elfriede Petri）结婚，并开始阅读伟大的新教神学家们——尤其是路德和施莱尔马赫等人的作品。[2] 当年 8 月，他在一个私人聚会中就施莱尔马赫的《论宗教》中的第二篇演讲做了个讲座。几个月后，他被征召开往前线成为一名气象员，并帮助"准备在 10 月初从凡尔登到塞丹的最后推进中对美军施以毒气袭击"[3]。

到 1919 年战事紧急的那个学期（1 月 25 日到 4 月 16 日），海德格尔恢复了自己在弗莱堡大学的教学职务，但他那坚定的天主教世界观已被动摇。[4] 海德格尔在 1919 年 1 月 9 日给朋友克雷布斯神父的一封信中写道："知识论的见解，以及推而广之的历史知识理论，让天主教神学的体系陷入困境，并且变得让我无法接受——但我不是无法接受基督教和形而上学（尽管它们都被赋予了新的意义）。"[5] 就在同一时期，另外两个文献材料还证实了海德格尔 1917 年以后的信仰危机。1919 年，他的导师埃德蒙德·胡塞尔在写给神学家鲁道夫·奥托的信中谈到，"（海德格尔的）基本宗教信仰"已经发生了根本性改变，这是因"艰难的内心挣扎"而发生的变化。[6] 而克雷布斯的日记则讲述了 1918 年 12 月底海德格尔夫人来访的情形，她当时解释了自己和丈夫为

---

1 转引自胡塞尔写给纳托普的信件：Thomas Sheehan, "Heidegger's Early Years: Fragments for a Philosophical Biography", in Sheehan, ed., *Heidegger: The Man and the Thinker* (Chicago: Precedent, 1981), 7.

2 Thomas Sheehan, "Reading a Life: Heidegger and Hard Times", in Charles Guignon, ed., *The Cambridge Companion to Heidegger* (Cambridge: Cambridge University Press, 1993) 70–96.

3 Ibid.

4 Martin Heidegger, *Zur Bestimmung der Philosophie, Gesamtausgabe 56/57* (Frankfurt: Klostermann, 1987), 215. See also Hugo Ott, *Martin Heidegger: Unterwegs zu seiner Biographie* (Frankfurt: Campus, 1988), 106–119.

5 Ott, *Martin Heidegger*, 106.

6 转引自 Thomas Sheehan in "Heidegger's 'Introduction to the Phenomenology of Religion', 1920–21"（转引自"Heidegger's 'Introduction'"）, in Joseph Kockelmans, ed., *A Companion to Martin Heidegger's "Being and Time"* (Washington, D.C.: University Press of America, 1986), 43.

何无法按照天主教信仰让即将出生的儿子受洗:"我丈夫丧失了他的信仰,我也没有找到自己的信仰……我们经常一道阅读、交谈、思考和祈祷,结果是,我们都只相信新教。也就是说,我们之间并没有什么牢固的教理联系,我们信仰各自的上帝,并以基督之灵向他祈祷,但并不是按照新教徒或天主教的正统祈祷。"[1] 海德格尔向克雷布斯解释说:"过去两年,我都在努力从根本上澄清自己的哲学立场",最终,他决定脱离天主教的整个"体系",并遵循自己"内心的召唤"。[2]

尽管海德格尔经历过"艰难的内心挣扎",但他的"宗教危机"经历却并不独特。在战后的动荡时期,"危机"一词也成了陈词滥调,宗教危机也不例外。(胡塞尔写给奥托的信中也提到了海德格尔的朋友海因里希·奥克斯纳,后者也几乎同时经历了宗教信仰的转变。)胡塞尔接着说,他自己的"哲学影响在这方面具有显著的革命性:新教徒成为天主教徒……天主教徒成为新教徒"[3]。在这种宗教危机的背景下,海德格尔在宗教上的转变与1919年德国神学的具体情况联系密切,这一点尤其体现在巴特的作品中。让这种情况在研究历史主义的更大背景中变得重要的是,这种宗教危机本身何以具有哲学层面的革命性——以及海德格尔的宗教问题如何就影响到了德国历史主义思维中盛行的历史意识观念。

巴特和高加滕都认为,真正的基督教包含着信仰和知识的矛盾。对他们而言,宗教主要不是文化遗产或历史世界观的体现,相反,它让人真切地体会到了上帝之言,由此,"原初记录和读者之间的对话便围绕相关主题展开,一直到昨天和今天消泯了界限"[4]。用巴特的话说,保罗的《罗马书》中的末世论消息揭示出了宗教的真正意义,即"时间与永恒关系的永久性危机"[5]。尽管存在诸多分歧,海德格尔还是像巴特和高加滕一样关注起了早期基督教思想,

---

[1] Ott 引用自 *Martin Heidegger*, 108。
[2] Ibid., 108–109.
[3] 转引自 Sheehan, *Heidegger*, 23 ff.
[4] Barth, *Epistle to the Romans*, 7.
[5] Ibid., 10–11.

第五章 "时间的断裂":青年海德格尔对历史主义的解构

以及理解和解释这种思想的诠释学方法。海德格尔此时开始阅读路德、施莱尔马赫以及奥弗贝克,他发现某种基督教流派与自己信仰的中世纪经院哲学格格不入。这些激进的思想家教会了他从新的角度质疑那些在教会施行并由神学家解释的基督教信仰。彻底打破沿袭自基督教传统的学院式教理并与之决裂后,这些神学家或者说反神学家们"在其否弃世界的末日期盼中"发现了原始基督教的根本特征。[1] 海德格尔把这些末世论的痕迹转变成了哲学的"真正开端"的"指引"(indication/Anzeige)。具体而言,这意味着海德格尔在其讨论邓·司各特的著作中使用的传统学术范畴已经改换了其新康德主义外貌。[2] 海德格尔在结论中谈到了"时间与永恒"的"形而上学起源"问题,它以"科学和理论的方式反映在历史和哲学中"。这些学科从"价值的形成"和"价值的有效性"两方面定义相关问题,这是年轻的海德格尔在一个脚注中讨论的主题,它与"从科学的角度看待天主教神学"相关。[3] 他还注意到,新康德主义者的价值哲学和学院逻辑之间的联系对神学的科学理解很重要,但他意识到,这些影响都未能真正帮助他理解宗教信仰的起源。

在阅读路德、施莱尔马赫和奥弗贝克的过程中,海德格尔也开始与"科学的"天主教神学渐行渐远,其哲学立场也随之改变。尽管海德格尔一直主张,"如果哲学从根本处理解自身,它本就是无神论的"。海德格尔的早期哲学总是能看出宗教思想的影子。[4] 在其新开设的"宗教现象学导论"(1920/21年冬季学期)和"奥古斯丁与新柏拉图主义"(1922/22年冬季学期)课程中,海德格尔从胡塞尔的现象学洞见中得出了基督教信仰的诠释学解读,即实存(entities)的"本质"(essence)既不是它们的实质(substance/whatness),

---

[1] Martin Heidegger, *The Piety of Thinking*, trans. James G. Hart and John C. Maraldo (Bloomington: Indiana University Press, 1976), 4; *Phänomenologie und Theologie* (Frankfurt: Klostermann, 1970), 8.

[2] 我要感谢约翰·范·布伦允许我阅读他未发表的手稿:*The Young Heidegger* (Bloomington: Indiana University Press, 1994),他在书中详细讨论了海德格尔的早期著作,并对其教授资格论文做了深入解读。

[3] Heidegger, *GA* 1: 410.

[4] Martin Heidegger, *Phänomenologische Interpretationen zu Aristoteles: Einführung in die phänomenologische Forschung, Gesamtausgabe* 61(Frankfurt: Klostermann, 1985), 199.

也不是其价值，而是它们在意向结构中展开自身的方式。[1] 胡塞尔的工作为海德格尔早期作品中的新康德主义，也为弗莱堡大学同行的科学神学提供了新的选项，但其影响是双方面的。如果现象学帮助海德格尔脱离了神学的过往，那他此时对新教神学的兴趣也让他与胡塞尔渐行渐远。从对保罗的《罗马书》中作为"情境"（situation）的事实性生活的具体理解出发，海德格尔反思了胡塞尔的中性化的意向性（anonymous intentionality）概念，他现在认为这个概念过于理论化了，因为它与作出决定的事实世界无涉。但在某种意义上讲，现象学和彻底怀疑论的神学（radical-skeptical theology）有着同样的旨趣：即获得经验的原初结构的真正进路（Zugang）。传统形式的哲学和神学研究过于关注历史－文化发展和对世界观的分析。但现象学和怀疑论神学则试图打破让这些研究得以可能的科学传统，进而摆脱这些僵化的研究。

海德格尔的彻底性（radicality）在于，他会好奇地挪用或转化自身所处的历史情境中的神学和现象学资源，他在 1920 年夏季学期把这种做法称为解构（Destruktion）。[2] 海德格尔早期作品中的这个关键概念是他对现象学的理解的一种简略表达，他特别把这个概念作为重新阐释哲学史的办法。尽管这

---

[1] Sheehan, "Heidegger's 'Introduction'".
[2] "Destruktion"一词在海德格尔那里不只是意味着"解构"，它也具备破坏事物、敞开空间，达至移除障碍的积极意义，如此，被遮蔽的事物就能敞开自身。正如海德格尔在《存在与时间》中所写的那样（Tübingen: Niemeyer, 1976), 22 [English translation, *Being and Time*, by John Macquarrie and Edward Robinson (New York: Harper and Row, 1962), 44]：如果要为存在问题本身而把这个问题的历史透视清楚，那么就需要把僵化的传统松动一下，需要把由传统做成的一切遮蔽打破。我们把这个任务理解为：以存在问题为线索，把古代存在论传下来的内容解构成一些原始经验——那些最初的、以后一直起着主导作用的存在规定就是从这些原始经验获得的……这种解构工作倒是要标明存在论传统的各种积极可能性，而这意思是要说：要标明存在论传统的限度……但这一解构工作并不想把过去埋葬于虚无中，它有积极的目的；它的否定作用始终是隐而不露的，是间接的（译文有所改动）。《存在与时间》法语版译者弗朗索瓦·维赞（Frarçis Vezin）把解构译为 désobstruction，这个词具备移除障碍的含义。见 *Entre et Temps* (Paris: Gallimard, 1986), 45. "去除障碍"是"Seinsforschung"真正含义；这要求从诠释学的角度移除形而上学的障碍及其"对存在的遗忘"。在 1923 年夏季学期，海德格尔宣称："诠释学就是解构"！只有在"具体的历史研究"中，"这种诠释学的解构研究才得以成立"（*Ontologie: Hermeneutik der Faktizität, Gesamtausgabe* 63, Frankfurt: Klostermann, 1988, 105). 哪怕对晚年的海德格尔来说，"解构也必须严格地理解为去掉结构，拆解，而非破坏"（*Seminare, Gesamtausgabe* 15, Frankfurt: Klostermann, 1986, 337).

个术语源自他对路德早期作品的阅读,尤其是《海德堡抗辩》(1518)和《罗马书讲稿》(1515/16)等作品,但海德格尔对这个词的用法却有些特别。[1] 路德用拉丁语 "destruere"("破坏")表达努力"打破"源自亚里士多德哲学的光荣的经院神学的想法。路德认为,"那些尚未被十字架击溃和贬低之人"永远无法识得上帝。[2] 博学的神学家那空洞而膨胀的"智慧"难以洞察真正的信仰的内核,只有通过个体自身经历的痛苦和十字架神学的遭遇才能。就像路德对经院哲学的解构一样,海德格尔也解构了新康德主义者们的讲坛式哲学(Kathederphilosophie)。作为中世纪经院哲学的现代版本,讲坛式哲学(字面意义源自德国大学中呆板的"讲坛"式做哲学方式)对海德格尔意味着冷漠而独立的视觉主义哲学。因为过度依赖理论和自负的学究,它已经遗忘了哲学扎根于事实 – 历史生活之中。在战时的危急学期,海德格尔大声疾呼反对主导着学术话语的"理论首要性",并通过强调前缀和为单词加上连字符的方式对其进行新的解构,比如脱离生活(Ent-lebnis)、脱历史化(ent-geschichtlicht)和脱指称(ent-deutet)等,这些术语体现了讲坛式哲学干瘪而枯燥的气质。[3]

一年后,在其名为"直觉和表达的现象学(哲学概念的构成理论)"的讲座中,海德格尔试着解释了讲坛式哲学的否定含义和他自己的解构做法之间的区别:

哲学既不是科学,也不是世界观的理论。它的任务并不是展现理性的先天语法,它也无法提供意识的知识论描述,因为这样做就只会不断退化,其结果就是一系列的否定。人们很容易就能从德国的讲坛式哲学的否定哲学中得出如下结论:每个否定都愉快地终结了另外一个。但我们所致力于的解构却

---

[1] 路德在谈到上帝"摧毁"智者的智慧的"海德堡抗辩"中用到了这个术语。*Werke*, vol. 50 (Weimar: Böhlau, 1883–), 362; in English, vol. 31 of *Luther's Works*, ed. Harold I. Grimm (Philadelphia: Muhlenberg, 1957), 53. 也参见 *Werke*, vol. 56, pp. 371–372, 以及 *Works*, 25:361。对此更为全面的讨论,见 van Buren, *Young Heidegger*。

[2] Luther, *Werke*, 50:362–363.

[3] Heidegger, *GA* 56/57: 89.

并不带有这种否定和贬低的意味；它是一种哲学做法的表现：即表现人自身存在（此在）的不确定性。此处真正的目的很明确：从根本上掌握现象学这个概念。在现象学中，做哲学的原初动机因其纯粹性而再次变得至关重要。[1]

哲学的这种新的解构做法乃是海德格尔对"真正的研究的活力"的呼唤，同时也是对新的哲学话语的呼吁，这种语言能够把哲学从"模糊、舒适、未经验证的传统和关乎品味"等浸染了新康德主义的经院哲学，以及流行的世界观哲学中扭转过来。[2] 胡塞尔的现象学向他表明，回到本源必须成为哲学的首要任务，但胡塞尔却把事实－历史的经验世界一并悬搁了。[3] 而正是保罗、路德、奥古斯丁和新教神学家们的话语资源为海德格尔提供了基督教经验的诠释学理解，自不必说还阻隔了讲坛和道坛对他的影响。哲学的"斗争"（这也是海德格尔早期作品不变的主题）与持续不断的商讨和空想的炫技无关，而是与"一件重要的事情"相关。[4] 奥古斯丁与新柏拉图主义的争论，路德与亚里士多德主义的"交锋"等主题尽管已不再是历史关注的重点，但在目前的形势下依旧活跃而激烈。[5] 在这种情况下，海德格尔从"客观真理"的领域拯救出了哲学和神学资源，具体方式则是在某人"自身的实际情况中与它们

---

1 这段引文摘自：布莱希特（E J. Brecht）为海德格尔1920年夏季学期的讲座课程所写的后记："Phänomenologie der Anschauung und des Ausdrucks: Theorie der philosophischen Begriffsbildung"（下文简称为："PAA"），July 26, 1920。
2 Heidegger, *GA* 56157: 5, *GA* 61: 39.
3 在1923年夏季学期的讲座中，海德格尔谈到了"现象学的非历史性"，并且责备胡塞尔缺乏历史意识。见 *GA* 63: 75. 试比较胡塞尔对相对主义的评论，见 *Logische Untersuchungen*, vol. 1 (Tübingen: Niemeyer, 1968), 117; translated by J. N. Findlay as *Logical Investigations*, vol. 1 (London: Routledge, 1970), 140.
4 关于海德格尔早期思想的研究资源大量来自他的学生卡尔·洛维特，后者在其有偏向的自传中对此作出了自己的解读，见 *Mein Leben in Deutschland vor und nach 1933: Ein Bericht* (Stuttgart: Metzler, 1986)。在书中第29页，洛维特引用了海德格尔早期思想中的一句口号——"唯一重要之事"——他把这句话与海德格尔对梵高、里尔克、帕斯卡、巴特、陀思妥耶夫斯基和克尔凯郭尔的解读联系起来。洛维特在自己的文章中也讨论了这个主题，见 "The Political Implications of Heidegger's Existentialism", trans. Richard Wolin, New *German Critique* 45 (Fall 1988): 117–134.
5 参见 Otto Pöggeler, "Neue Wege mit Heidegger", *Philosophische Rundschau* 29 (1982): 57.

共在",正如他在1921年写给卡尔·洛维特(Karl Löwith)的信中谈到的那样。[1]

海德格尔与这些神学资源的亲和性本身就构成了他在1917年之后新的"诠释学突破"的模型。对自由主义神学诠释学的解构过程中,海德格尔以一种全新的方式理解诠释学:把它作为理解事实-历史生活的"指示"。[2]而以历史和文化学识形式出现的科学神学则无法摆脱主导学术形而上学的抽象概念语言。实际上,海德格尔认为学术层面的宗教学习已经变得虚伪,因为它否认了事实生活的经验根源。

海德格尔此处所做的批评的思想资源是多种多样的:布雷格(Braig)、陀思妥耶夫斯基、戴思曼(Deissmann)、克尔凯郭尔、路德、帕斯卡、亚里士多德、埃克哈特、雅斯贝尔斯和拉斯克(Lask)等人。[3]作为一位孜孜不倦的阅读者,海德格尔对魏玛时代初期的各种学术争论了如指掌。像任何好的精英阶层一样,他也阅读巴特和斯宾格勒,并且对危机和衰落等口号同样敏感。但海德格尔与其思想资源之间是一种解构性诠释学关系,这种关系把这些资源从文化史的行话和差劲的社会学研究转化成了哲学和神学之"新开端"的"形式指引"(formale Anzeige)。[4]他不仅借用了神学的观念,还把它们锤炼成一种新的语言,并希望借此反对形而上学的抽象概念,进而让人注意到西方文化

---

[1] 海德格尔写给洛维特的部分信件最终得以出版。其中一封是1921年写的长信,其中海德格尔的"事实性"概念提供了一些文本证据,见:"Drei Briefe Martin Heideggers an Karl Löwith", in Dietrich Papenfuss and Otto Pöggeler, eds., *Zur Philosophischen Aktualität Heideggers, vol. 2, Im Gespräch der Zeit* (Frankfurt: Klostermann, 1990), 30.

[2] 对海德格尔的"形式指引"一词更为全面的讨论见 Theodore Kisiel, *The Genesis of Heidegger's "Being and Time"* (Berkeley: University of California Press, 1993), 以及 van Buren, *Young Heidegger*。基西尔还在其作品中讨论了海德格尔与施莱尔马赫的关系。

[3] 海德格尔痴迷于阅读,早年就阅读广泛,神学领域尤其如此,其他方面也一样。在其1925年的卡塞尔讲座("Wilhelm Diltheys Forschungsarbeit und der Kampf um eine historische Weltanschauung"〔下文简称"KV,"原始手稿页码来自 Walter Brocker at the Dilthey-Forschungsstelle, Ruhr University, Bochum〕)中,海德格尔甚至提到了他在20年代初读过的数学家和物理学家。卡塞尔演讲即将包含在罗迪(Frithjof Rodi)编辑的 *Dilthey-Jahrbuch für Philosophie und Geschichte der Geisteswissenschaften* 一书中出版。感谢罗迪教授在出版前慷慨为我提供样书。有关海德格尔对埃克哈特、施莱尔马赫、奥弗贝克、戴思曼等人的阅读,基西尔在其多篇文章以及下述著作中给出了最好的解读:*The Genesis of Heidegger's "Being and Time"*。

[4] 见 Heidegger, GA 61: 19, 32–34, 141–42, 183。这些部分示例了海德格尔自己对这个词的使用。

和历史的"危机"。就在路德在维滕贝格张贴其宗教论纲的 400 年之后,海德格尔这位天主教叛道者进一步把学院式的哲学话语改造成了与自身经验相关的生动语言。当海德格尔谈到"如果缺少了这种神学渊源,我将永远无法踏上思考之路"[1]的时候,我们需要十分严肃地对待已故的海德格尔的这句话。1921 年 8 月,海德格尔在写给洛维特的一封信中呼应了这个判断:"我实实在在地做事情,并且我的工作事实上出自我之'所是',也出自我的智性和完全的事实渊源、环境、生活背景,以及从这些作为我的生活的重要经历中可以得到的一切……对于我自身所属的这个事实,我会把这个事实简单地称作我是一名'基督教神学家'。这个判断关乎事实层面特别强烈的个人关切,也关乎特别彻底的科学性,还关乎事实层面的严格客观性;我们在其中能找到历史意识,即'知识和文化史'的意识。而这就是我在大学生活背景中所能展现的全部了。"[2]

作为"基督教神学家",海德格尔着手解释上帝之言;他对神学中的危机的反应是把它当做某种解构措辞,或者自由主义神学语言中的反逻各斯话语。[3]作为事实层面的激进实践,诠释学试图破坏、解构、取消和拆除传统上以研究为导向的模式,进而深入探索其批判–解经的探究方法以获得真实生命体验的"所是"。在海德格尔的危机情况下,诠释学已不再是一种以文本为导向的策略,而是"体现在——(我的)语言中与存在相关的语言之中",或者作为后者的证明。[4]实际上,"神学的危机"在海德格尔那里压根与神学无关,而是和语言、意义以及存在的本质相关的危机。或者说,神学(哲学或历史亦是如此)仅仅处在"危机"之中,以及本身就是危机才是有意义的。与斯宾格勒和巴特等人的危机预言相比更甚的是,如果不理解文化动荡时期的魏

---

[1] Heidegger, *On the Way to Language*, trans. Peter D. Hertz (New York: Harper and Row, 1971), 10; *Unterwegs zur Sprache, Gesamtausgabe* 12 (Frankfurt: Klostermann, 1985), 91。

[2] Papenfuss and Pöggeler, *Zur Philosophischen Aktualität Heideggers*, 2:29; trans. Theodore Kisiel in "Heidegger's Apology: Biography as Philosophy and Ideology", *Graduate Faculty Philosophy Journal* 14, no. 2–15, no. 1 (1991): 376.

[3] 见 Otto Pöggeler, "Heidegger und die hermeneutische Theologie", in Eberhard Jüngel, ed., *Verifikationen: Festschrift für Gerhard Ebeling* (Tübingen: Mohr, 1982), 475498。

[4] Heidegger, *GA* 63: 10.

玛历史和现实状况，我们就难以理解海德格尔 20 世纪 20 年代的作品。虚假的存在，闲聊，好奇心的主导地位，"遮蔽"（Larvanz），"日常"（Alltäglichkeit），"沉沦"（Abfall）以及死亡的迫在眉睫——所有这些突出的主题都证明了海德格尔朝本真存在的源头不断回归。

然而，如果这些范畴看上去反映了海德格尔对社会学失范或文化幻灭的强烈关注，那么它们真正的意义其实另有所指。从诠释学的角度与传统决裂后，海德格尔对危机话语的全心关注就发生了变化，而这种话语本身也成了从其自身的现象学和原初意义角度反思"危机"的方式。年轻时的海德格尔曾是前卫的天主教文献杂志《德布伦纳》（Der Brenner）的读者，他在上面曾读到过克尔凯郭尔的《两个时代》的第一部分，该书由西奥多·海克（Theodore Haecker）译为德语，标题为《对现时代的批判》（Kritik der Gegenwart）。[1] 克尔凯郭尔对当前形势的讽刺性评论（其中有代表性的关键词为"僵化的形式主义"和"狭隘的习俗和实践"等）把众人的注意力又拉回到了个体身上，个人被迫决定本真存在的伦理可能性。[2] 克尔凯郭尔在哲学批判过程中感受到了那个时代的确定性缺失，这已经成为伦理转向或运动的条件。在"时代之间"的诠释学境况中，海德格尔同样致力于克尔凯郭尔式的任务，即为"当前的时代提供真正的批判"，从而解决德国思想中普遍存在的危机。[3] 从现象学的意义上讲，"危机"不仅意味着斯宾格勒式的社会诊断，即文化的衰落或社会、政治方面的变化皆因战争而起。相反，20 世纪 20 年代的危机更说明了西方思

---

[1] 见 Allan Janik, "Haecker, Kierkegaard, and the Early Brenner: A Contribution to the History of the Reception of Two Ages in the German-Speaking World", in Robert Perkins, ed., *International Kierkegaard Commentary: Two Ages* (Macon, Ga.: Mercer University Press, 1984), 189–222。

[2] Søren Kierkegaard, *Two Ages*, trans. Howard Hong and Edna Hong (Princeton, N.J.: Princeton University Press, 1978), 72, 78. 也见：Perkins, *Kierkegaard Commentary*, 234–248.

[3] 1920 年，高加滕在自由主义神学的主要杂志《基督教世界》（Die Christliche Welt）上发表了文章《时代之间》（Zwischen den Zeiten）。高加滕明确提到了克尔凯郭尔及其"对现时代的批判"，并认为宗教总是在应对文化危机。两年后，高加滕、巴特、特尼森和梅尔茨创办了新的杂志《时代之间》，杂志名字取自高加滕的文章。这个杂志遂成为德国"危机神学"的主要声音。

想史的虚无性质。[1] 斯宾格勒的"衰落"论点不过是对尼采的虚无主义谱系学叙事的粗鄙改编而已。但海德格尔依旧相信，斯宾格勒对西方命运的时代性理解的确提供了一些结构性暗示，从而有助于把存在自身内部的存在历史理解为某种决定或转折点（即根本性危机）。[2] 对海德格尔来说，当前文化危机的各种表现（在神学、数学、物理学和历史学等领域）不过是这一决定性时代转折点的标志而已。

我们必须在上述背景中理解海德格尔的转向（Kehre，通常被误导性地翻译为"逆转"）概念。海德格尔的转向意味着"转折点"，其意义超出了个体或传记层面。海德格尔在"转向"中表现出的修辞形象所面临的风险不仅仅是其自身思想的转变（不管人们把这个转向追溯到《存在与时间》之后，还是像一些晚近的学者所建议的 1917 年之后），而且从时代境况的角度理解，它更是存在历史的（或其内部的）转折点。[3] 在这个意义上，"转向"便成了海德格尔对西方思想史内部全新开端转折的称呼，它同时也是从科学和技术因为遗忘而出现的形而上学的转折点。但这种转变的部分动力还取决于回到（Rückkehr，re-turn）西方思想的古希腊源头。因此，海德格尔的转向不仅是一种历史层面的回归，而且是对这个传统中的隐藏部分的解构性恢复，后者经由知识和文化历史的规范化实践而形成。从学院形而上学转向保罗的新教神学解读之后，海德格尔在早期基督教的末世论意识中发现了新的思想开

---

1 "Krisis" 一词的各种词源学考察，见：Paul Grebe, ed., *Duden: Etymologie* (Mannheim: Bibliographisches Institut, 1963), 371; Hjalmar Frisk, *Griechisches Etymologisches Wörterbuch*, vol. 2 (Heidelberg: Carl Winter, 1970), 20; Wilhelm Pape, *GriechischDeutsches Handworterbuch* (Braunschweig: Vieweg, 1880), 1510–1511; Adolf Kaegi, ed., *Benselers Griechisch-Deutsches Schulwörterbuch* (Leipzig: Teubner, 1904), 515–516.

2 在其 1920 年的夏季讲座中（"PAA," May 11, 1920），海德格尔谈到，斯宾格勒的"主要基础十分重要"；但在 1921—1922 年的冬季讲座（GA 61: 74）中，海德格尔再次批判斯宾格勒，尽管他认为斯宾格勒道出了时代"根本性的趋势"之一。

3 对海德格尔作品中的"转向"（die Kehre）一词的出色讨论见：Jean Grondin, *Le tournant dans la pensée de Martin Heidegger* (Paris: Presses universitaire de France, 1987), and Theodore Kisiel, "Das Kriegsnotsemester 1919: Heideggers Durchbruch zur hermeneutischen Phänomenologie", *Philosophisches Jahrbuch* 99 (1992): 105–123. 也见：Martin Heidegger, "Die Kehre", in *Die Technik und die Kehre* (Pfullingen: Neske, 1962); 此文也被洛维特（William Lovitt）译为"转向"（"The Turning"），in *The Question concerning Technology* (New York: Harper and Row, 1977).

端的迹象。在早期的基督教经验中，海德格尔发现了某种事实-历史生活的模式，它摆脱了进步时间观的历史主义概念，并且对任何科学的-学术"分析"都持抵制态度。在海德格尔的解读中，早期基督徒面临着与当前魏玛文化危机类似的境况；在他们决定时刻注意"时代的迹象"的时候，同时也为古希腊形而上学的抽象概念提供了别的可能。正是在这种"警惕"或"警觉"的现象中，海德格尔找到了应对德国大学中的科学危机的办法。

第三节
学院哲学的状况

海德格尔在1907—1919年面临的宗教危机标志着他早期思想的重大变化。在给克雷布斯的信中，海德格尔提到了"扩展到历史知识理论范围的知识论洞见"，这让"天主教体系变得岌岌可危，（我）也因此无法接受它了"[1]。最终，他对历史知识论的疑虑又把他引导至生活的历史性主题，海德格尔不断以各种形式重新思考和回到这个主题，例如贯穿《存在与时间》的"事实性体验""时间上特定的诠释学境况""事实性的诠释学""此在的存在论分析"等。[2] 然而，这种向历史性和诠释学的转变决不能理解为从神学或神学质疑领域的抽离。就像他远离学院哲学一样，海德格尔对天主教体系的背离实则是其最初质疑方式的激进表现，而非对它的拒绝。而在转向保罗、路德、奥弗贝克和施莱尔马赫的过程中，海德格尔也因为关注自身呈现和意向性的历史背景，而同步展开了现象学研究。如果哲学想为当前的危机提供某种形式的

---

[1] 这封信的内容见 Ott, *Martin Heidegger*, 206; 译文见 Sheehan, "Reading a Life", 71–72。

[2] 海德格尔对"事实性的诠释学"（hermeneutics of facticity, 1923）的使用见 *GA* 63:5– 14; "事实性鲜活经验"（factical life experience，1919）见 "Anmerkungen zu Karl Jaspers' Psychologie der Weltanschauung", Wegmarken, *Gesamtausgabe* 9 (Frankfurt: Klostermann, 1976), 91; "时间上特定的诠释学境况"（temporally particular hermeneutic situation, 1922）见: "Phänomenologische Interpretationen zu Aristoteles", *Dilthey-Jahrbuch für Philosophie und Geschichte der Geisteswissenschaften* 6 (1989): 237。

助益,那它首先必须审视自身在当前情况中的事实 – 历史状况。并且对海德格尔来说,这首先意味着他要考虑哲学在现代大学建制中的作用。

自 1809 年洪堡大学在柏林建立以来,哲学作为一门学科已经采纳了两种不同有时甚至相互敌对的方法:"体系的"(systematic)和"历史的"。[1]总的来说,体系方法在科学的基础上往前推进,而不用考虑历史发展的问题。相反,历史方法则侧重处理概念史(Begriffsgeschichte)的问题,同时也关注哲学教育的传统及连续性的重要程度等问题。在海德格尔早期思想的背景中,他的导师埃德蒙德·胡塞尔撰写的论辩性文章《作为严格科学的哲学》(1911),以及狄尔泰晚年讨论历史世界观的作品都体现了这两种基本方法。然而,早在其讨论中世纪逻辑的教授资格论文中,海德格尔就坚持认为,"若无特定的历史旨趣作为标准,则无法理论 – 系统地评估经院哲学",他试图以这种方式打破上述区分。[2]夹杂在科学和世界观的要求之间的哲学难以用原初的方式把握"危机"的意义。

在其讨论亚里士多德的讲座(1921/22 年冬季学期)中,海德格尔试图放弃科学和世界观这种传统区分,并通过返回其位于事实 – 历史生活中的根基来解构哲学的方法:"作为基础的认知方式,做哲学不过是对生活的历史事实性的根本规定,乃至历史和体系都是外在于生活的,而它们的分离则更显得多余。"[3]后来,海德格尔在《存在与时间》中会通过引用约克伯爵的观察——即"体系的和历史的哲学呈现的区分从根本上就是不正确的"——的方式回到这个主题。[4]哲学真正的问题既不是学院哲学家们体系构建方法,也不单单是世界观支持者们提倡的文化涉猎。真正的哲学提问会对人的生活提出要求,并且会以返回生活本身的可质疑性的方式让这种要求变得彻底。但现代研究

---

[1] 例如,下述流行参考书便使用了这种术语上的区分: Johannes Hoffmeister, *Wörterbuch der philosophischen Begriffe* (Leipzig: Meiner, 1944), 678。"历史的"和"系统的"哲学这种区分在 20 世纪初的德国大学院系中占据主导地位,这种区分可粗略地比作当今美国大学中流行的"大陆的"和"分析的"哲学区分。海德格尔在其教授资格论文的结论部分(*GA* 1)试图克服"历史"与"系统"之间的表面区分。

[2] Heidegger, *GA* 1: 195.

[3] Heidegger, *GA* 61: 111.

[4] Heidegger, *Being and Time*, 454; *Sein und Zeit*, 404.

型大学对哲学和科学工作施加的制度性压力往往掩盖和模糊了生活的事实性根基。任命、晋升和委员会会议的各种细节，以及遵守当代研究标准的压力往往会让哲学劳作的意义变得微不足道——自然，海德格尔会反对这种趋势。他在给自己的学生卡尔·洛维特的信中写道："我按照我之'所是'实实在在地工作……我并未分隔出……科学的、理论的、概念研究的以及我自己的等各种生活。"[1] 到他1919年从战场返回之际，年轻的海德格尔便投身于事实－历史的生活之中，并反对学院讲坛式哲学的理论化倾向。

就在战时紧急学期的头一天，海德格尔便谈起了大学改革的话题。他用一种新奇的语言谈论"真正"的改革，"原初且真正的"问题，"原初而根本的"意义，精神的"真正源头"等主题，海德格尔还额外两次谈到"真正的"问题，他宣称："我们现在还没有为真正的大学改革做好准备。以更加成熟的方式处理这个问题是整整一代人的话题。大学的革新意味着真正的科学意识和生活环境的重生。然而，只有回到精神的真正起源，生活关系才会自我更新……只有生活才是一个'时代'的构成，而非混乱的文化项目的喧嚣。"[2] 生活成了新的"主题"：生活乃科学意识的源头，也是大学研究和哲学理论的源头。"科学学者只有通过真正的研究的生机才能发挥作用。"[3] 如果哲学要在战后的大学——正是在这里，帝国主义教育政策被"现代化"的力量所取代——的新形势下具有任何意义，那它就不得不回到真正与生活相关的事实和研究的生活背景之中。用海德格尔的话说，像爱德华·施普兰格尔这些学者官僚所谓的改革计划，仅仅展现了"众人对真正的精神革命的彻底误解"[4]。海德格尔以克尔凯郭尔那般的热情致力于德国大学改革，其手段则是让哲学本身变得越发激进。也就是说，他不仅放弃了作为严格科学的哲学概念，也放弃了哲学作为"前理论或超越理论的科学的（但无论如何都与理论无关）世界观

1　Papenfuss and Pöggeler, *Zur Philosophischen Aktualittat Heideggers*, 29.
2　Heidegger, GA 56/57: 4–5.
3　Ibid., 5.
4　Ibid., 4. 与魏玛时期其他教学主张的比较，见 Fritz Ringer, *The Decline of the German Mandarins* (Cambridge: Harvard University Press, 1969).

的想法,他心中的哲学是真正原初的科学,理论本身就从它而来。这种原初科学的构成方式很特别,乃至它不仅不需要任何预设,而且永远也做不出任何预设,因为它并非某种理论。因此,它处在跟预设相关的话语压根毫无意义的范围之前或之上。因为这个意义首先来自原初状态。"[1]

海德格尔认为,传统哲学以"理论至上"为主导,这导致了所有鲜活经验的客观化、实体化和僵化趋势。这种哲学会按照传统的笛卡尔-康德式主体和客体观念,不断以知识论上统一的方式理解原初经验。但当传统哲学(以其批判现实主义、心理主义、新康德观念论等各种形式)试图理解这种经验时,它就会拒绝放弃自身的知识论范畴和预设。因此,它总是说世界早已是"现成的"。[2] 通过往哲学中引入新的话语——以其"es weltet"(直译为"它,诸世界")——海德格尔向学术同行们那理论化的习惯,以及他们"脱离生活"的态度发起了挑战。[3] 海德格尔说,生活本身在生活;心理学主体并非生活的主角;相反,生活作为鲜活经验的现象在生活中展开。海德格尔在讲座中试图通过一种简单的方式传达他所谓的"鲜活经验"的含义,他具体的做法是在现代物理学和古代悲剧之间作出一番比较。接着,海德格尔还把天文学家的行为和索福克勒斯的《安提戈涅》中的底比斯合唱队的做法做了比较,前者一心想要研究日出这种现象,后者则在获胜的早晨把升起的太阳视为令人愉悦的感谢。海德格尔告诉学生,这两种观看方式之间的差异在于人的经验方式。在原初的经验中,"经验并不会像被我当做对象的东西那样在我眼前经过;相反,我自己把经验赋予自身,而经验也会适时发生,或者根据其本质而'合理化'"[4]。在这个赋予的事件里,理解作为经验——它赋予存在,但其自身却并不存在——海德格尔回到了课程的基本主题:科学与生活的关系。

在他所谓的现象学十年的剩余时间里,海德格尔一直以各种方式回到这

---

1 Heidegger, GA 56/57: 96–97.
2 Ibid., 88.
3 Ibid., 73, 88–89.
4 Heidegger, *GA* 75. 对 es gibt 的引用见第 62 页。

个问题，但处理的主题或问题却保持不变。在分析和描述的理论结构的背后，存在着一个前理论的事实－历史世界，它会成为"诸世界"。两年后，在开始讲授亚里士多德的课程之前，海德格尔重申了这个主题。他坚持说："哲学无法被定义，只能去经验。"[1] 如果事物在定义的过程中相互区隔，那具体的、事实的经验世界就能揭示出，"在暂时的规定中，万物原本就是'一体'的"[2]。在对施莱尔马赫的解读中，海德格尔发现了人对事实性生活之原初理解的"迹象"，此时的事物还没有分离并进入理论。在《论宗教》的第二篇演讲里，施莱尔马赫描述了经验层面的生活一致性，这是绝不可能分析得出的：

> 人可以把有机的流体分解成其组成部分，但现在，人也可以把这些分离的元素以各种比例混合在一起，并且以各种方式处理它们。但你是否能够再次从中获得生命的鲜血？死去的东西是否能够在活体内再次动起来，并且与之成为一体？……在直觉和感觉分离之前，所有感觉中都会迎来第一个神秘时刻，此时的意义及其对象会按照它们原本的方式相互渗透，并且在复归各自的原初状态之前都会泯然一体——我知道这很难描述，也知道它是多么地稍纵即逝。[3]

就在施莱尔马赫所谓的"意义及其对象……浑然一体……的时刻"，海德格尔发现了另外一种解读意向性经验的方式，这也是胡塞尔的问题中最困难的一个。对早期的海德格尔来说，意向性并非朝向世界的主观意识，也不是心灵和环境在心理层面的协调。这是一种意义的运动，也是世界在特定事实－历史情境（situation，这是海德格尔阅读雅斯贝尔斯之后使用的新术语）的"践行"（Vollzug）中"成为自身"的一种方式。在其 1921/22 年冬季学期讲授亚里士多德哲学的课程中，海德格尔继续指出，理论本身永远无法在这种情况

---

[1] Heidegger, *GA* 61: 14.

[2] Ibid., 62.

[3] Friedrich Schleiermacher, *Über die Religion* (Hamburg: Meiner, 1958), 41, 43; *On Religion*, trans. Richard Crouter (Cambridge: Cambridge University Press, 1988), 112, 114.

下找到方向。因为哲学独特的问题和困难,都与它作为德国大学中的一种学术形式的地位相关,而真正进入哲学问题的途径必须从这里开始:"进入的困难并不出现在某个时间点,或某个具体的地方,它们也并非人为设置的。我们在各种地方都生活在这种困难之中——就在此地,就在眼下这个报告厅内。你在我面前,我在你面前。我们把这种共享的周遭围绕的世界所体现的固定环境……称为大学。"[1]

从20世纪20年代大学生活的现实情况入手,海德格尔希望把哲学带回到已显得疏离的源头。正如他解释的那样,传统的学院哲学培养了无预设的理论化态度作为学术研究的基础,进而取消了事实性生活。但理论本身就掩盖并遮蔽了科学实践在其制度和存在论根源中的真正起源。哲学的真正问题是生命本身的可质疑性。回到《尼各马可伦理学》(1106b)中关于美德的讨论,海德格尔重复了亚里士多德对生活难题的原初见解。一方面,实际的生活揭示了人类寻求轻松出路,以及回到漠然地遗忘全部熟悉事物的倾向。[2] 因为急于获得确定性和安全感,事实性生活便掩盖了它本身的起源,并试图遮蔽位于存在核心处的不确定性。但另一方面,事实性生活中也存在一种反对这种遮蔽的运动,它旨在切实地追寻存在的起源。

对海德格尔来说,哲学就是事实性生活中的这种对应物,它真正激发了人们反抗规范化冷漠日常的"战斗"。但把哲学推回到它在事实性生活中的根源处时,海德格尔发现大学里的哲学已经沦为大家所追求的轻松舒适的生活方式。理论和"科学严格性"已经遮蔽了生活中的各种困难,哲学也因此变成了虚假而无能的脑力活动。海德格尔的早期讲座揭示了另外一种哲学,但这种哲学与其自身的历史和制度特征背道而驰。而他的批判资源依旧来自神学,尤其来自保罗和路德。例如,保罗在《歌罗西书》中的一封信里告诫听众说,"请注意,没人会因为哲学和虚假的欺骗而成为你的猎物"(《歌罗西书》2:8),而年轻的路德也在他的"罗马书讲义"中告诫说:

---

1 Heidegger, *GA* 61: 63.
2 Ibid., 108–109.

但是啊，我们已深刻而痛苦地陷入到了关于事物本性的类别和问题之中，也陷入到庸人自扰的诸多形而上学问题之中！我们何时能变得明智，并且看清楚我们浪费了多少宝贵的时间在徒劳的问题上，同时却忽视了那些更重要的问题？……的确，我自己也认为，我对主负有责任，要大声疾呼反对哲学……因此，我会真诚地告诫你们所有人，你们当尽快完成这些研究，并且任由它们成为你们唯一的关切，不要去维护和捍卫它们，而要像我们学习无用的技能时那样对待它们，去破坏它们，从而研究其中的错误以反对它们。[1]

1923年，海德格尔在其题为"存在论：事实性的诠释学"的讲座中谈到，"现象学已经采取了战斗姿态"以反对哲学的当代形态。他引用路德的话说，哲学"已成为精神这个公共情人的皮条客了，这是精神的通奸（路德）"[2]。遵循路德解构寂静主义和沉思的学院哲学的做法，他也解构了新康德主义知识论和流行的世界观哲学。如果路德和保罗都因哲学与信仰和苦难的世界的系统性分离而抨击它，海德格尔则是通过指出现代学院哲学的"审美化混淆""无忧无虑""安全"迷信来重复它们的战斗。[3] 在舒适的大学环境中，哲学说的是体现技术专业性和排外性的行话。只有回到路德对苦难和十字架神学的基本认知，哲学才能在它的实际关切和忧虑中恢复人类生活的根本活动。海德格尔坚称："操心（Sorge）的现象学必须被视为此在的根本问题。此在无法从理论、实践和情感的各个组成部分拼凑而成。我们首先要弄清楚，此在为自己操心的方式（要先于任何分析而掌握其原初状态），单纯观看和质疑的操心都以人类的存在为基础的。"[4]

---

[1] Luther, *Lectures on Romans*, 361. 也见 Edmund Schlink, "Weisheit und Torheit", *Kerygma und Dogma* 1 (1955): 6, 16–22。施林克认为，"路德的悖论敲打了亚里士多德思想的基本存在论结构，并且凭借历史存在思维一直深入到了亚里士多德学派思想形式的核心处，因此，年轻海德格尔在写作《存在与时间》之前受路德的《罗马书讲义》影响颇深。可以肯定的是，海德格尔对人类此在的存在论分析是路德人类学的激进世俗版本。"（译文取自：van Buren in *Young Heidegger*, 注意第五章第三节）。

[2] Heidegger, *GA* 63: 46.

[3] Heidegger, *GA* 61: 109–111.

[4] Heidegger, *GA* 63: 103–104.

海德格尔在操心现象学中发现了某种质疑人类存在之根本意义的方式。操心——作为事实性的基本经验——与学院哲学的僵化冥想形成了鲜明对比，它呈现出另外一种思考经验的方式。但如果现象学要成功地反思当前的形势，那它首先必须在哲学传统的历史上下功夫。

第四节
海德格尔的解构实践

海德格尔在路德对经院神学的抨击中发现了一种向讲坛式僵化哲学妥协的策略。在魏玛20世纪20年代的新危机中，海德格尔把路德对荣耀的神学或者十字架的神学的质疑理解为他对当时的学者发起的挑战。[1] 但现在，路德的"非此即彼"（这个词借自克尔凯郭尔对当时社会的批判）成了更加急迫的要求。从学院哲学就科学和世界观的传统分歧看，海德格尔很容易就能够提出这种非此即彼的问题。但海德格尔试图以重述路德解构神学的方式解构当代哲学，进而挑战这种肤浅的二分。但"重述"（wiederholen）过去并不就是盲目地原样照搬。[2] 重述 (Wiederholung) 这个词在海德格尔那里还意味着，从当前和未来的视野中"再现"过去。海德格尔在解读路德、保罗、奥古斯丁、克尔凯郭尔等思想家的过程中发现，过去并不仅仅作为过去而存在，它还意味着某种未来的可能性。从解构哲学史的角度看，这种判断意味着构想传统的新方式，这种传统摆脱了产生于科学/世界观哲学的"客观性""科学严格性""历史学识""概念史"等形而上学观念。

---

[1] Luther, "Heidelberg Disputation", 31:35-70. Otto Pöggeler 在其文章 "Heidegger und die hermeneutische Theologie", 492, 以及全面的研究著作 *Martin Heidegger's Path of Thinking*, trans. Daniel Magurshak and Sigmund Barber (Atlantic Highlands, N.J.: Humanities Press, 1987), 28 中指出，海德格尔1921年未发表的讲稿"奥古斯丁与新柏拉图主义"明确地让路德早期的工作主题化了，尤其是1518年的"海德堡抗辩"。

[2] 见 John Caputo, *Radical Hermeneutics* (Bloomington: Indiana University Press, 1987), 60-61, 该文研究了海德格尔和克尔凯郭尔对"重述"和"再现"的讨论。

如今，海德格尔对路德的"非此即彼"观念的再现已经转变为，我们需要在仅仅作为文化和精神史（Geistesgeschichte）的哲学史和作为在当代生活的事实性中的哲学践行之间做出根本抉择。海德格尔坚持认为，"我们对知识－历史传统的解构，无异于对那些给出如此动机的原初状况作出说明，而基本的哲学经验也源自于此"[1]。也就是说，哲学史的解构并不单纯就是"解构"传统中已有的东西，而是"解构""拆解""重建""拆除"所有"现成的"东西，一直抵达其在事实性生活中的根基处为止。如此，解构就仅仅是另外一种形式的再现，因为在解构过去的过程中，人也在为当下和未来恢复它。对海德格尔来说，哲学研究不再遵从学院中的科学限制，而是"再次恢复过去的活力——并把它带向未来"[2]。

在早期基督教"保持清醒"以迎接上帝再临（帖前，5:4–8）的经验中，海德格尔发现了批判僵化的、现成在手或者既有哲学意义的来源。[3] 早期基督教预测的谨小慎微的风格为他提供了事实性生活经验的模式，因为在基督徒对未来的开放态度中，某种新的时间经验——即时间性——出现了。作为一种实践的解构对所有思想的情境特征——宗教的和哲学的——都很敏感。如果对于早期基督徒而言，基督再临的意义被理解为第二次来临，那来临的时间便不是未来的"某个时刻"。相反，其中的主要问题涉及人对来临本身的确切态度，这也是人"如何"等待的问题。[4] 哲学上也一样，海德格尔把"保持清醒"理解为此在事实性的经验模式，他又把这种方式视为事实性诠释学的基础。保持清醒意味着理解此在自身的存在，此处的"理解……并非某种自我举动（意向性），而是此在自身的存在方式；从术语的角度讲，理解从来都是此在为自身保持清醒的状态"[5]。

基督徒的清醒经验向海德格尔揭示了两个根本主题，它们决定了他在

---

[1] Heidegger, GA 9: 73.
[2] Martin Heidegger, *Logik: Die Frage nach der Wahrheit, Gesamtausgabe* 21 (Frankfurt: Klostermann, 1976), 14.
[3] 清醒或醒来的例子，参见 Heidegger, *GA* 63: 15, 18–20, 30。
[4] Sheehan,"Heidegger's 'Introduction'", 57–58.
[5] Heidegger, *GA* 63: 15.

《存在与时间》中一以贯之的思路：对时间的新理解，以及对诠释学的激进解构式理解。早期基督徒拒绝按照世俗的时间意义理解洞见和启示的"契机"（moment），他们更愿意从特定的"历史情境"中经验时间。[1] 也就是说，他们理解的时间并非编年史或历史，而是"历史性"。此外，从"何时"而非"何种方式"的角度把期望的模式主题化之后，早期基督徒获得了洞察全部经验的根本性视角，换言之，他们获得了全部经验的诠释学特征。海德格尔在当时的大学中处理哲学在"历史中造成的情境"时，便将基督徒的这两个根本性洞见用于哲学史的解构性解读之中。海德格尔的"情境"指的是"自然鲜活经验的某种统一性。情境相互交织（例如，他在头一年的一个学期中谈到：时间的客观概念并不存在）。每种情境都存在统一的趋势。它们并不包含静止的时刻，相反，它们'刚好就发生了'"。[2]

背景中"刚好发生"的事情涉及海德格尔所谓的"情境－自我"或者"'历史'自我"的充分参与。因为某种历史情境中的所有事件都具备一定程度的统一倾向，因此，人不能靠仅关注"理论"自我来避免历史主体参与到事件之中。海德格尔认为，多数学院哲学令人遗憾的失败就在于，它们恰好致力于这种过度理论化和"去历史化"目标。例如，自然科学家就会从脱离"情境－自我"的角度观察自然，并且从物理－数学理论的角度作出僵化的描述。[3] 但学院哲学家们也并没好到哪里去。新康德主义者以"科学事实"为科学研究的起点，而世界观哲学家则研究哲学史，就好像哲学史里满是概念制品一般。他们并未按照原初的方式开展自己的工作，而是接受了从自然和精神的角度对科学作出的传统划分，也即自然科学和人文科学的区分。1923 年，海德格尔甚至批判胡塞尔过于理论化的态度，乃至背叛了"现象学的非历史性（ahistoricality）"。[4] 海德格尔主张："从一开始，传统哲学和哲学研究就以某种认知——也即理论认知层面的真相为旨趣。"[5] 但圣保罗的清醒经验向海德格

1　Sheehan, "Heidegger's, 'Introduction'", 57–58.
2　Heidegger, *GA* 56/57: 205.
3　Ibid., 207.
4　Heidegger, *GA* 63: 75.
5　Heidegger, *GA* 21: 8.

尔传递了另外一种知识，一种建立在生活的事实性经验之上，且具备"历史"特征的知识。

但早期基督教意义上的历史并不是过去的客观经验，而是从现在的状况出发，对历史的意义的一种通则性、活生生的事实性意识，即海德格尔（对保罗的分析中）称为"历史现实化情境"的东西。[1] 从清醒的情境中，保罗告诫帖撒罗尼迦人注意"时间和季节……我们不要跟其他人一样也睡着了，而是要保持警惕和清醒。因为那些睡觉的人会在夜里睡去，而那些醉酒之人也会在夜里饮酒。但我们既然属于白昼，就应当谨守，把信和爱当作护心镜遮胸"（《帖前书》，5:1-8）。保罗在信中对读者提出了要求，他要求读者把注意力从历史的客观时间（chronos）转向实施的经验时间（kairos）。但后者也会把契机（kairos）理解为基督教情境中的"决定性转折点"或"危机时刻"：人要么屈服于睡眠和饮酒的巨大诱惑，要么决心清醒地迎接主的再临。[2] 理论上的分离是不可能的；人只有通过决定（理解为危机）才能理解保罗传递的真实信息。海德格尔的历史化情境同样要求非此即彼的抉择承诺，因为他也像保罗一样，为了决然的鲜活经验，而拒绝了理论的睡眠引诱。

借助基督教的原初时间经验，海德格尔在20世纪20年代就发现了各门科学的历史情境，即某种全新意义上的"危机"。然而，学术杂志和会议上充斥着众人关于科学危机的所有真诚宣告，它们令海德格尔震惊不已。例如，在写给洛维特的一封信中，海德格尔用尖刻的讽刺向新出版的学术杂志《文化精神》（*Ethos*）和《契机》（以及已经过时的《逻各斯》）表态说："下周的

---

[1] Heidegger, *GA* 9: 93.
[2] 海德格尔在1921/22年的冬季讲座 (*GA* 61: 164) 中对保罗做了回应，他警告说："大家应该保持警惕，不要把绝对真理当作麻醉剂。"基督教的危机以一种时间性模式起作用，它强调了早期基督教教会的警惕。有关 "kairos" 作为 "决定性转折点" 的神学证据，见 Gerhard Kittel, ed., *Theological Dictionary of the New Testament*, vol. 3 (Grand Rapids, Mich.: Eerdmann's, 1965), 455-456。在 William F. Arndt and E. Wilbur Gingrich, *A Greek-English Lexicon of the New Testament* (Chicago: University of Chicago Press, 1957), 396 中，"Kairos" 被定义为 "危机时刻"。我的观点是要证明，早期基督教末世论和魏玛社会学如何以特定的方式汇聚在年轻海德格尔的作品中，进而把"危机"与历史理论和时间理论联系在一起的。

笑话在哪？我相信精神病院里的人都比这个时代更加清楚和理性。"[1]尽管他对当前的陈词滥调和假象很敏感，但对海德格尔来说，"危机意识"的出现似乎依旧提示出西方历史的一些征兆。斯宾格勒讲述了一番西方文化衰落的大道理，尽管有些夸大其词，但这对他来说却是深刻的尼采式虚无主义的当代标志。20年代的危机不仅意味着价值的衰落，相对主义肆虐的威胁以及新的研究方法带来的不确定性。对海德格尔来说，危机本身就是一个指向所有真正科学和历史之原初状态的术语，因为它抵制了理论的流行趋势，进而选择了非此即彼的激进抉择。在这个决定性的危机时刻，人对所有科学和哲学的真正问题，即"存在问题"生出了新的警觉。

海德格尔在《存在与时间》中写道："每门科学的诞生，都有一个主要的决定，科学就以此为基础。"[2]然而，由于历史和传统的累积造成的影响，这个原初的抉择早已被遗忘了。取而代之的则是学术界的僵化实践，它轻易就能嵌入到大学结构之中，也正是在这里，原初的抉择（或者海德格尔在另外一个情境中提到的"原初解释"）变得形式化了。[3]

第五节
海德格尔的危机和西方思想的危机

20年代的危机局势为海德格尔打开了一片天地，他相信真正的思考可以由此诞生。通过质疑现有的科学研究结构，他希望把危机时刻转变为思考的"新起点"。显然，海德格尔后来参与到了国家社会主义之中，这个经历为开端

---

1 引自 Karl Löwith, *Mein Leben*, 28。在海德格尔写给雅斯贝尔斯的信中，我们也能看到对当代学院哲学的批判态度，见 Walter Biemel and Hans Saner, eds., *Martin Heidegger/Karl Jaspers Briefwechsel*, 1920–1963 (Frankfurt: Klostermann, 1990)，海德格尔在1922年6月27日的一封信中嘲笑了"当代哲学就像笑话"（第29页）。
2 Heidegger, *GA* 61: 29.
3 Martin Heidegger, *Prolegomena zur Geschichte des Zeitbegriffs, Gesamtausgabe* 20 (Frankfurt: Klostermann, 1988), 4; translated by Theodore Kisiel as *History of the Concept of Time* (Bloomington: Indiana University Press, 1985), 3.

的乐观基调留下了反思和批判的余地,我们会在本章末思考这个问题。[1]但在早期魏玛的历史背景下,海德格尔对危机的主题化处理为我们反思科学的基础提供了有效的办法,而这些科学是在柏拉图和亚里士多德以来的西方传统中得到定义的。在新的解构性传统中,海德格尔把"危机"从全民启蒙式的流行口号转变为他自己的一个基本范畴,并以之理解西方历史的时代性转折。对海德格尔来说,"危机"一词保留了古希腊原初的分离和判断的意义,并且可以用来描述与西方历史本身的意义相关的抉择,在现代社会尤其如此。危机神学、数学危机、物理学危机和历史主义的危机等——它们全都给危机现象提供了具体的事实性例证,这表明危机不仅超出了科学在后凡尔赛时代的重组造成的制度性失范层面,还挑战了传统意义上笛卡尔和康德式的科学真理观念。

在海德格尔的解读中,科学的危机为整个"经典科学"的基础撕开了一道裂缝。在过去的三个多世纪里,伽利略式的科学已经为世人呈现了一个主体和客体相互分离的世界,这个世界从根本上相信科学方法的确定性能够为真理提供担保。对海德格尔来说,这种主客分离的图式与危机的观念的出现脱不了干系。价值危机造成的虚无观念、相对主义危机和历史主义的危机都不过是笃信经典科学的另外一种表现,这种现象从整体上刻画了现代时期。海德格尔在其名为"存在论:事实性的诠释学"的讲座中谈到了传统主客二分的形而上学传统中的危机根源,并劝告他的学生说:

> 避开以下图式:即存在主体和客体、意识和存在等类似的二分;存在是知识的对象;真正的存在是自然存在;意识是"我思",以及"我喜欢","我独立",行为的中心,人;与自我(人)对立的是:存在、对象、自然物、价值

---

[1] 讨论海德格尔与国家社会主义关系的最新作品,见 Richard Wolin, *The Politics of Being: The Political Thought of Martin Heidegger* (New York: Columbia University Press, 1990); 系列文章和原始文献见: the New School for Social Research's Graduate Faculty Philosophy Journal 14, no. 2–15, no. 1 (1991); Thomas Sheehan, "'Everyone Has to Tell the Truth': Heidegger and the Jews", *Continuum* 1, no. 1 (Autumn 1990): 30–44; Tom Rockmore, *On Heidegger's Nazism and Philosophy* (Berkeley: University of California Press, 1992). 这些只是这个主题新近研究文献的典型。

对象、商品等等。主体和客体之间的关系是有待确定的，同时也是一个知识论问题……这种前有（fore-having）状态几乎是无法消除的，它受僵化传统的束缚而得以构建，并且从根本上永远阻碍了人进入事实性生活的可能……知识论问题（它在其他学科中也有对应物）的这种主导地位是很常见的现象，它也是科学和哲学领域至今可见的典型特征。[1]

对海德格尔来说，与确定性、证明、方法论上的严谨性和无可置疑性有关的问题并非20世纪初科学危机辩论中产生的新问题。它们是与上述主客思维紧密联系的问题，并且一直是笛卡尔以来的现代科学和形而上学的核心问题。海德格尔为这些问题提供的答案并未给现代性提供"新的"哲学基础，相反，他是以消除基础需求的方式处理这些问题的。用海德格尔的话说，危机的观念跟人对"证明"和无可置疑性的需求紧密相关，而这又影响了自然和人文科学中真理的定义。海德格尔在笛卡尔-康德等人的这些需求的核心处发现了一个"丑闻"，他在《存在与时间》中写道："'哲学的危机'并不在于尚未给出该证明，而在于哲学家们对这种证明的期待，无止境的期待。这种期待的目的和要求源于存在论上不充分的开端……如果此在被正确地理解，它就会无视这个证明，因为就其本身而言，它就已经是后续证明的必要条件。"[2]

在彻底解构存在论历史的过程中，海德格尔把自然科学与历史科学、科学与世界观，以及主体和客体之间的问题视为基础"问题的不恰当表述"。与当时的多数生命主义者和新康德主义者不同，海德格尔拒绝了当时的一个流行观点，即恰当的科学方法要么得自研究对象（即来自自然事实或历史事实），要么得自研究者信奉的价值观念（通则的/概括或个案/个体化）。相反，海德格尔面前更为急迫的问题是他冠以多种名号的问题，比如"与事物本身的原初关系（zu den Sachen selbst）"，"原初解释"或者关于科学基础概念"更加原初的理解"等。[3] 海德格尔在《时间的概念史》的导论中写道：

---

[1] Heidegger, *GA* 63: 81.
[2] Heidegger, *Being and Time*, 249–251（译文有改动）; *Sein und Zeit*, 205–207.
[3] Heidegger, *History of the Concept of Time*, 4, 3; *GA* 20: 6, 4, 3.

如果科学不被当做虚假的事业，即把自己的合理性建立在普遍流行的传统之上，而是接受人的此在的意义所展现的可能性，那么，关键的问题和危机的答案就在于，在原初的经验中研究主要的问题，以防特定的科学研究将其遮蔽了。在此，我们把自己局限在了历史和自然领域，它们会以自己原初的存在方式展现自身。[1]

海德格尔认为，科学研究发生在已知的结构中，此时，人和被观察的现象尚未真正相遇。但对此在而言，这种相遇的意义绝不可能被限定在流行的自然和人文科学的逻辑结构中。这些结构只是掩盖并取消了此在的"原初经验"，仅仅这种经验就能提供真正的意义。同样,海德格尔还拒绝了传统的"理解"（Verstehen）和"解释"（Erklären）概念，它们被当做组织我们的经验的方式，因为它们不过是强化了同样存在于学院哲学中的主客二分。反之，海德格尔试图在"特定的科学探究遮蔽"人类经验之前，把全部知识论的区分置于活生生的事实根源之后。但这如何可能？由于科学已经决定了相关的探究能够开展的地方，人又如何绕开科学本身的研究要求？难道这些回避都会让人接受世界观哲学家们的相对主义暗示吗？

通过研究世纪之交的哲学"情境"（situation），海德格尔开始明白，这些问题的基本方面并非科学所固有的，而是两个基本发展的产物。首先，随着观念论的崩溃和自然科学的声望的不断提升，哲学感受到了越来越大的压力，甚至都要放弃其思辨性的形而上学僭越，进而专心提供某种科学的理论和科学逻辑了。其次，这种往科学理论发展的趋势并不出现在"向重要问题的原初回归过程中,而是从历史的角度回到业已建立的康德哲学"[2]。海德格尔坚持认为，在新康德主义的意识哲学中，"知识本身的结构、研究的结构以及抵达所讨论的实在的结构，都不再被研究，更不用说这些实在的结构本身了。其核心的主题是科学表现的逻辑结构问题"[3]。新康德主义科学理论的影响在于强

---

[1] Heidegger, *History of the Concept of Time*, 4–5; *GA* 20: 6.
[2] Ibid., 13; GA 20: 13.
[3] Ibid., 17; GA 20: 20.

化了笛卡尔式的主客分离，从而让知识论立场成为最为重要的观点。但讽刺的是，在为意识科学建立"新的"基础的努力过程中，这些蹩脚的学术模仿者只是在恢复"历史上业已建立的哲学形态"。为了重申其原初意义，海德格尔希望把历史的原初经验注入到这种历史的复兴上。

对海德格尔来说，历史的真正意义既不在于"历史科学"业已建立的框架之中，也不在于回到历史"中"的思想体系（例如新康德主义、新托马斯主义、新亚里士多德主义或者新费希特主义等，所有这些都先后流行于20世纪初）。唯有通过现象学的"预备性研究"（即"预先理解被科学作为其主题的全部对象背后的主体状况"），历史经验的原初意义才能显示自身。[1] 这就要求哲学打破传统的"逻辑""方法"和"概念构成"等科学观念。正如海德格尔在其《存在与时间》的引言中指出的："哲学上的首要之事既不是历史科学的概念构成理论，也不是历史知识的理论，甚至不是作为历史科学对象的历史经验理论。首要之事毋宁是从历史性的角度对真实的历史存在作出阐释。"[2] 保罗的《罗马书》中谈到的基督教的原初时间经验向海德格尔揭示了，我们可以从十分不同的角度理解历史意义，而不是从主导着历史和人文科学的角度理解。它质疑与新康德主义的科学哲学相关的、超然的理论意识的首要性。当他从历史性的角度重新理解时间，并由此恢复了基督教危机观念的真正意义后，海德格尔发现了一种打破学院哲学中的传统科学框架的办法——这种突破在他对历史主义的解读中产生了深刻影响。

通过从根本处抓住历史作为历史性而非历史科学的展开方式，海德格尔把历史的意义从一个关乎逻辑方法和科学研究的问题，转变成了对存在于世的人的根源开展的存在论研究。在最基本的意义上，海德格尔并不把历史科学和自然科学理解为既定的结构或实在，相反，它们是从历史上特定的生活情境中生成的。因为科学本身就是一种生活形式，因此，它与其他生活形式（例如清醒、操心、畏和"沉沦"等）一样建立在经验的时间结构之上。例如，

---

[1] Heidegger, *Being and Time*, 30; *Sein und Zeit*, 14.
[2] Ibid., 17; *Sein und Zeit*, 20.

物理学和生物学中使用的客观时间模型永远无法揭示情境意识的内部结构。而基于客观自然时间发展模式的历史科学也无法揭示它所谓的"成为"历史的真正经验。流行的历史科学把过去看做是已经存在的且预先"为我存在"的造物的集合,它们等着人们以移情方式重新激活和理解。试举一例,兰克便旨在从事实的角度重构过去事态的既有状况。但海德格尔拒绝了兰克式的事实性,并转向了新形式的诠释学事实性。重要的不是客体在理论或经验层面的既定内容,而是它在具体的事实和历史方面的"情境特征"。对海德格尔来说,历史的真正经验并非重建事实,而是在当下的情境中再现过去的意义,并将其作为某人自身的未来可能性。

因为历史科学是围绕叙事、线性时间这一主题组织起来的,因此它往往掩盖了时间性的真实意义,这也是海德格尔所谓的三个时间性绽出的统一:"作为'将来时'的未来,作为'完成时'的过去和作为'等待'的现在等现象。"[1] 历史学家急于叙述,却忘记了这三个时间性绽出的统一性并不在于作为固定和客观实存的"时间"本身,而在于人类原始的时间性之中。海德格尔的目的是打破历史科学和自然科学对时间的传统理解,从而可以用一种彻底的诠释学方式重新恢复它。他坚信,科学的基本理论和逻辑是建立在时间的形而上学之上的,而后者又从底层强化了当代知识论中的真理观念。众人对客观主义和主观主义展开辩论,这似乎与价值判断和研究方法有关,但在海德格尔看来,这是对人类时间性的误解。在其1924年题为"时间的概念"的讲座中,海德格尔在其中某个关键章节里解释道:

> 目前这一代人认为自己已经找到了历史,并且被它压得踹不过气。人抱怨历史主义——这是说不通的。人把根本不相关的东西称作"历史"……我们对此在的通常理解受到相对主义的威胁,但与相对主义相关的畏也是摆在此在眼前的畏。作为真正的历史的过去可以从人的存在"方式"中获取。抵达历史的可能性建立在走向未来的可能性中(这种可能性又把当下理解为时

---

[1] Heidegger, *Being and Time*, 377(译文有改动); *Sein und Zeit*, 329.

间上的特定阶段）。这是全部诠释学的第一原则。它道出了此在存在的重要信息，即历史性本身。只要还把历史作为方法的研究对象，哲学就永远无法理解历史的意义。历史之谜在于成为历史所蕴含的东西。[1]

  从科学理论和科学逻辑的角度看，任何"进入历史的可能性"都因为中立、自我挫败和客观性的需求而消失了。但海德格尔坚持认为，历史的真正意义并不在于过去本身（即等着我们研究的对象），而在于我们利用过去的方式，他以此重新恢复过去。胡塞尔试图通过关注让经验成为可能的潜在前结构——即意识的基本意向性——的方式来克服这种传统的研究模式。胡塞尔悬搁了所有的形而上学假设，并把人类意向性的纯粹偶然性、情境特征括起来，从而在没有任何存在论假设的情况下，对经验的现象性作出了严格的描述。原则上，这种做法是对事物本身严格的现象学介入，其目的在于避免新康德主义的科学方法论要求，并拒绝心理主义和历史主义相互竞争的主张。[2]

  海德格尔从胡塞尔那里学到了认真对待前结构的问题。然而，他与导师争论任何试图提出"纯粹"意向性的形而上学含义。从诠释学的角度坚持人类理解的情境化解释，海德格尔着手揭露所有存在论上的中立主张，不管它来自胡塞尔的"先验自我"，还是来自新康德主义者的"前物理主题"。海德格尔认为，解决中立性问题的程序性尝试让获取意识的前科学结构成为可能，这样做失去的只是历史经验的积极意义。通过返回诠释学的经验源头，海德格尔希望自己能够重新塑造胡塞尔的现象学和新康德主义的意识哲学中的术语。

  尽管多数当代观察家都继续用赫尔德和洪堡时代以来都没怎么变过的术

---

[1] Martin Heidegger, *Der Begriff der Zeit* (Tübingen: Niemeyer, 1989), 25.

[2] 见 Edmund Husserl, *Logische Untersuchungen*, vol. 2, pt. 2, 1–127 (the Sixth Investigation) (Tubingen: Niemeyer, 1968); *Logical Investigations*, 2: 667–770, (London: Routledge, 1970). 对海德格尔的意向性概念及其与胡塞尔之关系的细致解读，见 Theodore Kisiel, "Heidegger (1907–1927): The Transformation of the Categorial," in H. J. Silverman, John Sallis, and T. M. Seebohm, eds., *Continental Philosophy in America* (Pittsburgh: Duquesne University Press, 1983). 基西尔认为，"意向性意味着现象学本身成为一种醒目的现象（177）。

语定义科学的危机，但海德格尔还是着手摧毁或消除危机本身的基本含义。讽刺的是，他的努力被错误地解读成了对危机哲学的又一个贡献。[1] 从赫尔德到狄尔泰，历史主义意识的兴起被认为是对形而上学的麻木教条的极大解放，也是对历史理论总体方案的一种替代。但海德格尔对这种解读提出了挑战，他揭示了历史主义意识的形而上学本质，这种意识对早期现代自然科学的客观主义视野十分着迷。传统上，科学主义的捍卫者把历史主义理解为不受限制的相对主义，因为它的目的是在其自身的特定文化和历史情境中把握历史现象。但海德格尔着重讨论了历史主义中潜在的客观主义动机，并由此对这个讨论做了重构，在他看来，客观主义就像是某种隐藏的科学主义。后来在1946年的一篇讨论阿那克西曼德的文章中，海德格尔把历史主义视为技术思维的另一种形式，并且把它对历史对象的重构比做广播和新闻等技术组织形式。[2] 他在《存在与时间》中写道："'历史主义'问题的出现是历史科学企图让此在疏离其本真的历史性的最明显征兆。"[3]

海德格尔与狄尔泰、李凯尔特和文德尔班都致力于抵消历史主义造成的相对主义影响。但就其自身关注的问题而言，《存在与时间》很难说得上是对历史主义辩论的回应。如果说新康德主义者和狄尔泰试图从更加原初的科学基础出发克服历史主义的危机，海德格尔的任务则是颠覆"基础"这个观念本身，进而揭开客观性的全部知识论主张的架构。在接下来的章节中，我想探讨海德格尔对新康德主义者和狄尔泰的反应，因为他对这些思想家作出了批判和解构性解读，而这也让他自己的计划清晰起来。海德格尔拒绝了当前无预设的哲学做法，他坚持要从传统中恢复暗示或痕迹。从1919年到1927年间，海德格尔就柏拉图、亚里士多德、莱布尼茨、路德、狄尔泰、席勒、

---

1 见 Georg Misch, *Lebensphilosophie und Phänomenologie: Eine Auseinandersetzung der Diltheyschen Richtung mit Husserl und Heidegger* (Stuttgart: Teubner, 1967), 初版于 1930 年。

2 Martin Heidegger, *Holzwege* (Frankfurt: Klostermann, 1972), 301. 译文见 David F. Krell, *Early Greek Thinking* (New York: Harper and Row, 1984), 17。

3 Heidegger, *Being and Time*, 448; *Sein und Zeit*, 396.

胡塞尔和李凯尔特等人做过专题讲座。[1] 但他的兴趣并非文德尔班或于贝韦格那种官办哲学史意义上的"历史"。在《存在与时间》的第 77 节中，海德格尔对格拉夫·约克（Graf Yorck）的评论做了认可性引用，其评论的大意是，"如果与历史无关，则不再有任何真正意义上的哲学。"[2] 但他对"历史"的理解与兰克、德罗伊森和梅尼克等人的传统理解大相径庭。

尽管我们关注海德格尔思想的历史方面，特别是关注海德格尔对哲学史的解构会有所启发，但我们绝不能忘记，这样的历史从来不是他最关心的问题。最终，海德格尔既没有打算克服历史主义的问题，也没有试图为人文科学提供新的理论基础，而是"重新提出了存在的意义问题"[3]。

第六节
海德格尔与新康德主义者的分歧

在讨论早期海德格尔的过程中，我们似乎不可避免要提到他的新康德主义根源。事实的确很清楚。他于 1912 年撰写博士论文，随后在弗莱堡接受李凯尔特的指导写作教授资格论文。他的教授资格论文名为《历史科学中的时间概念》，该论文反映了科学的新康德主义划分，这与文德尔班的通则和个案模式一脉相承。在这篇论文中，海德格尔重复了新康德主义中的老套观点，即不同科学的研究方法应该从其"逻辑结构"的角度加以理解，而非仅仅从自然和精神的传统区分的角度理解。[4] 但当他 1918 年从前线回家后，早先对新康德主义逻辑的隐晦批判就变得越发明显了。在 1919 年夏季学期名为"现

---

1 有关海德格尔的课程和讲座清单，见 *Prospektus*，该书由科洛斯特曼（Klostermann）于 1991 年 11 月为 *Gesamtausgabe* 而作，后来这个清单在 William Richardson, *Heidegger: Through Phenomenology to Thought* (The Hague: Martinus Nijhoff, 1963) 中做了更新。
2 Heidegger, *Being and Time*, 454; *Sein und Zeit*, 402.
3 Ibid., 19; *Sein und Zeit* 1.
4 Heidegger, *GA* 1: 358; 英文译本：Harry S. Taylor and Hans Uffelmann, "The Concept of Time in the Science of History", *Journal of the British Society for Phenomenology* 9 (1978): 3–10.

象学和哲学的先验价值"的讲座中，海德格尔为新康德主义的问题提出了更大范围的批判。在其接下来八年的讲座课程中，海德格尔多次提到李凯尔特（提到文德尔班的次数则相对较少），但几乎全是批判性的，他还就当代哲学的立场展开多次讨论，这些讨论仍旧以新康德主义者为潜在的对话者。

我们不会逐字逐句讨论海德格尔在1919年对新康德主义的文化哲学所作的细致分析，而是要关注海德格尔拒绝新康德主义的计划的基本方法及其基础的原因。我的目的是为海德格尔的解构提供一个具体的示例，尤其是提供与历史主义和相对主义的世代争论相关的例子。讽刺的是，正如我之前试图表明的，海德格尔对新康德主义的解构更多发端于神学而非哲学。保罗洞见到了时间的契机特征，这为海德格尔开启了哲学的"另一个"可能，而他对存在的时间性的洞察又解构了先验价值那永久的有效性。但如果海德格尔坚持用存在的时间性"替代"逻辑的非时间结构，他也只会重复新康德主义者对事实性经验的漠视。保罗对生活的极端事实性的强调并非一个知识论上的判断，而是一个伦理层面的召唤，它要求人作出抉择：是应对基督再临带来的信仰危机，还是沉沦到日常匿名存在的熟悉结构中。海德格尔认为，如果历史主义的危机在现代世界中具备任何真实的意义，那就必须真正从保罗的意义上把"危机"理解为抉择的召唤。知识论上的中立似乎也难以成为恰当的回应。海德格尔对新康德主义的基本批判是从这种神学转向中发展出来的，后者被理解为朝向根本性的事实性经验，也即时间性。但在讨论时间性问题和时间的三重绽出之前，我们必须首先回到新康德主义的基本问题。

根据李凯尔特和文德尔班的观点，科学的基本特征是用概念安排实在；实在本身是无法确定、非理性的杂多（manifold），它只能经过概念的简化才能得到理解，而概念会在既定的兴趣或价值基础上重塑和改造实在。因为人类的知识永远无法再现这种无限而多样的实在，我们就不得不选取那些本质上建立在特定认知旨趣之上的东西。因此，哲学的问题就成了：如何构成概念，从而让我们的认知兴趣能够在我们的科学探究方法中实现？因为如此这般的"实在"——就像它的"存在"一样——永远无法成为科学的旨趣，因此，李凯尔特认为，哲学最好放弃寻找存在论的基础，转而从知识论的层面关注我们认知的边界，这最终是个康德式的计划。这种康德式的方法让李凯尔特放弃了自然和精神的实质性区别，他这么做的理由在于，科学的形式－逻辑分类学是以理论目的和认知旨趣为基础的。

在其自然和"文化"科学的理论中，李凯尔特遵循了文德尔班那个著名的区分，即通则的或探寻规律的科学与个案或个体化科学的划分。在李凯尔特看来，文化的概念让个体化的概念构造成为可能，因为它"为人提供了区分历史上重要之事和不重要之事的原理。'通过依附于文化上的价值，历史中表现出个体性的概念首先被构造出来'"[1]。遵循这种质疑路径，李凯尔特发现了历史和文化的内在统一性（因为正是历史的个体化方法被贴上了公认的文化价值）。另一方面，李凯尔特把自然定义为独立于价值的领域。这个洞见对于科学理论相当重要：它提供了一种把康德式基本问题——自然科学何以可能？——扩展至历史领域的办法。李凯尔特现在可以提问，历史作为一门科学何以可能？他可以（用海德格尔的话）回应说，"从根本上让历史作为科学得以可能的是文化的概念"[2]。

与自然科学一样，历史无法重现实在的无限杂多或其"异构连续性"。同样，这取决于价值之上的选择原理。但李凯尔特认为，科学探究不一定是——实际上肯定不是——评价性的；文化科学家可以提供文化对象与价值观的纯理论关系，而不必提供价值判断。这个看法让李凯尔特提出了解决历史相对主义危机的先验办法，因为他不再需要为特定的价值观提供任何历史的辩护了。在他的方案中，价值压根不"存在"（exist）；相反，它们是"有效的"（valid）。价值是一种具备逻辑意义的先验仓库，它形式上有效但绝不真实（real）。因此，在李凯尔特的科学理论中，价值既不是主观的，也不是客观的，而是"超越了主题和客体之外的自治领域"[3]。

在其职业生涯早期，追随李凯尔特（和文德尔班）的海德格尔也接受了

---

1 Heidegger, GA 56/57: 174.

2 Ibid., 173.

3 Heinrich Rickert, "Vom Begriff der Philosophie", *Logos* 1 (1910– 11): 12. 也见 Rickert, *Gegenstand der Philosophie* (Tübingen: Mohr, 1928)。

自然和人文科学的逻辑划分。在其名为"科学和历史学中的时间概念"的讲座中，海德格尔所讲的内容都以李凯尔特的思想为基础，后者认为"我们基于价值关系从丰富的现有事物中作出历史的选择，"[1]他继续说道，"相应地，历史科学的目的就成了，为人类生活的特殊性的客观化提供实际和发展的脉络，人可以通过其余文化价值的关系理解这个脉络。"讲座的结尾，像是要袒露自己无比认可之情一样，海德格尔重复了李凯尔特的主张，"历史概念的构成原则体现在它与价值的关系中"[2]。然而，即便在海德格尔的这部早期作品中，他也为自己以后对待新康德主义科学理论的态度埋下了伏笔。在坚持价值的永恒有效性作为历史意义的基础的同时，海德格尔还尝试提出一种根据自然和历史科学中的不同时间概念来对它们作出区分的原则：如果物理学中的时间是被数学上确定的单位定量地加以衡量的，那历史学中的时间则是从它在价值序列中的意义的角度得到衡量的。

显然，海德格尔的时间观念在他摆脱新康德主义者学的过程中发挥了重要作用。但就李凯尔特的逻辑理论而言，胡塞尔的现象学方法对意向性（intentionality）问题（"Intentio 一词的字面意思是，引导自身朝向对象。所有鲜活经验……都引导自身朝向某物"）和范畴直观（"仅仅据其自身所显现直接领会被给予者"，并作为一个范畴加以概念的把握）的关注还是为他提供了别的选项。[3]到1919年的战时紧急学期，他的新康德主义现象学计划已无从实施。即便他在下一个学期（1919年夏季）的讲座中还从现象学的角度详细地批判了李凯尔特和文德尔班的价值哲学，但海德格尔在本学期就已经着手从诠释学的角度处理价值问题。正如他所言："'世界化'与'价值化'并不相称。"[4]如今，海德格尔已经明确地把周遭世界中的经验主题化了，就其本身的事件特征而言，它们并没有将自身让渡为理论或先验逻辑的解决方案。致力于理论化的新康德主义者只是会把我们在/对世界的原初经验脱世界化、脱生

---

1 Heidegger, "Concept of Time in the Science of History"，8; *GA* 1: 427.
2 Ibid., 10（译文有改动）; GA 1: 433.
3 Heidegger, *History of the Concept of Time*, 29, 47; *GA* 20: 37, 64.
4 Heidegger, *GA* 56/57: 73.

活化、脱历史化和脱指称化。[1] 海德格尔甚至说，理论的至高无上性导致了"周遭世界经验的解体"[2]。海德格尔认为，哲学先于理论，但并不是时间上的在先。相反，海德格尔把哲学的根本任务视为对经验的现象学描述，然后再由自然科学或人文科学对其加以限定（变形）和构造（隐藏），不管后者的形式是价值理论还是寻找事实的实证主义。

文德尔班和李凯尔特人为地把理论问题和经验问题划分为价值和存在领域。这种做法说明，他们并未掌握真理的原初特征。李凯尔特的哲学以其对主客区分（正如他自己说的，"知识的概念，除了属于认知主体，还属于被认知的对象"）的坚持及其内在主义观点（所有实在的存在都必须被视为意识中的存在）为特征。[3] 就海德格尔来说，这两个原则都没有为真理的事件特征（event-character）提供原初或深刻的解释。此外，海德格尔的双重主张是，存在只有作为判断的组成部分才有意义，而判断则完全是根据先验的"应然"作出的，但他又拒绝了这种判断，因为它充满争议且空洞。1919年夏季学期结束之际，海德格尔质疑了李凯尔特的论点，后者认为意义不过是某种价值。他接着提出，因为搁置现象学的事件并且无法洞悉"体验研究"（Erlebnisforschung），李凯尔特早就错过了意义的真实含义，因为它与存在和存在主义相关。海德格尔声称，真理不属于价值，它是原初的"世界化"或"事件化"（es et-eignet），其语法结构既不遵循主词也不遵循谓词，而是采取了"中间语态"的形式。[4]

李凯尔特坚持认为，真理既不是从心理层面也不是从历史层面依附于判断的，海德格尔也同意他的观点。实际上，除了意义问题，海德格尔还与李

---

1 Heidegger, *GA* 56/57: 89.
2 Ibid., 85.
3 海德格尔在 GA 56/57: 182 中对此做了引用；在第49页和75页，他称真实性（Wahrsein）为去蔽（aletheia）。查尔斯·吉尼翁（Charles Guignon）在他的《海德格尔与知识问题》(Indianapolis: Hackett, 1983), 143—145 中对维特根斯坦《哲学研究》中的"深度语法"与海德格尔《存在与时间》中的语言观念做了比较。
4 对海德格尔的中间语态的重要性的完整讨论，见: Charles Scott, *The Language of Difference* (Atlantic Highlands, N.J.: Humanities Press, 1987), 67–87; John Llewelyn, *The Middle Voice of Ecological Conscience* (New York: St. Martin's, 1991).

凯尔特有着共享的问题域。从《存在与时间》开始，海德格尔的思想主要关注科学危机和历史相对主义问题的先验解决方案。与李凯尔特一样，他也坚持哲学首先是一种科学，并且反对一切世界观哲学。甚至早在1919年，海德格尔就已经为批判新康德主义价值理论打下了基础。海德格尔写道，李凯尔特在任何地方都没有解释意义究竟"是什么"；他坚持认为，"意义存在于……所有存在者之前，并且无法从存在论的角度得到理解"[1]。它本身就是"有效的"。在海德格尔看来，有效性与存在，或者价值与存在总是存在鸿沟，因为有效性既不"内在于"存在者中，也不"内在于"存在之中，而是在先验逻辑的形式领域。在这个意义上，李凯尔特的"意义"是一种逻辑条件，而非某种存在论条件。因此，李凯尔特认为，只有从知识论的角度进入形式意义的问题，即关注先验意识的纯粹规范，才能为人类或文化科学的意义危机提出合理的问题。

海德格尔发现，此处起作用的东西与克尔凯郭尔在黑格尔的"反思哲学"中看到的一样，即非世界的、非历史的理论化过程：在其最初努力解决科学问题的尝试中，李凯尔特只是反思了自己对事物的思考，而不是事物和问题本身。在其1925年的讲座"论时间概念的历史"中，海德格尔抱怨李凯尔特在现象学上是天真的，仅仅假设判断与表象存在亲缘关系，甚至都没有提出表象的意向性问题。因此，他认为："李凯尔特并非对问题本身的研究得出这种理论的，而是通过充满独断论判断且毫无根据的推断得出的。"[2] 在"直觉现象学和表达（即哲学概念的构成理论）"中，海德格尔是这样谈论李凯尔特的："在完善的系统之上，人更容易提供完善的答案，而不用一直对生活的问题保持开放的态度。"[3]

海德格尔一直坚持认为（即使在其后期思想中也是如此），真正的哲学从不提供体系或证明，而总是预备性的，始终"在路上"。[4] 哲学的任务不是

---

1 Heidegger, *GA* 56/57: 199.
2 Heidegger, *History of the Concept of Time*, 33; GA 20: 43.
3 未发表的讲稿：Heidegger, "PAA"，July 26, 1920.
4 例如，见其论文集：*Unterwegs zur Sprache*, GA 12.

解决问题，而是恪守问题本身的可质疑性，即对问题和答案的逻辑提出质疑。在《存在与时间》讨论"哲学的丑闻"的著名段落中，海德格尔谈到了整个笛卡尔－康德传统，并且得出结论说，知识论提问对证明和确定性的要求"从存在论上讲是个并不充分的开端"。海德格尔认为，我们需要的"不过是基本的见解，尽管从知识论上讲，不同的知识论取向并没有相差太远，但它们对任何关于此在的存在论分析的忽视都让它们无法为根深蒂固的现象学问题寻得一个基础。人们后来对主体和意识概念的现象学修正也无法获得这样的基础。这个步骤并不能保证问题的不恰当表述不会继续存在"[1]。就新康德主义强调的事实而言，存在和实在只是"在意识中"，因此无法通过分析存在者的方式加以解释，它脱离了简单的实在论和实证主义。然而，当观念论者拒绝探究这一立场的存在论后果（即"在其中"的含义），解释就变得毫无意义。对海德格尔从解构的角度重新恢复新康德主义的做法来说，这个问题产生的后果具有深远的意义，因为海德格尔与李凯尔特的争论就建立在他们因为先验计划而对存在的意义的争论中。

李凯尔特坚持认为，合适的先验意义总是与跨历史的、永恒且逻辑的主题紧密联系，而与狄尔泰的历史主体无关。相应地，李凯尔特始终把康德的第一批判理解为关于客体（或对象）知识的主体条件的先验分析。尽管海德格尔会拒绝李凯尔特立场中隐含的主观性，但他也试图从先验计划中恢复我们对"先验"的非主体理解。他打算用自己的新词"此在"（Dasein）传达的是某种非主体的东西，某种解构了人的人类学意义的理解（或者说是对个体化的自我的人文主义理解）。从字面上看，此－在（Da-sein）是一个地方，一个主题，一个存在中的"场所"，一个以时间性为标志的事件，而非担负本质重担的事物。在这个地方，存在和存在者活跃起来，体现意义，并且在问题空间中开放自身；在其质疑过程中，此在是容纳有朽的存在者存在条件的地方，也容纳了存在的各种可能。海德格尔从先验的角度理解这种可能性，即把它理解为"存在之可能性的条件"。但李凯尔特则把注意力集中在知识的严

---

[1] Heidegger, *Being and Time*, 250-51（译文有改动）; *Sein und Zeit*, 207。

格的可能性上，从而让先验的动态存在论意义变得僵化，海德格尔在先验的可能性这个观念中深刻洞察到了此在"在场"的真理式展开样貌。[1]

李凯尔特并非唯一从主体的角度定义"先验"的人；这种定义是康德知识论思想的传统。但海德格尔认为，"观念论"中存在解构性恢复的可能：

> 如果"观念论"（idealism）一词意味着，存在永远无法由存在者解释，而是对所有存在者都意味着"先验"，那么，观念论就为哲学问题提供了唯一正确的可能性。如果是这样，亚里士多德就成了不亚于康德的观念论者。但如果"观念论"意味着把所有存在者追溯到主体或意识之中，并且其唯一的显著特征就在于其自身存在的不确定性，而其最好被否定性地刻画为"非－物－类"（un-Thing-like），那么，这种观念论的方法就与最具侵略性的实在论一样天真……
>
> 我们试图以"知识论"的方式解决实在论问题隐含预设的讨论表明，这个问题必须作为存在论问题重新归入此在的存在论分析之中。[2]

不再关注新康德主义逻辑的主客二分之后，海德格尔希望在"此在的存在论分析"中恢复存在者的存在论条件。在胡塞尔"直接朝向实事本身"的意向性思想中海德格尔找到了一种克服从形式逻辑角度（这就是李凯尔特的思想特点）处理意义问题的方法。海德格尔认为，"所有鲜活经验都有所指向"，也即，它并不是物理和心理事物在内心的协调，而是动态的中心和某种意义的运动，它与笛卡尔式的无客体的主体正相反对，后者首先必须朝向客体。胡塞尔在其第六版的《逻辑研究》中已经证明，意识绝不可能是自我封闭的意义容器，但意义是存在的前概念和前述谓性维度。[3] 海德格尔把这种意向性学说转变成了对康德传统的批判。把胡塞尔的"存在意义"（Seinssinn）重述

---

[1] 例如，Heidegger, *Being and Time*, 26–27; *Sein und Zeit*, 7。

[2] Ibid., 251–252（译文有改动）; *Sein und Zeit*, 208。

[3] 关于意向性，见 Heidegger, *History of the Concept of Time*, 27–47; GA 20: 34–63. 也参见 Husserl, *Logische Untersuchungen*, vol. 2, pt. 2, 1–12.; *Logical Investigations*, 667–770。

为三个意向性契机，即"内容意义"（Gehaltssinn）、"关联意义"（Bezugssinn）和"实施意义"（Vollzugssinn）或"现时意义"（Zeitigungssinn），海德格尔希望在此在的先验条件中呈现出存在的动态特征。

但胡塞尔式的意向性尚不足以为"存在指引的"意义理解提供真正的现象学提示。海德格尔在理解具体的实际历史存在对 20 世纪德国思想中的意义问题的意义时，正是狄尔泰起到了关键作用。狄尔泰 70 岁时还热情地阅读了《逻辑研究》，并且钦佩胡塞尔为自然科学和人文科学提供"普遍有效的知识论"的尝试。然而，就在胡塞尔尝试获得先验意识的"绝对中立性"的地方，狄尔泰却拒绝抛弃历史性和生活的事实性。"生活是必须构成哲学起点的基本事实，"狄尔泰坚持道，"生活只能从其内部理解，人无法绕至其背后。生活不能被带到理性的审判席面前。生活是历史的，因为它是在时间中不断向前，以及在与由它产生的活动的关系中得到理解的。"[1] 通过把"生活"主题化为哲学的基本主题，并且从时间运动中——其意义并不在于非世界的主体性，而在它与历史关系的联系中——加以理解，狄尔泰为海德格尔打开了一个新的视野，后者可以由此重新思考知识论和历史学中的新康德式问题。

第七节

希腊的存在论和基督教的契机：
海德格尔对存在的形而上学的解构

海德格尔早在 1914 年就读过狄尔泰，并且受到他对新康德主义价值哲学深刻批判的影响。[2] 在 1919 年到 1925 年间的众多早期讲座中，海德格尔都对狄尔泰的作品做了重要引述，而《存在与时间》的第 77 节更是明确致力于

---

[1] Wilhelm Dilthey, *Gesammelte Schriften*, vol. 7 (Stuttgart: Teubner, 1973), 261. 胡塞尔论绝对无偏私性见 *Cartesianische Meditationen* (The Hague: Martinus Nijhoff, 1950), 74。
[2] 参见 Sheehan, "Heidegger's Lehrjahre"。

"历史性问题与威廉·狄尔泰的研究"之间的关联问题。[1] 海德格尔在狄尔泰的作品中发现了一种对僵化的非世界的先验主体领域历史化处理，并且把历史性本身作为人类理解之可能性的先验条件的办法。因为狄尔泰对生活作为经验的诠释学理解，李凯尔特让判断成为意义的基础的努力也变得毫无意义。实际上，按照海德格尔的说法，李凯尔特和文德尔班的科学分类学让狄尔泰的基本问题超出了认知范围，并且变得"琐碎"和"扭曲"。[2] 为反对李凯尔特普遍有效的科学理论，狄尔泰清楚地看到，正是生活的历史性而非历史科学的有效性为历史提供了真正的意义。正如海德格尔在有关"时间概念的历史"的讲座中提到的，"狄尔泰的科学研究力图确保这种与科学心理学相反的对待人类的方式，这种方式不把自己的对象当作自然事物，也不从其他普遍规律的角度解释人类，而是把他们理解为积极参与历史的活生生的人，并且在这种理解基础上对人作出描述和分析"[3]。

李凯尔特的知识论模式则完全绕开了这种鲜活的、历史的理解过程，从而把精力集中在了哲学的"知识对象"上。李凯尔特的方法的基础是对先验主体构造的对象的构成展开研究，这种方法与19世纪的价值哲学的开创者鲁道夫·洛采（Rudolf Lotze）有关。在其1925/26年冬季学期名为"逻辑：事关真理的问题"的讲座中，海德格尔把洛采的思想界定为柏拉图主义的现代版本，即现代形式的价值理论。洛采拒绝了所有类型的符合论，他认为真理不过是对命题的有效肯定而已；正是"内在直觉中持续存在的对象一直与自身相同，且不会变化"[4]。洛采把柏拉图的形式理论理解为"真理的有效性"，并坚持认为，柏拉图谈到形式的存在的时候，实际上谈的是某种有效性理论。但洛采认为，因为希腊人缺乏"有效性"这个概念，因此，柏拉图把形式当作实体（ousia）谈论，洛采又把后者与"本质"（hypostasis）联系起来，即事物和实质（substances）的现成存在（Vorhandensein）形式。海德格尔抓住

---

1 Heidegger, *Being and Time*, 449; *Sein und Zeit*, 397.
2 Heidegger, *History of the Concept of Time*, 17; *GA* 20: 20.
3 Ibid., 117; *GA* 20: 161.
4 Heidegger, *GA* 21: 70–90.

了这些术语上的区别，进而对根植于概念词源的整个新康德式传统提出了深入的批判。通过返回希腊语中哲学术语的原初含义，海德格尔试图展示出学院哲学的标准词典是如何远离了现实的生活环境的。具体而言，海德格尔对客体或对象（Gegen-stand）的新康德主义含义提出了质疑，后者的字面意思是"与（主体）相对而立"。根据这种"持续"（standing）、"有对"（standing over against）以及"在场"（standing there）的观念，海德格尔把新康德主义的知识论解读为现成持续在场（standing presence）的形而上学。

如果从词源上理解，洛采的"实体"（hypostasis）概念产生了某种奇特的意义。希腊语前缀"Hypo"（表"在……之下"的含义）和名词"stasis"（表"持续"之意）合在一起指的是"持续存在于……之下"的含义，这个词翻译为拉丁语就是实质（substantia，"sub"即"在……之下"，加上"stare"即"站立"，或"substare"，"在场"），它是"ousia"一词对应的拉丁语。[1] 而德语词"Substanz"（实质）也有着类似的词源。把"ousia"解释为与"表象"相对的"真实存在"（real being），其根据在于这个词中表示"站在……之下"的根本含义。但海德格尔试图解构"实体"（ousia, substantia）概念，他想要证明"实体"概念和所有的新康德主义知识论都是建立在同样的存在论－逻辑原则之上，即某种把实体理解为"站在主体面前"的知识形式（"episteme"一词来自希腊语"ephistanai"，最初是"epi"加上"histanai"构成，表示"站立在……之前"的意思）。[2] 李凯尔特的"先验主体构造对象"（Gegenstand）的计划也建立在同样的知识论基础之上；甚至关键术语"构成"（constitution）也背叛了"站立"对隐喻的隐秘偏好：拉丁语中的动词"构成"（constituere）的意思是"建立、并置"，而"statuere"指的是"建立、放置"；二者都来自表示站立的"stare"，它们与希腊语"statos"（放置、站立）和"histanai"（引起站立）有关。[3]

---

[1] *Webster's New World Dictionary of the American Language* (New York: World Publishing, 1970), 1420; F. P. Leverett, ed., *Freund's Lexicon of the Latin Language* (Philadelphia: Lippincott, 1900), 859.

[2] *Webster's*, 471; Liddell and Scott, *Greek-English Lexicon*, 745.

[3] *Webster's*, 304, 1392; Leverett, *Freund's Lexicon*, 846.

在海德格尔的解读中，自柏拉图以来的整个西方传统中的形而上学思想都可以从同样的存在论角度加以理解。新康德主义者对"对象"的主题化处理只是最近的一次而已。李凯尔特专门挑出"站立的对象"并加以强调，这让他把存在论定义为处理"对象、站在……之下以及与主题分离的事物"的哲学分支。他坚持认为，存在论无法解释康德主义者们的问题，即这些对象如何成了自然科学和人文科学的知识形式。但海德格尔希望表明，存在论不仅仅是一门学科和专门处理对象理论的范畴，它本身还是全部知识论区分的基础，这些区分包括可能的价值理论或者科学逻辑。《存在与时间》的基本问题——"存在的意义问题"——取自古希腊存在论被遮蔽的意义，并且该书把实体(ousia)的根本主题（在持续存在的意义上）作为揭示新康德主义者的知识论在存在论层面的偏见的方式。在《存在与时间》的导论中，海德格尔也把存在的意义问题作为解读西方形而上学传统之统一性的方法。

根据海德格尔的叙述，对希腊人（甚至早在巴门尼德时期）而言，处理存在问题的方式总是与存在者在人类的逻各斯中展现自身的方式相联系。海德格尔在《存在与时间》中写道：

> 随着存在论线索——也即逻各斯的"诠释学"——逐步被清理，人越来越可能更加彻底地理解存在问题了……审慎（Legein）——或者理智（noesis），也即对纯粹在场之物的在场特征的直接意识，巴门尼德已经用这种意识引导自己对存在作出了解释——具备让事物纯粹"造成-在场"的时间结构。那些以这种方式表现出来（或者朝这种方式发展）的存在者，以及被理解为本真意义上的存在者，因此都可以从当前的角度加以解释，也就是说，它们被理解为实体（ousia）（Anwesenheit）。[1]

希腊人从"在场"或"站在……之前"等结构中对存在者作出的描述，都把它们定义成为了实体或为了主体而"存在"的对象。但这种作为"持续

---

[1] Heidegger, *Being and Time*, 47–48（译文有改动）;*Sein und Zeit*, 25–26.

在场"的实体观念背后的预设则是未被承认的时间观念。因为这种理解存在者的方式会让"人把存在的意义当作现在（parousia）或实体，它在存在论的意义上意味着'在场'。存在者从其存在的意义上被理解为'在场'；这意味着，它们是从有限——即'当下'（present）的时间模式中得到理解的"[1]。

海德格尔对希腊存在论作出了深刻的解读，他把它理解为"在场的形而上学"，海德格尔在其中把西方哲学传统的一致性理解为线性时间概念在存在者身上的投射，这种时间概念也即"现在"，永恒的当下。正如海德格尔所见，形而上学的作用就像存在论层面的冰川——它把当下的生动经验冻结为永恒中"停滞的现在"或者"持续存在的现在"。[2] 但正如海德格尔一贯所想的那样，他对希腊存在论的解读是从早期基督教神学的视野中构想的。巴门尼德之后，如果柏拉图和亚里士多德把存在理解为实体，或者永恒的现在，那么，保罗的《罗马书》则揭示了另外一种把存在视为现在的理解，这种理解不仅意味着"共在"[在希腊语中，如果后面接的是名词的与格形式，则实体(ousia)、"存在"(being)要加上"para"(表示在旁边)]式的在场，而且带有"朝向"（如"para"带宾格则表示"朝……运动"）的意味。[3] 海德格尔在保罗所谓的基督的"共在"的经验中识别出一种绽出的时间经历，它推翻了希腊人僵化的存在论。因为在海德格尔对保罗的《罗马书》的解读中，共在既不是人所期待的第二次来临，

---

[1] Heidegger, *Being and Time*, 47; *Sein und Zeit*, 25; 与在场和时间性相关的章节见：Martin Heidegger, *Grundprobleme der Phänomenologie, Gesamtausgabe* 24 (Frankfurt: Klostermann, 1989), 153, 367, 433; 译文来自 Albert Hofstadter, *The Basic Problems of Phenomenology* (Bloomington: Indiana University Press, 1982), 109, 260, 305。

[2] 这种对停滞的现在（nunc stans）的解读也见以下文本：Heidegger, *Sein und Zeit*, 427 n. 13 (Being and Time, 499 n. xiii) and in *Kant und das Problem der Metaphysik* (Frankfurt: Klostermann, 1973), 233, 后者的英文版为：Richard Taft, *Kant and the Problem of Metaphysics* (Bloomington: Indiana University Press, 1990), 164.

[3] 对"现在""parousta"的不同翻译，见：W. E. Vine, An Expository Dictionary of the New Testament (Old Tappan, N.J.: F. H. Revell, 1966), 208; Arndt and Gingrich, *Greek-English Lexicon of the New Testament*, 635; Alois Vanicek, *Griechisch-Lateinisches Etymologisches Wörterbuch*(Leipzig: Teubner, 1877), 73. Benseler,*Griechisch-Deutsches Worterbuch*, 686, 最后这本著作把 "parousia" 翻译为存在和现在的双重含义。

也不是初期基督教群体的未来式与基督同在。它既不是未来的"现在"，也不是预先计算或再次呈现的事件。共在的真正意义是作为纯粹时间性的存在经验；也就是说，它不能被理解为数学和日历时间意义上的单位增量，而应理解为希腊语"契机"一词所表示的"抉择的时机""操心的时刻""'境况'的时间"等含义。[1]

"共在"一词在基督教中的原初含义向海德格尔揭示出作为时间以及在"来临"的历史境况中作为生活的实际经验。海德格尔对希腊形而上学传统的解读具有深远影响。因为他开始看到，时间的本质并不是可测量、可量化、现成在手的东西，而是与可能性和操心等存在论现象相关。存在 [existence，来自拉丁语"sistere"（表示"站立"）和"ex"（表示"出去，从……出去"），这个词来自希腊语"stasis"，与"ekstasis"（绽出）有关] 现在被定义为从现成的存在者世界中"绽出"，并且进入到存在本身的开放和可能性之中。[2] 海德格尔把时间理解为可能性的联系或视野的一致性（这是一种绽出的现象），这让他从根本上远离了持续在场的存在论传统，这一步对他的历史主义解读产生了决定性影响。在此，海德格尔解构了传统历史主义时间概念——即展现出统一视野中的时间可能性的活跃运动的一系列固定的"现在"时间节点——在僵化的时间形而上学词汇中，这个统一被分别命名为"过去""现在"和"未来"。

克尔凯郭尔已经在这种脱离中预见到了海德格尔。对于克尔凯郭尔来说，时间并不是抽象或静止的"现在"，而是从过去和未来朝向现在的运动，因此，过去作为一种可能性与当前的状况同在。克尔凯郭尔声称，从自己对过去的态度中，人"能够远距离理解"或者"共时地理解"自己抓住时间的时间性的决心，也能体会退缩到继起的时刻组成的静态时间意识中的差异。按

---

1 Sheehan 在 "Heidegger's 'Introduction'" 中对在这一点上的论述特别精彩。也见 van Buren, *Young Heidegger*, chap. 5; Hans-Georg Gadamer , "The Religious Dimension in Heidegger", in Alan Olson, ed., *Transcendence and the Sacred* (South Bend, Ind.: University of Notre Dame Press, 1981), 193-207.

2 Heidegger, *GA* 24: 377-378; *Basic Problems of Phenomenology*, 267.

照克尔凯郭尔的说法，决定这种差异的是基督教对作为选择或决定的每一个时刻的重要性的理解，所有的永恒在这些决定中都成了未定之数。[1] 在"时机"（丹麦语写作"Oiblikket"；德语写作"Augenblick"）中，人以全然不同于自然科学的客观时间概念看待当前的境况；正如克尔凯郭尔在《焦虑的概念》所言，"时间对自然毫无意义"[2]。按照克尔凯郭尔的独特理解，人类的时间性就是基督教对时机的抉择，循着这个思路，海德格尔也在保罗的基督再临（parousia）观念中发现了克服自然和历史科学的新康德主义逻辑的办法，这种逻辑建立在一维的时间模式中。海德格尔相信，通过追溯知识论、形而上学在希腊语和拉丁语中的源头，他能够打破当代哲学的僵局。

海德格尔坚持认为，历史上，"ousia"和"parousia"等希腊术语译作拉丁语"praeesse"["prae"（在……之前）加上"esse"（存在），因此合起来就是"essence"（本质）]和"praesens"，这种译法会掩盖和遮蔽时间的时间性，从而让时间成为客观存在的实存，"留待"人的观察。[3] 海德格尔希望找到另外一种思考存在的方法，而不是把它当做希腊-拉丁语观念中"持存的现在"，这种方法可能为西方思想提供一个新的、非形而上学的开端。如果说保罗和克尔凯郭尔有助于他理解时间性的未来特征，从而为他提供了这种新开端的线索，那么，狄尔泰则让他确信了过去和历史性的意义。在狄尔泰理解生活历史性的计划中，海德格尔为他的此在找到了基本的存在论源头：即以时间性为标志的存在经验。通过阅读狄尔泰的著作，我们会看到海德格尔与狄尔泰的作品的批判性关联，这有助于揭示历史主义的基本困惑。

---

1 Søren Kierkegaard, *The Concept of Anxiety* (Princeton, N.J.: Princeton University Press, 1980), 87–90; and Caputo, *Radical Hermeneutics*, 15–21.
2 Kierkegaard, *Concept of Anxiety*, 89.
3 对"praeesse"和"praesens"的讨论，见：*Webster's*, 1124, and Leverett, *Freund's Lexicon*, 692.

第八节
狄尔泰的提问方式和海德格尔对历史意义的追问

在第四章讨论狄尔泰的"历史理性批判"时，我试图表明狄尔泰对鲜活经验和历史理解的重视，这为新康德主义者对历史的价值论揭示提供了强有力的候选。显然，狄尔泰对一整代德国思想家产生了决定性影响，他们试图在科学的严格要求和世界观的文化美学之间找到出路。但海德格尔在狄尔泰的作品中发现了别的重要之物，后者促使他宣称"狄尔泰是第一个理解'现象学目标'的人"[1]。狄尔泰对海德格尔的"生活"研究也产生了影响，他让后者对情境化的关系和时间连续性等鲜活经验的组成部分——及其过程特征及其结构一致性等——产生了强烈兴趣。就在李凯尔特在历史和自然科学观察中发现分散事实的地方，狄尔泰则对生活采取了一种诠释学的处理方式，其中的所有部分都是经由它与整体的关系而得到理解。在狄尔泰的诠释学中，现象之间的联系并不与自然的感官印象相关，而是与经验赋予历史生活的原初统一性相关。再次强调，如果对李凯尔特而言，历史与自然的分离在于先验的价值领域，那对狄尔泰来说，这种分离一开始就在于彼此不同的时间观念。

狄尔泰认为，"生活在时间中以部分与整体的关系为存在方式，即作为背景存在"[2]。然而，自然科学的时间概念却大不相同，它把时间定义为与人类的各种筹划完全无关的一系列相等的间隔。但狄尔泰坚持认为，人类会时间性地体验生活；他甚至宣称"生活的基本范畴划分也是时间性的，它是其他划分的基础"[3]。在事实性生活的经历中，过去、未来和现在构成了一个共时的整体，这种连续性并非时刻的接续，而是鲜活的、充满生机的一致。摆脱了康德式

---

1 Heidegger, *History of the Concept of Time*, 118; *GA* 20: 163.
2 Wilhelm Dilthey, *Gesammelte Schriften*, 7: 229; "The Construction of the Historical World in the Human Studies", in H. P. Rickman, ed., Dilthey: *Selected Writings*, trans., Rickman (Cambridge: Cambridge University Press, 1976), 237.
3 Dilthey, "Construction of the Historical World in the Human Studies", 209; *GS* 7: 192.

的先天概念"空无"（empty）后，狄尔泰相信自己为处理人文科学根基处的基本现实开辟了新的办法。

海德格尔深受狄尔泰从时间性的角度对生活的理解，尤其是他把过去理解为对于鲜活经验有着持续影响的重要过程，而非已经确定的历史"事实"。在《存在与时间》中，海德格尔罕见地对狄尔泰表达了称赞，他暗示狄尔泰"正在走向生活的问题"，并且后者"真正的哲学倾向是'生活'的存在论"[1]。此外，海德格尔还认为，狄尔泰为科学危机和历史主义危机的争论引入了"从本真实在的角度看待历史现实"的视角，这种视角是对人类有意义的存在方式，而非知识论的概念构成方面的分类学实践。[2] 在其作于 1925 年且未经刊行的卡塞尔讲座"威廉·狄尔泰的研究和历史世界观的斗争"中，海德格尔对狄尔泰的研究展开了广泛论述，他明显赞赏狄尔泰把历史现实解释为某种"现象"，而非单纯的研究对象的做法。狄尔泰认为，"（生活）的联系总是已经在场，并且一开始就不是由单位元素构成"，他还说，"生活原本就是整个摆在人面前的"。海德格尔在这些主张中发现了关于现象学方法的启示，这种方法可用来处理事实性问题，后来他在《存在与时间》中又把这个问题进一步深化为关于此在的根本性存在论分析。[3]

在其 1923 年夏季学期的讲座"存在论：事实性的诠释学"中，海德格尔把事实性定义为"人在自身的存在性中对自身此在的追问……人自己的此在只是在时间中特定的'在场'"[4]。海德格尔接着说，事实性的基本现象只能在时间性中得到澄清，也只能被定义为时间性。后来，在其卡塞尔讲座中，海德格尔也再次提出这个问题，并且试图表明狄尔泰的研究在为事实性鲜活经验和时间性问题建立关联方面取得了多大的进展。狄尔泰已经开始把历史的真正意义理解为关乎此在那作为"历史性存在"的经验问题，而不是将其理解为被称为"世界历史"的首要性时代过程。但即便狄尔泰探索了历史现实的

---

1 Heidegger, *Being and Time*, 72, 494; *Sein und Zeit*, 46, 249.
2 Heidegger, "KV", 8.
3 Ibid., 10.
4 Heidegger, *GA* 63:29.

意义，他也从未提出关乎历史性本身的问题——即"与存在的意义和存在者的存在相关的问题"[1]。海德格尔声称，狄尔泰从未真正具备提出这个问题的条件，因为他心中的困惑从根本上讲还是笛卡尔式的，他的注意力都在科学理论上，并且试图为人文科学奠定知识论的基础。甚至他的诠释学提问也总是被这种方法论理想支配。

但海德格尔在狄尔泰的作品中发现了某种理解过去的方式，这种理解并不把过去看做此前发生的事件，也不把过去仅仅当做文化遗产，而是把它当做具有存在论影响的经验形式。在海德格尔讨论亚里士多德的讲座中，我们可以听见狄尔泰哲学的回响："生活的联系存在于事实性的生活中；生活的事实性（即此在）本身就是历史的，并且作为历史的存在，它与客观的历史世界和在先的时间存在某种关系（作为态度）。与传统——它本身也是一种具备历史性特征的基本现象——的意义及其权利相关的问题被带回到历史本身的问题之中，而历史本身的意义又根植于事实性生活的事实性本身。"[2] 谈到历史，海德格尔总是回到狄尔泰关于历史生活的事实性这个基本见解上。尽管有来自笛卡尔的根源，但狄尔泰还是理解了体验（Erlebnis，或者早期海德格尔所谓的"事实性生活"）并非孤立于科学的事实，而是整个生活过程或生活联系的一部分，其含义可在当下的反思性意识的动态中心寻得，自我和世界也在这里融合在一起。[3] 作为整体的自我的意义能在这种经验中展开自身，这意味着，这种意义并不"存在于"过去，也不"存在于"未来，而是作为过程的现象性或作为时间性而展开。亚里士多德把时间定义为"参照'先'和'后'做出的量化"；康德则把它理解为现在序列的连续性。但二者都没有一上来就"把时间理解为自我的现实"——也即真正的时间性。[4] 狄尔泰此前在"内觉察"（Innewerden）中看到了时间性的统一，并且为传统提供了新开端的可能性。

1　Heidegger,"KV", 12.
2　Heidegger, GA 61: 76.
3　Wilhelm Dilthey, *Gesammelte Schriften*, vol. 19 (Göttingen: Vandenhoeck & Ruprecht, 1982), 177; *Introduction to the Human Sciences*, trans. Rudolf Makkreel and Frithjof Rodi (Princeton, N.J.: Princeton University Press, 1984), 358.
4　Heidegger,"KV", 26.

而在《存在与时间》中，海德格尔为了自己的存在论计划而重新激活狄尔泰的历史性观念时则刚好抓住了这种可能性。

但狄尔泰也以一种更为深刻，甚至不那么明显的方式影响了海德格尔。从《精神科学引论》到他对诠释学发展的各种研究，狄尔泰的几乎所有作品都试图把哲学史解读为统一而连贯的传统。无论是探寻希腊形而上学对奥古斯丁的影响，还是研究路德对施莱尔马赫的影响，狄尔泰总是从历史的角度构建西方哲学。即使狄尔泰试图反对传统中的形而上学律令，他也把它们定义为传统。对狄尔泰而言，时间性、经验、诠释学反思和历史性等问题都属于他与哲学史终身对话的组成部分。海德格尔也一样，直到生命的尽头，他仍在从历史的角度思考哲学——将其视为存在的历史，也即存在被遗忘的历史。从前苏格拉底到尼采的历史轨迹向他表明，在场（presence）的形而上学不仅带有虚无主义特征，而且其工具主义策略也主宰着各种存在者，乃至于他那"哲学的终结"的观念也建立在大家对某种统一的传统的默认上，这种传统"始于"希腊，"终于"尼采。

重新思考危机的意义后，海德格尔改变了狄尔泰的历史观念，危机对他而言不仅仅是历史主义的学术危机，还是西方传统本身（作为虚无主义的历史）的危机。狄尔泰仍旧可以把历史视为进步和意义的运动，但经历了自身的宗教动荡和魏玛时代的文化悲观主义后，海德格尔并不把历史的意义视为历史本身。相反，他踏上了现象学之路，这意味着，他不会从历史科学的狭窄意义上，而是从历史作为此在之真正绽开的意义上理解历史问题，后者意味着此在去寻求新的存在方式和可能性。正如海德格尔所言："作为存在历史的历史意味着，我们正在经历的进程，我们身处的当下……我们就是历史，换言之，我们就是过去。我们的未来活在过去。我们被过去引领。"[1]

传统历史学家把历史刻画为独特而无法再现的东西，它会根据某种内在的发展原理而不断推进。在这种意义上，他们原则上把历史理解为价值和自由的领域，这与价值中立且被规律主宰的自然界形成鲜明对比。此外，历史

---

[1] Heidegger, "KV", 27.

学家认为，要真正"理解"异质的过去，人就必须沉浸在历史文献的记录里，从而与自己所处的时代拉开距离。但海德格尔对历史主义传统的基本原则提出了质疑，并认为这种做法是肤浅的，并且缺乏原初的见解。[1]他质疑长久以来流行的观点，即自然和历史的关键差异在于价值领域，海德格尔把这种观点视为主体/客体形而上学的另一种体现，后者建立在笛卡尔式的身体-自然/广延和心灵/精神/思想之物的二元论之上。不同于其他人把历史主义视为对自然主义形而上学或自然规律理论（由海德格尔的同代人特勒尔齐、梅尼克和斯宾格勒提出）的突破，海德格尔把它视为早期现代自然科学催生的形而上学的又一个例子。通过把历史主义危机定义为相对主义和客观主义（或者世界观和科学）的斗争，海德格尔的同辈进一步强化了上述形而上学原则，这个原则把笛卡尔-康德传统定义为在场的形而上学。海德格尔坚持认为，历史不是而且永远不是科学，它也不是能够加以科学解释的东西，因为它为人和时间建立起了原初的关系，这种关系不能被归约为"事实"状态。在其"对卡尔·雅斯贝尔斯的世界观心理学的评论"（1919—1921）中，海德格尔写道："历史不仅是人从中获取信息的所在，也不是史书记载的东西，它更多与我们是谁、我们有何种责任等问题相关。"[2]

把历史定义为留待研究者思考的"过去"之事，历史学家和认识论者就都忘记了历史作为某种时间性的原初含义。此外，在决定历史研究的知识论地位时，他们也遗忘了自己的科学探索的历史根源。在海德格尔看来，自然科学和历史科学本身并不是研究所谓的"自然"或"历史"等原始现象的原初探究形式。相反，它们在历史上定义了研究"领域"，此在的存在论可能性在现存的大学院系划分和研究实践框架内得以成形，而这些研究实践本身又是在现有的——笛卡尔和培根式的形而上学中——科学分科中加以定义的。

海德格尔试图把传统的知识论区分推向极致——在《存在与时间》中，他强调"甚至自然也有历史"——从而在我们对自然和历史作出科学阐述之

---

[1] Heidegger, *Begriff der Zeit*, 25.
[2] Heidegger, *GA* 9: 33–34.

前,就按照"与主题本身的原初关系"揭示它们。[1]但海德格尔的主题并非通常意义上的"场所"(topos),而是被他理解为"现象"的习惯或存在方式。作为现象的历史和自然是时间中的进程,或者是人类在时间中的经历。这种原初的经验模式先于人把自然或历史作为"对象"而从科学层面对其作出的所有主题化处理,而且这种经验模式也是让这种主题化一开始得以可能的前提。海德格尔力图深入到历史科学和自然科学现有定义的根源处,还要进一步抵达它们在经验基础层面的一致性,以便"从历史性角度看待历史",这也是他在《存在与时间》中明确提出的主题。[2]

第九节
《存在与时间》中的历史性和历史

在《存在与时间》第二部分的第五章中,海德格尔对历史性问题作出了深入的分析,这个分析在很大程度上破坏了他同代人提出的历史主义的知识论基础。在海德格尔的解读中,历史性(historicity)就其属于一个名为"历史"(Historie)的研究领域而言,并非确定是一种"历史学的"(historical)模式。实际上,历史性(historicity/Geschichte)在"存在之事"(Ereignis)[3]意义上与历史(Geschichte,从词源上讲,该词来自中古高地德语"geschiht"和新的高地德语"Geschehen",后者表示"发生")有着原初的关系:它并非具体的历史事件(例如拿破仑的滑铁卢战役),而是先于任何学术性探究之前的现

---

1 Heidegger, *Being and Time*, 440; *Sein und Zeit*, 388; *History of the Concept of Time*, 4–5; GA 20: 6–7.
2 Heidegger, *History of the Concept of Time*, 1; GA 20: 2.
3 如本书作者在第250页注释中所言,Ereignis是海德格尔后期的基本术语,这是一个非常难译的词。其日常语义为"事件""事情",但在海德格尔哲学中有全然不同的更深含义,当前国内学界译为"本是""本有""大道"等,殊难定译。为便于读者理解和保持译文统一,本书中译选择直译本书作者的英译方案 event of being,将 Ereignis 译作"存在之事",涉及海德格尔哲学思想分析处则直接保留 Ereignis 德文原词不译。——中译者注

象性或绽放。¹ 这样，作为人类经验的自然也以历史性为标志。对海德格尔来说，历史性意味着他对我们自身"绽放"的存在论 – 时间条件的存在论理解。海德格尔从三个时间契机的角度来安排这种绽放：过去（被当做曾在或"曾在"的模式）、现在（或作为"等待"的当前）和未来（或作为"朝……前来"的将来），三者的统一性则建立在操心的现象之上。²

海德格尔拒绝了历史思维中明显往后看的博物学倾向，并强调说，作为一种时间性模式，历史或历史进程并不以过去为导向，它从根本上是朝向未来的。在《存在与时间》第 65 节中关于"时间性之为操心的存在论意义"中，海德格尔解释道，"只有当此在如'我是所曾在'那样存在，此在才能以回来的方式从将来来到自己本身。此在本真地是曾在，是一种本真的关乎最极端和最本己的可能回归的未来预期，它以一种'理解'的方式，回归最本己的曾在。只有当此在是将来的，它才能本真地是曾在。曾在以某种方式源自将来。"³

古典历史学家否认历史经验的这种未来维度，他们倾向于可供验证和获得的知识论问题。例如，兰克把历史说成是摆在史家面前供其研究的客观有效的领域——以外交书信、教皇宣谕、实体的古代器物等形式存在——人也因此能够"如其实际发生"那般"了解"它们。根据海德格尔的说法，从根本上解构兰克的历史主义的唯一办法就是紧跟格拉夫·约克对狄尔泰相关研究的批判，这为他提供了提问"历史性问题（作为与历史存在者之存在构成相关的存在论问题）"的方式。⁴ 约克此前就明白，"历史性的原初意义在于整个心理 – 物理材料在生活，而不只是存在"，海德格尔把这个观点解释为，真正的历史性涉及时间性（生活）经验，并且与自然界的单纯在场（存在）不同。在约克看来，对人文科学展开知识论批判的过程中，狄尔泰对这些区

---

1 词源学的考察见：Pfeifer, *Etymologisches Wörterbuch des Deutschen*, 2:553. 海德格尔对 Geschichte（历史）、Geschichtlichkeit（历史性）和 Geschehen（演历）做了区分，见 *Being and Time,* 41–42; *Sein und Zeit,* 19–20。
2 Heidegger, *Being and Time*, 372–378; *Sein und Zeit*, 325–329.
3 Ibid., 373（译文有改动）; *Sein und Zeit*, 326.
4 Ibid., 455 and 453; *Sein und Zeit*, 403 and 401.

分的重要性不够敏感。实际上，在与狄尔泰的大量通信中，约克反复提到狄尔泰的研究"压根不重视存在论和历史学的种类差异"[1]。对海德格尔来说，人们对所谓的历史主义危机的全部误解的根源在于，他们从根本上无法理解约克作出的谨慎区分。历史的本质并非历史编纂或历史研究意义上的任何"历史"之物，而在于它意味着什么的领域（或者用狄尔泰的话说就是生活）。在海德格尔看来，人类的存在方式从根本上说是时间性的，因为他们的一致性在于期待（未来）、再现（过去）和当下创造（现在）的时间范围内。世上的任何经验都无法排除或割离开存在的这种时间性，因为存在本身就是历史的，它也属于关系的生动背景中。因此，存在论的中立性已不再可能，因为存在本身总是被构造为操心现象中的时间性。简而言之，对海德格尔来说，我们永远无法客观地判断过去的意义，因为我们与自己以及与他人之间的关系总是由我们的存在论上的操心和关注调节的。

讽刺的是，历史主义者（例如兰克和德罗伊森及其追随者）都急于以自己的方式保存和重建过去的意义，但这样做却孤立了人类的历史性，但正是后者让历史成为可能。在其对存在论/历史研究所做的存在论分析中，海德格尔试图表明，多数历史主义者给出的非本真的历史解释要么源于移情的美学，要么来自收集事实层面的伪科学实证主义。海德格尔因为唯美主义是世界观哲学的又一个浅薄的例子而拒绝了它；他同样拒绝了历史实证主义，因为它不加选择地把理性判断和理论作为研究过去的合适方法。《存在与时间》对那些把理性、逻各斯和理论作为科学研究之"唯一"本真方法的做法提出了广泛批判；海德格尔明确表示，在科学理性的意义上，逻各斯只是众多能够刻画此在的情绪和心态的在世态度之一。[2]因此，如果工具主义的理论和理性能够让历史生活的动态性具象化，那"理解"（Verstehen）的办法就很难被称为更好的。海德格尔声称，"理解也总有自己的情绪"，因此无法真正地理解成意识在起作用；它更像是"此在朝向可能性的存在"，或者更根本地说是一种解释

1　Heidegger, *Being and Time*, 451; *Sein und Zeit*, 399.
2　Ibid.,55–59, 249; *Sein und Zeit*, 32–34, 205.

形式。[1]

历史主义为形而上学传统设置了经典的问题——后者试图在历史的"科学"框架内"理解"独特的、不可重复的历史性鲜活经验。但海德格尔怀疑人们是否可以为理解和解释的动态流动过程提供笛卡尔式的确定性。他认为，这个历史主义计划从根本上就被误解了，因为它陷入了为客观鲜活经验寻找客观科学的矛盾目标之中。对海德格尔来说，理解不是一种方法或理论，而是人类原初的存在方式，它是历史性和历史意义的基础。兰克及其追随者试图有目的和有针对性地从作为客观过程的过去本身"内部"寻求意义；相反，李凯尔特则从意识的先验运作方式中寻找意义，其运作方式会把特定的意义与逻辑意义本身相关联。为了克服这两种立场的虚假对立，狄尔泰就把注意力放在了人类意义的历史和诠释学方面，而不是任何客观或理想的特征上。但海德格尔试图揭示人类意义作为时间投射的存在论特征，这种特征并不体现在存在者身上，而是人类对待和使用存在者的方式上。在这个意义上，历史的真正特征并不是独特而不可重复的特殊性，而是朝向此在的未来可能性而重述或再现的能力。

按照海德格尔的解释，历史探究不只是在时间长河中往前追溯，它还展开了此在基于曾在的未来可能性。正如他在《存在与时间》中所言：

如果历史科学本身是从本真的历史性生长出来而有所重演地就可能性揭示着曾在此的此在，那么它也就已经在一次性的事物中把"普遍的东西"公开出来了。历史科学只以陈列一次性的、"个体性的"事件为对象抑或也以"规律"为对象？这个问题从根本上就失误了。历史学的课题既不是仅只演历一次之事，也非漂游于其上的普遍的东西，而是实际生存曾在的可能性。这种可能性若被倒错成一种超时间模式的苍白形象，那么就没有作为其本身得到重演，亦即没有本真地从历史学上得到领会。只有实际而本真的历史性能够作为下了决心的命运开展出曾此在的历史，而使得可能之事的"力量"在重

---

[1] Heidegger, *Being and Time*, 182, 188; *Sein und Zeit*, 143, 148.

演中击入实际生存,亦即在实际生存的将来状态中来到实际生成。于是,历史科学……绝不是从当前得到它的出发点……毋宁说它是要从将来展开自己的时间性。[1]

有时候,海德格尔奇特的语言、自创的词组、文字游戏和无尽的词源考察会令现代读者感到古怪而费解。诚然,海德格尔写作风格中表现出的语义、语法复杂性——尤其是《存在与时间》中的学术习语——只是强化了现象学存在论是一门神秘科学的指责。而在海德格尔自己看来,他会把这种新的话语视为突破传统形而上学语言、风格及其存在语法、论证逻辑、主谓关系和语言学分类的方法。在这种对传统形而上学语言的一般性诘难中,我们必须理解《存在与时间》中的历史问题所处的位置。如果约克仍旧可以谈论存在论和历史之间的区别,并且指责历史学家和哲学家们常常把二者混为一谈,海德格尔则发现有必要在客观、存在论的自然和主观、历史的精神二分的根源处寻找"更加原初的一致性",从而以更加激进的方式表达约克的话语和提问方式。对历史的这种新的存在论理解必须关注人类的历史性以及历史编纂学的科学基础。然而,归根到底,人对此在的任何理解都必须从思想史及其语法-语言结构角度重新加以构思。

如果海德格尔旨在"解构/拆除存在论历史的结构",那这也并非他唯一的企图;他还解构了形而上学的谈论方式,后者揭露了历史性存在的"最初源头"。选择"源头"(或者"Quelle")的浪漫隐喻作为自己的主题,海德格尔实则利用了这个词作为形而上学的源头和科学研究之文献材料的双重含义。现象学的任务是提供一种新的研究(Forschung),即在搜寻或恢复的意义上再次寻找形而上学中隐含或被它遮蔽的东西:"作为研究工作,现象学恰恰是绽开或展现的活动,我们可以把它理解为方法论引导的祛蔽。"[2] 然而,在兰克看来,我们可以研究的不是事实,而是现象,也即人类在时间中发生的事情,

---

1 Heidegger, *Sein und Zeit*, 395. 我在此给出的译文与麦夸里和罗宾森二位英文版译者完全不同。参考 *Being and Time*, 4464–47.
2 Heidegger, *History of the Concept of Time*, 86; *GA* 20: 118.

这与单纯的物理事件不同。海德格尔意识到，以历史为主题的人文科学研究实践阻碍了人们对历史性的直接把握。为了以本真的方式让历史性主题化，我们首先需要解构历史学研究中的历史，从而在时间的绽出经验中抵达历史学术的根源处。从根本上讲，海德格尔对历史主义的批判本质上是以解构和恢复的形式展开的。

狄尔泰和约克为海德格尔提供了一套有关历史科学的问题。他们已经表明，新康德主义者和历史主义者对方法论问题的关注是如何成功地让历史及其生活源头脱节的。狄尔泰尤其表明，历史问题无法以直接分析历史事件的方式得到解释，而只能对生活基础展开诠释学反思才能加以解释。但海德格尔改造了狄尔泰的见解，他抛弃了狄尔泰等人的人类学假设和方法论关切，并且揭示出了此在的存在论结构。海德格尔在领会约克对存在论和历史的批判性区分的同时，还设法解构了狄尔泰著作的知识论意义，此外，他还在本真的诠释学意义上恢复了历史性观念，如此，历史性就成了事实－历史存在的阐释，而非某种研究方法。但他也打破了长期以来的历史主义观念，甚至狄尔泰也认同这种观念，即历史的意义是客观发展的世界－历史模式，它像"念珠一样讲述着事件的序列"[1]。对海德格尔来说，历史的意义总是与存在本身的问题有关，它又被理解为事件的绽开。但在兰克式的世界历史的抽象世界－历史时间中，历史存在绝无可能被揭示，它只能经由此在的时间性而揭示出来。自然与历史或解释与理解之间全部的细微历史主义区分都建立在时间解释的多种模式之一上：现在的持续在场。但海德格尔把时间理解为时间性，即有限投射在——存在（未来）、事实性（过去）和沉沦（现在）——这三种绽出中的统一模式。尽管狄尔泰和约克都有自己的深刻见解，但他们都未能理解人类存在的根本时间性乃是历史主义问题的关键。最重要的在于，尼采帮助引导海德格尔走上了一条质疑之路，这开辟了历史学作为存在的危机——而非作为研究的科学——的真正意义：即与"生活历史的用途及其滥用"相关的抉择。

---

[1] 我从沃尔特·本雅明的文章"Theses on the Philosophy of History"（in *Illuminations*, New York: Schocken, 1969, 263）借用了这个隐喻。

第十节

历史性、危机和抉择：海德格尔对尼采的复兴

到 1927 年海德格尔出版《存在与时间》之际，德国学术界已满是与"危机"相关的作品和言论。我的部分努力是把海德格尔的作品放在这个叙事中处理，以期把魏玛的历史主义危机理解为世代主题的一部分。在这种情况下，海德格尔的作品之所以重要，是因为它们旨在解构危机这个观念本身，并且把它从关于历史主义的局部辩论转变成了与整个西方传统的对抗。海德格尔从其最根本的意义上把这种对抗理解为"拆解"（setting asunder），并且在这个术语中发现了它与原初的古希腊语"krisis"之间的潜在联系。[1] 在这种意义上，历史主义的危机标志着海德格尔与西方形而上学的历史之间的对立，与此前一样，这种对立以时间运动的问题（进步的念珠式顺序）和存在论的停滞（在场的形而上学）为标志。然而，在大学中占主导地位的肤浅语言并不足以完成把世代危机表达为真正的历史性争论的任务；正如海德格尔在其早期一次讲座中嘲讽的那样："今天，科学和大学的地位已变得越来越令人生疑。到底发生了什么？什么也没发生。有人写了关于科学危机和科学作为志业的小册子。一个人对另一个人说：'就像大家听说的，有人说科学完蛋了。'如今，甚至有人专门写东西讨论这个问题，就好像必须这样做一样（的确如此）。否则就像是放任自流。"[2]

在同一个讲座中，海德格尔把"今天"的肤浅与"时代的文化意识、普通大众的空话相结合；今天，也即现代的'智性'"。于是，毫无疑问地，听众的心中就会留下海德格尔尤其提到"历史意识"和"哲学意识"的肤浅乃是这种当代难题的突出例子。在很重要的意义上，海德格尔几乎是从医学的角度把危机理解为一种文化、一代人和一个传统健康程度的指标。他在《存在与时间》的开篇写道："一门科学所达到的水平取决于它在其基本概念方面

1　Pfeifer, *Etymologisches Wörterbuch des Deutschen*, 2:934, 3:1623–1624.
2　Heidegger, *GA* 63:32–33.

能够承受多大程度的危机。在这种内在的科学危机中，实证的、调查性的质疑与它们质疑的话题之间的关系也开始动摇。"[1] 在海德格尔的解读中，危机也对质疑本身提出了疑问，即质疑到底是本真的（也即与存在的意义相关的问题），还是肤浅的（也即"现代智性"，"大学"、平庸的世界、大众的好奇心）。它让我们面临一个抉择的可能性：是接受理论的垂死、停滞状态，还是以回归事实－历史性的生活实践来作出反抗。海德格尔与历史主义传统的整个对立让这种情况受到质疑，他质疑说，到底历史学和人文科学在何种程度上能够承受住其基本概念中的危机。因此，当海德格尔把"'历史主义'问题的出现"说成是此在与历史的非本真关系的标志后，他是想把它当做存在之"本真"或"非本真"方式的抉择。[2]

此在非本真地把过去理解为时间上相距遥远的事实，即某种供人研究的"现成"事实，或者仅仅把它当做被"今天"遗忘的东西，但它总是某种在场的东西。另一方面，本真的此在会把历史理解为时间性，"作为预期抉择的视觉时刻"。[3] 但海德格尔谨慎地指出，本真或非本真存在的抉择永远无法一劳永逸地解决；本真的抉择与此在本身的时间性行动相关，这种行动在可能性和再现之间延展。兰克等人的历史主义放弃了这种决定性时刻，并质疑其历史意义。相反，历史主义从知识论的必要性来定义历史科学的真实品格，从而中断了个人的判断，于是，这种客观主义倾向就导向了消灭自我。从根本上说，历史主义对停滞的"时间距离"和兰克式事实收集的视觉主义的坚持，从而否认了时间性事件对历史理解的重要性。

然而，当海德格尔冒险解决历史主义问题的时候，他几乎没发现自己的前辈一开始就采取何种办法处理历史主义问题。在他看来，传统上唯一能够清楚理解时间对历史思维的重要性的人物是尼采，他"掷地有声地在《不合时宜的沉思》（1874）的第二篇'历史对生活的用途及其滥用'中承认了时间是这部分的核心关切"。尼采在这篇文献中谈到了"纪念碑式的""古物研究

---

[1] Heidegger, *Being and Time*, 29（译文有改动）; *Sein und Zeit*, 9.
[2] Ibid., 448; *Sein und Zeit*, 396.
[3] Ibid., 443–444; *Sein und Zeit*, 391.

式的"和"批判的"历史形式，海德格尔试图超越这些范畴的历史学意义来思考"三者合一的必要性，以及这种一致性在此在历史性中……的基础"。海德格尔认为，尽管尼采从未明确阐述这种统一的意义，但他对此的理解"比我们在其书中能看到的更为深入"。换言之，他认为历史的本质意义是被时间性视野围绕的体验，这种体验无法通过学科的学术实践或世界历史盛会的荣耀加以衡量。尼采担保说，"要成为历史，纪念碑式的古物研究历史形式必然会对'现在'作出批判"，并且建立在三种时间模式的统一之上：过去－现在－未来。[1] 但尼采也认识到，每种历史模式都可能成为生活用途或滥用；无论如何，人绝不可能把它们理解为天真或中立的研究实践。尼采认为，决定人与历史关系的东西在于，他对过去在自身生活视野中的意义的抉择。从这个意义上讲，过去就像希腊的神谕一样，它是摆在我们眼前有待解释的谜语，它并不提供确定性，也不提供客观性，仅给我们带来开放未来的可能性。因此，尼采的神谕诠释学并不需要人对过去的了解如对自身以及对自身的时间视域的一致性的理解那般深入。

为了克服兰克式消灭自我的贫乏，尼采把《不合时宜的沉思》的第二部分的靶子对准了"理论家的现代特权"，并且希望以前苏格拉底时期的古希腊人作为理论生活的健康样本。整篇文章的构思都旨在反对传统，并且努力寻找历史批判的历史源头，用理论反对自身，进而揭示了现代学术生活的诡计和伪装。与此同时，这篇文章还对19世纪的德国文化做了诊断，尼采把它视为西方思想整体危机的一部分。放弃了理论生活中立的客观性之后，尼采要求我们为自己生存的历史意义作出抉择，这也是海德格尔在其《存在与时间》中重构并再度讨论的一个主题。

海德格尔从尼采那里学到了理解历史主义传统的根本问题的办法，这些问题并不来自历史学家们的研究实践，而是来自西方形而上学的历史。对尼采而言，这段历史的根本特征并不是希腊人的健康体魄与基督教那致病的禁欲主义之间的根本对抗，现代科学的高潮是文化的虚无主义运动——即"关

---

[1] Heidegger, *Being and Time,* 448（译文有改动）; *Sein und Zeit,* 396.

于一个错误的历史"。[1] 但对尼采而言,这段历史的叙事总会在人决定生活叙事的意义时结束。在后来的 20 世纪 30 年代,海德格尔开设过讨论尼采的讲座,他在其中明确把尼采的这种观点阐述为西方历史中的存在者和存在之间的抉择,并且把这种历史理解为虚无主义:"人对全部历史之根据作出的最高抉择,介于存在者的主宰和存在的规则之间。无论何时以及何种方式,只要人明确以整体的存在者为思考对象,那这种思考便位于这种抉择的危险区域……尼采是一位重要思想家,因为在某种关键意义上,他的思考是超前的,并且没有回避抉择。"[2] 接着,海德格尔继续把尼采刻画为"西方的最后一位形而上学家",并且把他的思想与西方形而上学的历史联系起来,而这段历史的内在运动是虚无的,因为"虚无主义就是历史",并且"虚无主义决定了西方历史的本性"。正如海德格尔解释的那样:"时代在他的思想中完全绽开的时候,即现代,是最后的时代。这意味着,这个时代中的人在某个时刻、以某种方式作出的历史抉择关乎这个时代究竟是西方历史的终结,还是另外一个起点。沿着尼采的权力意志思路继续前进意味着,我们可以看到这一历史抉择。"[3]

在讨论尼采的讲座中,海德格尔把这个"末世"的意义形容为西方思想的危机,这个危机会造成希腊思想和基督教思想的对立,到最后会形成一个抉择。然而,尽管尼采把这场危机定义为针对价值和权力的斗争,但海德格尔却把它理解为"存在者的主导权和存在之规则"的对立。在所有这些讲座中,"尼采"这个名字对海德格尔意味着,他把历史解读为危机:即形而上学历史内部的斗争,它旨在对存在作出规定性定义(controlling definition),即在现在时间模式下的纯粹在场。但这些讲座中出现的危机意识却不能仅仅从 1933 年后的欧洲政治局势的角度,也不能仅从海德格尔与国家社会主义的瓜葛来理解。即便在 20 世纪 20 年代初,海德格尔就详细地把危机解释为时代论辩。在这种情况下,历史主义的"危机"变得重要起来,因为它实实在在为海德

---

[1] Friedrich Nietzsche, *The Twilight of the Idols*, trans. R. J. Hollingdale (New York: Penguin, 1968).
[2] Martin Heidegger, *Nietzsche*, trans. David E Krell, 4 vols. (New York: Harper and Row, 1979–1987), 3: 5–8; 德文版:*Nietzsche,* 2 vols. (Pfullingen: Neske, 1961), I: 476–480.
[3] Heidegger, *Nietzsche*, 3: 8; *Nietzsche*, I: 480.

格尔提供了既可以质疑当前危机的机会，也提供了解构规定其根本意义的潜在形而上学假设的机会。

海德格尔从尼采，尤其从早期尼采那里收获的是把历史时间理解为有视域的（horizonal）。正如尼采所言："这是一条普遍的法则：所有生灵仅在某个范围内才是健康、强壮和多产的；如果它无法在周遭画出一个范围……它就会逐渐衰弱或加速衰落。"[1] 视域提供了一个界限或阈值，生命在其中能够安顿自己的存在，各种可能性或解决方案可以按照这个界限而加以拒绝、评判和抉择。然而，尼采对视域的独特理解在于，他超越了人们把视域当做当前的静态框架的传统理解，并尝试在开放性和解释性的动态可能性中表述所有三种时间模式的统一。海德格尔为了自己的研究计划而着意研究了这种解读的诠释学含义，特别是因为它还与时间问题相关。他在尼采对视域的理解中发现了思想的新开端，这个开端以时间性的开放性为标志，它与永恒的"现在"的封闭性截然相反。尼采对视域的理解对海德格尔意味着某种现象学的开端，或者说意味着存在者能够展开自身的地方。在这种现象学意义上，视野成了绽开之所——"即开阔区域"——而非有限的界限或容器。[2] 在这种结构中，时间是从视域的统一性中得到理解的，而这正是此在的存在。正如海德格尔在其卡塞尔讲座中解释的，"此在无非就是时间的存在。时间不是人在外部世界中遇到的任何东西，而是我自己之所是……时间决定了此在的全部。此在不仅在特定的时刻存在，而且仅在可能性及其过去之间延伸时，它才是自身"。而海德格尔总是把这些可能性理解为视域性的。[3]

任何真正的历史方法，尤其是哲学史，都必须考虑到过去的这种视域结构，它不仅仅是研究者面前的呆板事实（factum brutum），还是朝向未来存在的本真可能性。尼采那不合时宜的文章揭示了时间对历史理解的重要性；

---

1 Friedrich Nietzsche, *Untimely Meditations*, trans. R. J. Hollingdale (Cambridge: Cambridge University Press, 1983), 63; *Unzeitgemasse Betrachtungen* (Leipzig: Kroner, 1930), 105.
2 海德格尔讨论过"绽出的视域"，见 *Sein und Zeit*, 365 (*Being and Time*, 416) and in *GA* 24: 378 (*Basic Problems of Phenomenology*, 267)。
3 Heidegger, "KV", 22.

海德格尔则把这个见解融入到了西方传统本身之意义的判断中。在某种意义上，海德格尔的判断实际上是一个抉择，它关乎我们是否要追随尼采或狄尔泰，进而获得人类历史性的真正理解。[1] 我们是否要把存在者放在科学研究的范围内，进而从历史的科学实践的角度加以描述？我们是把存在者视为永久"在场"的、为意识存在的、封闭的、自明的还是确定之物？又或者从希腊去蔽（aletheia）的角度讲，它们为敞开和挪用历史的开放性提供了场所？最终，随着海德格尔从《存在与时间》中的"科学危机"主题转向"存在之事"（Ereignis），抉择就变得越发清晰和明确了。我们只需要阅读他关于尼采的大量讲义——狄尔泰的名字及其讨论的主题都没在其中出现过——就能在某种程度上理解海德格尔历史观的转变。

第十一节

"时代召唤"思考的危险

海德格尔与历史主义"问题"的遭遇深刻影响了他对西方历史的解读，而在20世纪30年代，它们有时候甚至会显得不祥和充满危险。就像他那个时代的其他多数精英一样，海德格尔的一战经验是深刻且有决定性的意义。尽管海德格尔曾在阿登高地担任过气象员，尽管海德格尔对前线生活（Fronterlebnis）称赞有加，而且后来还宣称自己忍受了"凡尔登堑壕战"，但他从未参与过前线作战。[2] 然而，战争却直接而深入地影响了他的思想。1917年底左右——即他脱离天主教之后和1919年战时紧急学期之前——他

---

[1] 当然，海德格尔的抉择在20世纪30年代发生了改变。在1927年以前，狄尔泰在历史主义思想的危机中扮演了重要角色，海德格尔也在《存在与时间》中仔细处理过这个危机。但随着海德格尔对危机的理解发生了变化，他也开始把历史更宽泛地理解为存在论的历史，或者更确切地说是以不同的方式对待存在论的历史。最终，海德格尔开始意识到狄尔泰对鲜活经验采取过分科学和方法论的处理的局限性。接着，他开始把尼采视为危机的真正先知，后者明白西方思想需要"另外一个开端"。脱离了这个语境，我们无法理解海德格尔跟尼采的关联。

[2] Sheehan, "Heidegger's Lehrjahre", 21; Ott, *Martin Heidegger*, 104.

开始研究起了新的主题：为从现象学的角度揭示"世界化"寻找原初的语言，这是存在的意义问题最早的迹象。但他的问题绝不是无中生有——这个问题总是被特定历史情境中的危机心态塑造：一个面临经济混乱、政治动荡、阶级斗争、战前秩序和稳定遭到破坏的德国。

就像尼采在普法战争甫一结束时写作的《不合时宜的沉思》一样，海德格尔写于 20 世纪 20 年代的作品也明显带上了战后意识的印记。每个思想家都以自己的方式发现，公众对胜利或失败的狂热反应表明了德国公众意识遭受的困扰。在尼采开始抨击大卫·弗里德里希·施特劳斯的奉承文学时，海德格尔则批判了斯宾格勒那时兴的文化悲观主义。二者在自己的作品中都完美把握了时代的情绪：俾斯麦刚塑造的精神和困扰魏玛时代的危机心态。灾难过后，海德格尔对现时代发起了激烈批判，这种批判建立在历史意识之上。他在 1923 年写给卡尔·洛维特的信中谈到，旧欧洲正在经历"彻底的解体"，而面对聪明而又进取的学者的无聊喧嚣，解体的危机要求人们关注"唯一重要之事"：即关于"人自身最重要的历史事实性的存在论限度"的抉择。但海德格尔的研究之路并不是此前的世界观抉择的形变："不管这种解构会诞生新的文化，还是会加速衰落。"[1] 相反，海德格尔并不把这场解体的危机理解为衰落，而把它理解为过渡。后来，在其 1937—1938 年的冬季学期的讲座中，海德格尔把尼采与荷尔德林说成是末日思想家和过渡思想家，因为他们宣告了"西方哲学史第一个开端的终结"[2]。在这段海德格尔理解为"转向"的过渡时期，他强调了终结和开端的意义："摆在我们面前的是关于终结（这可能持续数个世纪之久）和另一个开端（它只是片刻的愿景，我们需要一定的耐心才能为它做好准备，而'乐观主义者'和'悲观主义者'几乎都没法做到这一点）的抉择"。[3]

战后世代的危机为海德格尔提供了新的思想主题：重新思考历史，这要求

---

1 Löwith, *Mein Leben*, 28, 31.
2 Martin Heidegger, *Grundfragen der Philosophie: Ausgewählte "Probleme" der "Logik," Gesamtausgabe* 45 (Frankfurt: Klostermann, 1984), 133–134.
3 Ibid., 124.

它不再把历史看作次第发展的过程和历史科学的观察对象,而是把它当作我们自身的存在在时间-历史中的展开过程。[1]如果他从现象学的角度把这个危机理解为抉择或"转向"(即转向另外一个开端之意),那他就是基于时间性的新理解而这样做的,这种理解旨在探寻尼采式的视域时间性,进而拒绝了兰克式的线性、历时意识。就《不合时宜的沉思》第二部分而言,海德格尔解释道:"历史指的并不是一种理解或研究,而是时间的展开本身。历史不是过去,也不是现在,而是未来——即将到来的是历史的起源。"[2]当开始思考与战后的科学和文化相关的世代危机时,海德格尔开始从层次丰富和命运等新的角度理解历史,而不是像历史主义者那样把它理解为封存在过去的博物馆中的事实集合。

海德格尔认为,如果历史主义的危机对理解历史有任何实质意义,那么,魏玛时期的历史学家就必须为了某种显露和揭示的语言而放弃他们那肤浅的修辞,比如"悲观主义""灾难"和"衰落"等等。最初,海德格尔在保罗的书信、路德的布道、亚里士多德的现象学解释和克尔凯郭尔的伦理反讽中发现过这种语言风格。然而,当他开始在《存在与时间》中阐述自己的历史观时,新的语言风格也应运而生。如今,海德格尔把危机本身视为一种解构的方式,它开启了回归存在论历史的源头的道路。这种新的解构形式揭露了位于历史主义论辩核心处的根本困难:希腊存在观念和基督教时间经验在根子上的不兼容。通过从存在论和历史时间的角度阐释危机,并且消除了他同辈人的传统疑虑后,海德格尔改变了历史主义者论辩的风格和意义。从这个角度讲,我们可以说《存在与时间》是一部提供了历史主义危机之解决方案的作品,其解决方案则是激进地消解了让历史主义得以可能的形而上范畴。

20世纪30年代,随着海德格尔对尼采(以及荷尔德林)有了更加全面的了解,这些早期想法的含义也变得更加明确。特别是在《哲学论稿》(*Beiträge*)这部关键作品中,海德格尔并不把危机理解为魏玛时期转瞬即逝的历史事件,

---

1 Martin Heidegger, *Grundfragen der Philosophie: Ausgewählte "Probleme" der "Logik," Gesamtausgabe* 45 (Frankfurt: Klostermann, 1984), 40.
2 Ibid.

而是将其看做揭示了西方历史从形而上学向思想新开端转向之可能的"存在之事"。通过某种特别的考古学做法，海德格尔试图破坏或解构西方哲学，并且一直追溯至其整个架构的希腊本源。但在海德格尔的解构计划中，开端（arche）中包含着终结，终结包含开端。这两个时刻在与存在的历史遭遇中汇聚一道，这段历史涉及与历史本身的意义相关的抉择。在《哲学论稿》中，海德格尔讨论了 Historie 与 Geschichte 这两种历史（history）的不同含义，并且按照和针对这两种意义构想了自己对抉择的理解。海德格尔在《存在与时间》中扩展了自己对历史主义的批判，认为"历史学的根基在于主客关系之中；因为它是主观的，所以也是客观的，就它是一（the one）而言，它一定也是他者（the other）。因此，'主观'和'客观'的任何'对立'都没有意义。全部历史都终结于人类学－心理学意义上的传记主义"[1]。另一方面，海德格尔还把历史（Geschichte）解释为"存－在"的历史（die Geschichte des Seyns），此处的"存－在"（Seyns）是 Ereignis 的别名。[2]

海德格尔本打算把历史重新命名为存在的历史，并以此恢复历史（作为未来的危机）的本真的存在论意义——也即与未来相关的抉择。如果兰克和德罗伊森的历史学在一段时期内提供了客观的真理，那海德格尔对存在历史的阐释则从单一的思想角度——即存在之事——为整个西方传统的意义提供了非此即彼的选择。传统的历史主义者把历史理解为"危机"，如今，历史可被理解为存在历史中的转向（Kehre），或者科技虚无主义时代中的"转向"，又或者朝向这个时代的"转向"。与此前的尼采一样，海德格尔以重新思考西方思想的基本意义为目的引入了历史主题，并且以直面实际抉择的方式——即是否真的可能"以原初的反思克服权力意志的形而上学，换言之，以返回

---

[1] Martin Heidegger, *Beiträge zur Philosophie, Gesamtausgabe* 65 (Frankfurt: Klostermann, 1989, 494.

[2] Ereignis 是后期海德格尔使用的基本术语。众所周知，这个术语很难翻译，它通常被译为"发生"（occurrence）、"事件"（event）、"存在之事"（event of being）"占有"（appropriation）甚至"拥有"（en-owning）。海德格尔本人也承认，"它和希腊语'logos'和汉语的'道'一样难以翻译"。*Identität und Differenz* (Pfullingen: Neske, 1957), 25; *Identity and Difference*, trans. Joan Stambaugh (New York: Harper and Row, 1969), 36.

第五章 "时间的断裂":青年海德格尔对历史主义的解构

开端的形式对抗西方思想"——质疑西方思想对理论形而上学的偏好。[1] 依旧是在《哲学论稿》中,海德格尔谈到作为"关于决定的抉择",也谈到未来的哲学允许敞开自身可能性的"需求"或"必要性"(否定性)。但他同时也告诫大家不要从人类学中心的角度理解"抉择",因为这只会让人关注主体性的反思(Reflexion)过程,同时会错过转向的更深层次的意义。正如海德格尔所言,这种决定的本质——也可以描述为要么存在,要么不存在——是"存在本身正在裂开的缝隙(从存在历史的角度理解),而非道德人类学的决定"[2]。远离人类中心主义之后,历史主义的消解过程也开始了,这个过程不仅体现在它作为流行的世界观的主宰意义上,也体现在它作为阐明现代性"危机"的可行范畴上。

然而,海德格尔的消解和解构工作并未以其在《存在与时间》中对历史时间性和历史性的批判为终点。在接下来的十年中,他反复尝试把历史主义的遮蔽(aporias)转变为存在历史的开放和解蔽。尽管在关注荷尔德林、尼采和谢林的作品的同时,海德格尔的讲座重心也发生了变化,但他关注的基本主题却没有变。因此,尽管海德格尔表面上与自己20年代的作品背道而驰,但他的学生汉斯·乔治·伽达默尔却坚持说:"海德格尔的转向是逃避历史主义问题的一系列尝试。"[3] 海德格尔让这些"尝试"变得激进从而逃避历史主义的时候——他的办法是放弃为荷尔德林的诗化语言的"拯救力量"做出道德-人类学决定——他也暴露了自身思想的局限性。当我们研究他在30年代转而关注政治问题的原因时,我们需要权衡他对历史主义的"解构"所产生的影响,以及他对这种影响的危险的反思。与魏玛时代的学界权威相比,海德格尔的"存在历史中的转向"叙事是否带来了超出其理解

---

1 Martin Heidegger, "The Rectorate, 1933–34: Facts and Thoughts", trans. Karsten Harries, *Review of Metaphysics* 38 (March 1985): 485 (译文有改动); *Die Selbstbehauptung der deutschen Universität: Das Rektorat, 1933/34* (Frankfurt: Klostermann, 1983),25. 尽管海德格尔使用了"Überwindung"一词,但人们还是禁不住从晚期海德格尔对"Verwindung/recovery"等词的偏好来理解他说的话,见 Gianni Vattimo, *The Transparent Society* (Baltimore: Johns Hopkins University Press, : 1992)。

2 Heidegger, *GA* 65: 103.

3 见伽达默尔(Hans-Georg Gadamer)写给本书作者的信,1990年2月26日。

能力的更加可怕的解构形式？如果兰克研究方式的门徒（也即尼采所谓的"历史后宫中的太监"）所信奉的客观主义产生了特定种类的无能——即无法作出政治决断——那么，我们又如何看待海德格尔在1933年之后作出的政治决断呢？当然，日耳曼民族的神话视野、荷尔德林式兄弟情谊的自然神秘主义，以及托德瑙堡的沉寂带来的无可遏制的乡愁都为海德格尔提供了摆脱原子时代技术虚无主义的"另一条道路"。但这条道路通往何方？其中的"危险"又包含什么？摧毁旧欧洲及其过去的文化博物馆的做法产生了深远的影响。海德格尔始终明白这一点。哪怕粗略地看一下就职演讲的措辞，及其战斗和兵役等准军事性质的修辞，我们也能揭开西方传统过于强大的破坏可能性，"当西方的精神失去其力量，当世界的连接不再牢固，当文化那奄奄一息的外表坍塌，进而让残存的一切强大事物都陷入混乱，一切都将在癫狂中窒息而亡"[1]。

显然，海德格尔与国家社会主义的世界历史动机的共谋并不是偶然事件，从根本上讲，这与他自己从"危机"的角度理解魏玛时代特定的历史境况有关。在这种危机叙事中，海德格尔把历史主义的解构设想为更大的西方历史叙事的组成部分，后者被虚无主义运动引导，而虚无主义则以冷漠的方式主宰着存在者的世界。他对国家社会主义的吸引力是显而易见的：虚无主义提供了行星-政治意义上新起点的希望。更具体地说，它在大学内部引发了一场运动，这场运动放弃了理性共和主义者（Vernunftrepublikaner）提倡的温和自由主义和学者-收藏家们贫乏的鉴赏力，进而以更加积极、动态的姿态参与到大学"本质"的塑造过程中。在这个意义上，这场运动对大学精神使命提出了迫切的批判，就像海德格尔早先讨论保罗的《多林哥书》的讲座一样。听来很荒谬，尽管方式有所不同，但早期基督教和国家社会主义都为海德格尔提供了反思过去的具体可能性，他要么从未来的角度，要么从颠覆大学教育中自满的科学主义的角度作出反思，从而让教授和学生都能在"此时

---

1 Martin Heidegger, "The Self-Assertion of the German University," trans. Karsten Harries, *Review of Metaphysics* 38 (March 1985): 479–480; *Die Selbstbehauptung der deutschen Universität*, 19.

此地……就在这里,在这个讲厅里"抵达事实生活的根源处,就像他在1922年宣称的那般。[1]

归根结底,海德格尔在20世纪20年代的作品可以说是大胆而颇具野心的。它以毫不妥协的姿态把现代性强有力地阐释为危机观念塑造的过渡时代。在现代世界的分裂、瓦解和耗竭中,海德格尔看到的并不是各种世界观的失败,而是根本的时代性转变:即十字路口的时代,而非衰落的时代。但即便他尝试把这种过渡理解为"转向",海德格尔和那个时代的其他人一样,也被终结——世界末日、千禧年和末世的渴望等思想所支配,这些思想往往掩盖了困扰后凡尔赛世界的经济、社会和政治问题。自然,海德格尔试图设计一条远离这个终点的过渡之路,他在1946年把这条路唤作"存在的末世学",也即重返希腊思想"最初的起点"或者西方历史的始基或规定性源头。[2] 但在返回哲学/诗化源头的过程中——无论是赫拉克利特的逻各斯还是荷尔德林的还乡——我们会面临遗忘哲学和诗歌在城邦世界中的源头的危险。

海德格尔常常以悲剧般的笔调谈论西方历史,他能在俄狄浦斯和安提戈涅的困境中找到与现代境况相应的古代情境。在其《形而上学导论》中,海德格尔谈到了欧洲迫在眉睫的毁灭,并暗示道:

> 迄今为止,地球精神已严重衰落,乃至于各国都面临即将失去最后的精神力量的威胁,这让各国可能(从它与"存在"的命运的关系看)看到这种衰落,并切实地直面它。这种简单的观察与文化悲观主义或乐观主义都毫无瓜葛。世界日益晦暗、群魔乱舞、地球瓦解、人类朝"庸众"转变、一切自由和创造性的事物都受到仇恨和怀疑,所有这些已经弥漫了整个地球,乃至于悲观主义和乐观主义等幼稚范畴早就变得荒谬无比。[3]

---

1 Heidegger, *GA* 61: 63.
2 Heidegger, *Early Greek Thinking*, 18; Holzwege, 302.
3 Martin Heidegger, *An Introduction to Metaphysics*, trans. Ralph Manheim (Garden City, N.Y.: Anchor, 1961), 31; *Einleitung in die Metaphysik* (Tübingen: Niemeyer, 1953), 24.

在随后的讲座中，海德格尔谈到了俄狄浦斯的盲目性和安提戈涅的冲突，他把这些主题隐秘地融入到对哲学家盲目性的信息之中，也融进了与技术性权力意志的虚无斗争相关的信息中。例如，在对安提戈涅的讨论中，海德格尔全文翻译了索福克勒斯关于失去家园和神奇状况的第一首颂歌。对海德格尔来说，"神奇"一词——把我们赶出家门——成了人类极端界限的象征，它表明人类不仅在控制自然的强大力量方面十分勇猛，而且具备突破各种限制的暴力、解构和"奇特"能力。海德格尔认为，索福克勒斯把人描述为"最残酷者"——既"神奇"又"可怕"的造物——意味着他认识到了人类经验源头中相互冲突的力量。但对海德格尔来说，这些冲突表达了存在本身潜在的统一性，他悖谬地把这种统一性理解为根本的深渊。海德格尔认为，大多数人都把这种关乎神奇／可怕的经验来源的见解融入到了日常世界的安全亲和性中。但尚有其他人以前所未见的方式经历了这个深渊，他把深渊的奇迹和恐怖视为历史性存在本身的源头，后者有助于为城邦奠定基础。海德格尔拒绝把城邦（polis）译作"城市"或"城市－国家"的传统做法，他坚持认为，"城邦指的是历史诞生、展开并且以它为发展目标的地方"。城邦中生活着卓越的创造者和统治者，他们不仅把城邦视为历史的基础，而且将其看做让人流离失所（apolis）的深渊。然而，海德格尔解释道，即便这些公民在城邦中脱颖而出，"在这个历史展开的地方，他们同时也会变得流离失所，没有城市和处所，没有城市和立足之地、孤零零、没有家园，也没有生活在整体的存在之中的感觉，与此同时还没有法规和限制，更没有结构和秩序，因为作为创造者，他们必须首先奠定这一切"[1]。

这些创造者，比如俄狄浦斯、安提戈涅和赫拉克利特（以及海德格尔本人），都经历了流离失所（apolis）和奠定秩序（hypsipolis）之间的紧张状态，这也是他们质疑的起点。这些人的思想关注的是语言的开端及其神奇的力量，有时候，这种力量对于城邦的其他成员而言显得陌生而费解。在其讨论赫拉克利特的讲座中，海德格尔解释了这些人物通常看上去与政治无涉，因为他们

---

[1] Heidegger, *Introduction to Metaphysics*, 128（译文有改动）;*Einleitung in die Metaphysik*, 117.

并不忙于公众当下关注的问题。¹ 但他认为，这些孤独的奠基者透过政治活动的表象洞察到了城邦本身的基础，并将其视为人类的立身之本。因此，尽管创造者们公开抛弃了政治世界，但他们以奇特的方式调整了存在的问题，因此还是作出了最本真、最原初的政治行为。就在希腊城邦的危机中，这些思想家道出了存在的诗意之词和逻各斯的启示力量。

海德格尔了解到，城邦的危机——比如索福克勒斯的诗意文本、赫拉克利特的玄奥语录和不灭的雅典大地中的岩石上凿出的熠熠生辉的庙宇和雕像——可能会以新的方式揭示古典世界的真理。然而，即便海德格尔把城邦拔擢为存在绽开的场所或"地点"——此-在因为身处这些场所和在场而成为历史的——他也同样被奠定秩序者（校长、思想家以及享誉世界的《存在与时间》的作者）的卓越和流离失所的无家可归感之间深刻的紧张关系所冲击。² 在30年代转向荷尔德林的民间自然宗教以前，海德格尔完成了悲剧性失明和逃避的索福克勒斯式循环：讽刺的是，海德格尔深刻地了解了"存在"这个词的奥秘，却未能看到自己的思考的政治后果。此处更讽刺的是，作为危机的杰出先知，海德格尔本该错过我们这个时代真正的根本性危机，即存在之事（Ereignis），它在所有过于残酷的世界图景中揭示了上帝死之后的虚无主义，却选择了无言地沉默。尽管对历史的可能性和"存在的裂缝"敞开了可能性，但海德格尔仍旧未能理解他自己奠定秩序/流离失所的回避造成的可怕后果。海德格尔受到自身的俄狄浦斯情节的蒙蔽而专注于"唯一重要之事"——即存在的问题，因而他未能看到奥斯维辛的"事件"。菲利普·拉库埃-拉巴特（Philippe Lacoue-Labarthe）在其深刻的《海德格尔、艺术和政治》一书中讨论了Ereignis和奥斯维辛在海德格尔身上的相互交织："我只能说奥斯维辛存在于悲剧之外的某个地方，存在于曾经更甚于或不及悲剧的地方：更甚，是因为无限的分离是绝对的夸张；不及，是因为我们不可能再现它……也就是说，不幸的是，尽管海德格尔对停滞（毕竟，Ereignis还能是什

---

1 Martin Heidegger, *Heraklit, Gesamtausgabe 55* (Frankfurt: Klostermann, 1979), 11–13.
2 Heidegger, *An Introduction to Metaphysics*, 128; *Einleitung in die Metaphysik*, 117.

么呢？）了如指掌，并且他自己也能让我们理解这种停滞，但他顽固地拒绝承认奥斯维辛就是我们这个时代的停滞。"[1]

1935年，海德格尔仍然可以公然使用沙文主义的术语来形容德意志民族是"最形而上学的民族"，并且建议它"必须超越其未来事件的中心，并且进入到存在的力量的原初领域"。接着，他补充道："如果有关欧洲的重大决定并不会导致毁灭，那么只能通过来自中心的新历史精神力量来实现毁灭。"[2] 显然，正如德里达所指出的那样，这些新的"精神"力量也会带来"幽灵般"负担的双重感觉。[3] 受荷尔德林的诗意表达的启发，德意志中心的历史观引领海德格尔朝前苏格拉底的源头折返，他是要去寻找现代精神危机的出路。但国家社会主义的"新起点"给出的承诺是否会让希腊思想的"第一个起点"得以完成？

最终，人们对海德格尔的批判性解读也许只是思考开端的另一种方式，而非根据他自己划时代的哲学史方案所规定的赫拉克利特式始基。因为如果认真对待海德格尔的作品，我们对他的解读就可能走到他自己的反面，请记住他一直以来对亚里士多德的措辞的偏爱：存在是以多种方式显现的（to on legetai pollachos）。[4] 存在以多种方式被述说，它可以被向来清晰的系统表达方式述说，也可以退回到比哲学家的言说更强有力的沉默之中，一种缺席的沉默，一种只以奥斯维辛集中营的名字命名的缺席。仅凭海德格尔对这个"主题"的沉默来评判其作品显得有失公允，但从某种根本的意义上讲，我们对海德格尔的作品的任何有意义的解读都必须理解这一事件对他解读西方哲学和西方历史所产生的关键影响。

海德格尔的哲学计划（如果是某种计划的话）摧毁了位于历史根子处的

---

[1] Philippe Lacoue-Labarthe, *Heidegger, Art, and Politics*, trans. Chris Turner (Oxford: Blackwell, 1990), 46.

[2] Heidegger, *An Introduction to Metaphysics*, 32（译文有改动）; *Einleitung in die Metaphysik*, 29.

[3] Jacques Derrida, *Of Spirit*, trans. Geoffrey Bennington and Rachel Bowlby (Chicago: University of Chicago Press, 1989).

[4] Martin Heidegger, *What Is Philosophy?* bilingual ed., trans. Jean T. Wilde and William Kluback (New Haven, Conn.: College and University Press, 1956), 96–97.

历史主义根基，揭露了其隐蔽的形而上学渊源，还暴露出其无止境地"科学"（再）展现和消灭自我的托辞。然而，在这种破坏行为中，海德格尔关于存在/存在者的抉择与其自身的国家社会主义根源的危险历史性相互纠缠。海德格尔的著作提供的是对危机的一种看法，这让19世纪的"科学危机"变得无足轻重且多余。因为海德格尔恰当地把"Krisis"理解为转向，即某种关键性事件，而不单单是历史书写中的历史，或者说是作为去蔽和遮蔽过程的历史本身。但被遮蔽的东西却不是在通常意义上能够显露的，而只是存在中隐含的危险的启示，这也是海德格尔所屈从的危险。

如果我在历史主义传统中寻找现代性危机的做法是合理的，那么，海德格尔的工作在这个质疑框架中则占据了核心位置。从人文科学的知识论基础向存在之末世论的过渡证明了，历史问题对1880年之后的一代德国思想家来说是多么令人不安。然而，如果海德格尔并没有找到危机的"解决方案"，他至少也顶住了危机消泯的可能性。现代性本身就是与界定和理解危机之消泯作出的缠斗，缺少了危机的观念，现代性也无从谈起。海德格尔在"这个时代的召唤"中以思想家的姿态回应了这种时代境况，他重构了历史的问题，其方式则是把危机观念置于他所谓的存在赋予的命运这个更广阔的背景之中。在《诗人何为？》一文的末尾，海德格尔提到了"即将来临的世界时代"，他认为，这个时代"既不会衰落也不会崩溃"，它只是"栖居于存在之上的命运，同时对人类有所要求"[1]。为了对即将到来的时代作出"命运的"、后历史的解读，海德格尔拒绝了现代的"历史"叙事，他证明了自己离开新康德主义者"消解"历史主义危机的企图已经很远了。通过把"历史"和"危机"作为理解现代的交汇点，海德格尔对现代性本身提出了质疑。作为自封的"贫乏时代的思想家"，他挑战了从兰克到梅尼克的德国历史思想传统，并且以解构的方式揭露了这个传统的形而上学基础。但他那诗意的"命运"思想却为自己带来了危险，其标志是对另一种危机的政治承诺。让哲学反对政治、政治反对

---

[1] Martin Heidegger, "What Are Poets For?" trans. Albert Hoftstadter, in *Poetry, Language, and Thought* (New York: Harper and Row, 1971), 142(译文有改动); *Holzwege*, 295.

历史之后，海德格尔揭示了位于漫长传统核心处的紧张关系，这种紧张难以严格地从"历史的"角度得到缓解。最终，海德格尔因为"世界之夜的命运"而拒绝了世界历史的形而上学，他以这种方式重申了自己对"命运"的承诺，哪怕他始终把命运理解为与历史相关的问题。[1] 以问题形式出现的现代性历史依旧悬而未决。海德格尔的解构性解读有助于问题的确立，同时也为世人开启了从历史的角度反思现代性危机的别种可能。

1　Heidegger, "What Are Poets For?" 142; *Holzwege*, 295.

后 记

历史编纂只是防止我们远离历史的麻醉剂。

马丁·海德格尔：《哲学的基本问题》

在论及历史主义的谱系和海德格尔的作品时，众多评论者都忽略、无视了海德格尔在历史主义传统中的作用。自始至终，我在本书中的论述都着眼于在历史主义思想的传统中为海德格尔的思想找到合适的位置，以及从相反的角度在其思想中找到历史主义者的提问方式。我试图以集中讨论危机观念和危机思想的方式思考这种相互决定的关系。在我看来，海德格尔对现代性的理解把笛卡尔的遗产和启蒙思想置于技术统治和权力意志的叙事结构之中。我相信，这种方法源于海德格尔从人类时间性的新角度解释存在历史意义的尝试。从这个角度理解历史并不着眼于"实际发生的事情"的知识论–方法论重构，而是尝试把历史视为仍在等候我们的事物——作为未来的事物，而非过去之物。

随着海德格尔开始摆脱《存在与时间》的局限领域，以及其中与操心、情绪、良心和愧疚相关的人类中心的语言风格，他也逐渐尝试重新思考历史、历史性和历史编纂等方面的问题，这些问题也在《存在与时间》中占有一席之地。对于30年代的海德格尔来说，历史的问题不再与历史主义传统有关。在1920年夏季学期，海德格尔依旧坚持自己不会再"认真对待历史主义和相对主义的幽灵"。七年之后，他在《存在与时间》中指出，历史主义的问题揭示了此在是如何从根本上与自身的历史性疏离开来的。[1]然而，对于30年代的海德格尔来说，历史的问题已不再体现在历史主义的话语中，相反，它已经被粗暴地转变成为一种新的口头宣告，一种关乎"隐秘"德国的政治话语：荷尔德林的兄弟会式德国源于新的诗化哲学语言和后形而上学的历史和时间性理解。

---

1 Martin Heidegger, "Phänomenologie der Anschauung und des Ausdrucks", Nachschrift from F. J. Brecht, University of Freiburg July 19, 1920.

校长就职演说的预言标志着一种新的历史方法和历史性。海德格尔在这篇演说中向弗莱堡的年轻学子发出了呼吁，这有效地打破了世人对历史学的历史主义叙事的浪漫诉求。相反，他呼吁大家坚定地"恢复酝酿于希腊哲学中的开端的荣光"[1]。但他提醒听众说，这"第一的"开端并不是可以用兰克式历史方法或者科学研究方法加以确立、了解和呈现的。它涉及后历史主义者对时间性的理解，其中的曾在与过去的本性无关，而是会作为未来向我们返回，从而为当下打开可能性。在这个意义上，对于海德格尔来说，"历史就是曾在的抵达"[2]。在其后来的整个学术生涯中，海德格尔都坚持认为，这种后历史主义的、后形而上学的时间性理解道出了"历史的本质"。[3] 例如，海德格尔在其校长就职演说中坚持认为，"开端依旧存在。它并不是久已存在于我们身后，而是立于我们面前……开端入侵了我们的未来"[4]。两年后，海德格尔在《形而上学导论》中重申了"以更加原初的方式重启开端"的要求；他又一次想"恢复（德国的）历史－精神的此在开端，从而把它转变为另一个开端"[5]。"这是可能的"，他认为——的确如此，这也成为他一直到 1944 年讨论尼采、荷尔德林、巴门尼德和赫拉克利特的讲座中都在坚持的事情。

自赫尔德、兰克和黑格尔以来的传统德国历史主义都把历史理解为有意义的进步过程，这个过程把传统的力量传承到了当下，进而塑造了未来。但海德格尔把历史理解为存在之事（Ereignis），即人类和存在之历史的相互交融，这一事件的开端标志着存在与人的互相依赖，事件的终结也可能消泯历史的可能性。按照海德格尔的解释，存在的去蔽之路掩盖了它自身的潜能（dynamis，即实现自身的活动），甚至它已遁入了虚无。人们对存在的这种理解是历史主义的，也即托马斯·希恩（Thomas Sheehan）所谓的"在场的缺席"（pres-

---

[1] Martin Heidegger, *Die Selbstbehauptung der deutschen Universität: Das Rektorat, 1933/34* (Frankfurt: Klostermann: 1990), 13.

[2] Martin Heidegger, "Grundsätze des Denkens", *Jahrbuch für Psychologie und Psychotherapie* 6 (1958): 35.

[3] Ibid.

[4] Heidegger, *Selbstbehauptung*, 12–13.

[5] Martin Heidegger, *Einleitung in die Metaphysik* (Tübingen: Niemeyer, 1976), 29 (translation mine); cf. *Introduction to Metaphysics*, trans. Ralph Manheim (Garden City, N.Y.: Anchor, 1961), 39.

ab-sence）的真理之路，它最终打破了德国历史主义传统，也打破了它对历史的形而上学叙事，即把历史当作一直"在场"和"现成"的有待显露的东西。[1]

然而，如果从人类中心的视域理解的话，难道海德格尔笔下的存在的历史不是西方思想总体权威的另一种形而上学宏大叙事吗？海德格尔接受历史主体的意愿绝非如此简单。在其1933年之后的作品中，我们注意到他的思想中存在一种根本性张力，即后现代、审美－生态化的海德格尔和反动的、政治－意识形态化的海德格尔之间的紧张，前者警告了权力意志的"危险"，后者则乞求德意志民族接受"实现其历史使命"的挑战。[2] 从这个意义上说，大家至少总是会谈到海德格尔的两个形象："为国家命运"服务的准军人形象，以及宁静的海德格尔形象，后者会小心谨慎地与存在之歌及其早晚祈祷的韵律相协调。无论我们如何阅读海德格尔——法西斯主义的辩护者或者存在的导师——如果我们承认海德格尔把现代性理解为危机时代的决定性意义的话，就能更好地理解其思想：西方思想在"毁灭的盲目性""技术疯狂"和权力意志的虚无之路上的转向以及对它的背离，我们能在巴雪戴尔、奥斯维辛、广岛和萨拉热窝等名字中听到这条主宰了20世纪人类道路的回声。[3]

海德格尔对国家社会主义、真理（aletheia）的开放性和存在之事（Ereignis）的坚持从根本上说并不互相矛盾——至少在他自己的内心中是如此，它们都反映了海德格尔对危机思想，及其对历史主义那舒适、令人放心的正统观念的解构。海德格尔试图打破传统的历史观念，从而恢复前苏格拉底时期希腊思想的"首个"开端。他总是把西方思想理解为遗忘这个原初希腊起源的历史，后者是西方思想的始基或者"规定性源头"。海德格尔坚信，历史主义者的学识以及怀旧的诗歌都无法以任何有意义的方式重新恢复这第一个开端的力量。我们从西方传统中（埃克哈特、赫拉克利特、荷尔德林、尼采）找到提示、指示或"形式指引"才是恰当的做法，这个传统依旧带有

---

[1] Thomas Sheehan, "On Movement and the Destruction of Ontology", *Monist* 64, no. 4 (October 1981): 537.
[2] Heidegger, *Selbstbehauptung*, 13.
[3] Heidegger, *Introduction to Metaphysics*, 37; *Einleitung*, 28.

这个开端的力量。因此，当海德格尔在1937/38年写道，"即将到来的是历史的开端"，他不过是再次重复了校长任职演讲和《存在与时间》中的原话——也即，存在的历史与哲学史或历史书写的历史并不相似。[1] 相反，存在的历史是创造的/解构性力量相互交织的无序游戏，没有原因或理由——一出否认考古学和末世论能带来去蔽的始基和末世戏码。

然而，存在的历史中的这出"游戏"并非没有危险。一方面，海德格尔对"民族命运"的游戏式参与表明，恢复希腊开端的德意志命运带有解构的力量。[2] 另一方面，消除了形而上学话语和历史主义思想的结构后，海德格尔提供了另外一种思考"历史"的方式——即对待过去的后历史的、游戏的、无政府的态度，它把过去理解为未来，即朝我们走来，而非逃离我们视线的东西。这种历史观无可避免会引发歧义。并不存在可能掌控历史中展开的多种意义的单一形而上学始基或第一原理，这段历史正不断展开其隐藏面相。海德格尔对历史的理解为后现代的时间理解开辟了空间，这种时间观认为时间是非因果的、不连续且非写实的。按照这种解读，历史逐渐变得多元且以多种方式在多种语境中弥散，它不再是以单一行文方式书写，也不会更加看重真理之路，而是一致和不一致等各种意见的协调，这也体现了存在之事（Ereignis）的多种可能，更体现了人类和存在的历史的相互交融。对海德格尔来说，这就好像是历史对我们的要求，而不是相反。

因为海德格尔的思想既开放又封闭，既反现代性又很后现代，于是，任何对他的作品作出权威性解读的主张都是成问题的。他本人也没有为自己蜿蜒曲折的思路提供任何路线图。我们只能自己绘制地图，或者更确切地说，我们要弄明白自己对存在的路线图的渴望何以会破坏存在之命运释放出的微妙信息，以及这种命运蕴含的时代召唤。如果海德格尔的思想道路的明显标志在于他对"作为存在之开放性的民族真理"的看法，而这种真理的德意志民族属性和希腊民族属性又忽略了希伯来文化的影响，并且希望在荷尔德林式的民间宗教所代表的中低阶层文化政治中找到其根源，那么，也许我们应

---

1 Martin Heidegger, *Grundfragen der Philosophie*, *Gesamtausgabe* 45 (Frankfurt: Klostermann, 1984), 40.
2 Heidegger, *Selbstbehauptung*, 16.

该注意到这种看法的严重危险。也许我们应该问一个关键性问题，即海德格尔关于民族和故乡的狭隘等级看法是否堵塞了"别的"始基——即另外一个与海德格尔的主张相悖的开端。如果我们切实地以深思熟虑的方式提出这个问题，那么，我们就面临从其反面解读海德格尔思想的可能，这种解读与他自身所处的历史境况的排他性政治相悖。接着，我们可能会开始从流离失所的角度解读海德格尔及其对故乡的重视，这种解读打开了所有陌异和神奇的可能性，甚至会跟海德格尔自己十分看重的陌异性相悖。

本书的部分努力在于从海德格尔自身的文本出发解读海德格尔。但考虑到海德格尔的作品展现出的令人困惑的解读语境，这样做又意味着什么呢？当然，这种解读并不意味着，我们会把他当做唯一参与到历史主义危机或科学危机之世代争论的德国学者。他的作品太难以捉摸、太神秘了，我们不能将其还原为任何单一的标签。也许，我们需要前所未有地认真对待海德格尔所处的时代境况。

如果大家对海德格尔的接受史从来都是漠然的，甚至对历史本身抱有敌意，那么，海德格尔显然应承担一定的责任。在他开始整理自己的全集时，他给出了一个历史批判装置、脚注、索引和导言等方面的混合信号。[1] 海德格尔的众多追随者使用某种冷峻和晦涩，有时候甚至有些狂妄的语言和风格来模仿其精神领袖的自大。通过把海德格尔置于历史主义的传统，我试图从众多可对其作出解读的背景中揭示出至少一种。我相信，这样的解读能让人了解海德格尔真正的"主题"：在场和缺席、发送和取回、开创和再现的神秘游戏，它们会抵制任何明确的名字，无论是 Sein、Seyn、Ereignis、aletheia 或者 Wesung 等等。这个游戏源于人对作为危机叙事的西方历史的解读，它自身的起点需要重新恢复，从而找到走出危机的道路。但恰当地说，出路并不只有"一条"；海德格尔的毕生事业便是对众多道路的准备。有时候，他会发现自己正走在林中路（即

---

[1] Theodore Kisiel, "Edition und Übersetzung: Unterwegs von Tatsachen zu Gedanken, von Werken zu Wegen" in *Zur Philosophischen Aktualität Heideggers* vol. 3, *Im Spiegel der Welt: Sprache, Übersetzung, Auseinandersetzung*, ed. Dietrich Papenfuss und Otto Pöggeler (Frankfurt: Klostermann), 89–107..

错误的道路）上，正如他 1933 年的经历一样，但这并不意味着我们应该也跟着走上歧途。我们有责任对海德格尔思想中的历史化倾向作出某种抵制。

后现代的历史理解并非源于海德格尔的政治神话。然而，保持后历史、站在"历史尽头"的想法却源于海德格尔作品中隐含的大量历史危机叙事。海德格尔把现代理解为衰败、瓦解和毁灭的时代。但与魏玛时代的文化悲观主义者不同，他们把现代性崩溃的根源归结于战后局势，海德格尔则总是将其源头追溯至西方历史在希腊形而上学中的开端处。"所有的衰败都藏在开端处。"他在 1944 年给朋友的信中写道。[1] 但这对他来说并不是新的主题。1936 年 4 月，海德格尔在罗马做了名为"欧洲和德国哲学"的讲座，他在这个讲座中就已经宣告了自己的使命："就我们再次从更为原初的开端意义中提出西方哲学的根本问题而言，我们便承担起了可称之为拯救西方的任务。"[2]

作为提出了从"世界之夜的黑暗"中"拯救"的可能性的反现代之人，海德格尔揭示了自己的思想在危机思维中的根源。对线性时间性、形而上学意义和存在论的在场等塑造了历史主义者的现代性理解的叙事作出解构之后，海德格尔开启了从另一个开端重新构想西方历史的可能性，这另一个始基的历史根基永远无法恢复，因为它们从来就不存在。

海德格尔把现代历史理解为危机时刻，或者根本性危机"爆发"的时刻：西方将不得不以开辟其未来可能性的方式决定其自身的历史道路。但我们仅剩另外一种不同的抉择：是把海德格尔解读为排他性叙事的一部分，还是将其视为革命性爆发的组成部分，后者并未从民族或种族的角度谈论历史力量，而是让它们整饬好自己的力量，并且为另一个开端敞开可能性，这个开端的谱系并不从雅典指向托特瑙堡，而是为另外一个由容忍而产生的无序所主宰的始基敞开可能。如果我们能够宽容地阅读海德格尔，那么，也许我们能够踏上海德格尔没有耐心走完的别样思想之路。

---

[1] Georg Picht, "Die Macht des Denkens", in *Erinnerung an Martin Heidegger*, ed. Günter Neske (Pfullingen: Neske, 1977), 204–205.
[2] Martin Heidegger, "Europa und die deutsche Philosophie", in *Europa und die Philosophie*, ed. Hans-Helmut Gander (Frankfurt: Kostermann, 1993), 40.

参考书目

【274】Apel, Karl-Otto. "Scientistics, Hermeneutics, Critique of Ideology: An Outline of a Theory of Science from an Epistemological- Anthropological Point of View." In *The Hermeneutics Reader: Texts of the German Tradition from the Enlightenment to the Present*, 320-345. New York: Continuum, 1984.

Bambach, Charles. "Phenomenological Research as Destruktion: The Early Heidegger's Reading of Dilthey." *Philosophy Today* 37 (1993): 115-132.

Barash, Jeffrey. *Heidegger and the Problem of Historical Meaning*. Dordrecht: Martinus Nijhoff, 1988.

Barbiero, Daniel. "A Weakness for Heidegger: The German Root of Il Pensiero Debole." *New German Critique* 55 (1992): 159-172.

Bauer, Gerhard. *Geschichtlichkeit*. Berlin: Walter de Gruyter, 1963.

Baumgartner, Hans-Michael. "Wissenschaft." In *Handbuch philosophischer Grundbegriffe*, vol. 6, ed. Hermann Krings and H.-M. Baumgartner, 17401764. Munich: Kosel, 1974.

Benjamin, Walter. "Theses on the Philosophy of History." In *Illuminations*, trans. Harry Zohn, 253-264. New York: Schocken, 1969.

Berger, Johannes. "Gegenstandskonstitution und geschichtliche Welt." Diss., University of Munich, 1967.

Bernstein, Richard. *Beyond Objectivism and Relativism*. Philadelphia: University of Pennsylvania Press, 1983.

Besson, Waldemar. "Historismus." In *Das Fischer Lexikon: Geschichte*, 102-116. Frankfurt: Fischer, 1961.

Biemel, Walter, ed. "Der Briefwechsel Dilthey und Husserl." *Man and*

World 1 (1968): 428-446.

-----. "The Dilthey-Husserl Correspondence." In Husserl: Shorter Works, ed. *Peter McCormick and Frederick Elliston*, 203-209, South Bend: University of Notre Dame Press, 1981.

Blanke, Horst Walter, and Jörn Rüsen, eds. Von *der Aufklärung zum Historismus*. Paderborn: Schöningh, 1984.

Bodammer, *Theodor. Philosophie der Geisteswissenschaften*. Freiburg: Alber, 1987.

Bödeker, Hans-Erich, Georg Iggers, Jonathan Knudsen, and Peter Reill, eds., *Aufklärung und Geschichte*. Göttingen: Vandenhoeck & Ruprecht, 1986.

Boeder, Heribert. "Dilthey 'und' Heidegger: Zur Geschichtlichkeit des Menschen." In *Dilthey und der Wandel des Philosophiebegriffs*, ed. E. W. Orth, 161-177. Freiburg: Alber, 1984.

Brush, Stephen G. *The History of Modern Science: A Guide to the Second Scientific Revolution*. Ames: Iowa State University Press, 1988.

Bubner, Rüdiger. "Das Faktum der Wissenschaft und Paradigmenwechsel." Studia Leibnitiana, Sonderheft 6 (1974): 78-94.

Bulhof, Ilse. Wilhem Dilthey: *A Hermeneutic Approach to the Study of History and Culture*. The Hague: Martinus Nijhoff, 1980.

Burckhardt, Jacob. *Force and Freedom*. Trans. James Nichols. New York: Pantheon, 1943.

Burger, Thomas. *Max Weber's Theory of Concept Formation*. Durham, N.C.: Duke University Press, 1976.

Caputo, John. *Demythologizing Heidegger*. Bloomington: Indiana University Press, 1993.

-----. *Radical Hermeneutics*. Bloomington: Indiana University Press, 1987.

Castoriadis, Cornelius. *Crossroads in the Labyrinth*. Cambridge: MIT Press, 1984.

Deeds Elizabeth Ermarth. *Sequel to History: Postmodernism and the Crisis of Representational Time*. Princeton, N.J.: Princeton University Press, 1992.

Derrida, Jacques. *Of Spirit*.Trans. Geoffrey Bennington and Rachel Bowlby. Chicago: University of Chicago Press, 1989.

-----. *The Other Heading*.Trans. Michael Naas and Pascale-Ann Brault. Bloomington: Indiana University Press, 1992.

-----. *Positions*.Trans. Alan Bass. Chicago: University of Chicago Press, 1971.

Dilthey, Wilhelm. *Briefwechsel zwischen Wilhelm Dilthey und dem Grafen Paul Yorck von Wartenburg, 1877-1897*, ed. Sigrid von der Schulenburg. Halle: Niemeyer, 1923.

-----. "The Dream." *In The Philosophy of History in Our Time*, ed. Hans Mayerhoff, 40. Garden City, N.Y.: Doubleday, 1959.

-----. *The Essence of Philosophy*.Trans. Stephen A. Emery and William Emery. Chapel Hill: University of North Carolina Press, 1961.

-----. *Gesammelte Schriften*. 20 vols. Göttingen: Vandenhoeck & Ruprecht, 1958-1990.

----. *Grundriß der Logik und des Systems der philosophischen Wissenschaften*. Berlin: Mittler, 1865.

-----. *Introduction to the Human Sciences*. Ed. Rudolf Makkreel and Frithjof Rodi. Princeton, N.J.: Princeton University Press, 1989.

-----. *Pattern and Meaning in History: Thoughts on History and Society*. Ed. H. P. Rickman. New York: Harper and Row, 1962.

-----. Wilhelm Dilthey: *Selected Writings*. Ed. H. P. Rickman. Cambridge: Cambridge University Press, 1976.

-----. Wilhelm Dilthey: *Texte zur Kritik der historischen Vernunft*. Ed. Hans-Ulrich Lessing. Göttingen: Vandenhoeck & Ruprecht, 1983.

Droysen, Johan Gustav. *Historik*. Darmstadt: Wissenschaftliche Buchgesellschaft, 1977.

Engelhardt, Dietrich von. *Historisches Bewußsein in der Naturwissenschaft*: Von der Aujklärung bis zum Positivismus. Freiburg: Alber, 1979.

Ermarth, Michael. "Historical Understanding in the Thought of Wilhelm Dilthey." *History and Theory* 20, no. 3 (1981): 323-334.

-----. "Objectivity and Relativity in Dilthey's Theory of Understanding." In *Dilthey and Phenomenology*, ed. Rudolf Makkreel and John Scanlon, 73-94. Washington, D.C.: University Press of America, 1987.

-----. William Dilthey: *The Critique of Historical Reason*. Chicago: University of Chicago Press, 1978.

Forman, Paul. "Weimar Culture, Causality, and Quantum Theory."*Historical Studies* in the Physical Sciences 3 (1971): 1-116.

Fukuyama, Francis. *The End of History and the Last Man*. New York: Free Press, 1992.Gadamer, Hans-Georg. "Das Faktum der Wissenschaft." In Das Erbe Europas, 87-105. Frankfurt: Suhrkamp, 1989.

-----. "Dilthey nach 150 Jahren: Zwischen Romantik und Positivismus." In *Dilthey und die Philosophie der Gegenwart*, ed. E. W. Orth, 157-182. Freiburg: Alber, 1985.

-----. "Geschichtlichkeit." In *Religion in Geschichte und Gesellschaft*, 2:14961498. Tübingen: Mohr, 1959.

-----. "Historismus." In *Religion in Geschichte und Gesellschaft*, 3:369-370. Tübingen: Mohr, 1959.

-----. "Neo-Kantianism." In *Philosophisches Lesebuch*, 3:215-218. Frankfurt: Fischer, 1988.

-----. *Kleine Schriften*. 4 vols. Tübingen: Mohr, 1967-1970.

-----. *Reason in the Age of Science*.Trans. Frederick G. Lawrence. Cambridge: MIT Press, 1981.

-----. "Selbstdarstellung." *Gesammelte Werke*, 2: 479-508. Tübingen: Mohr, 1986.

-----. *Truth and Method*. Translation revised by Joel Weinsheimer and Donald G. Marshall . New York: Crossroad, 1989.

-----. *Wahrheit und Methode*. Tübingen: Mohr, 1960.